"十四五"时期国家重点出版物出版专项规划项目
中国能源革命与先进技术丛书

规模化电动汽车与智能电网互动关键技术与应用

胡俊杰 杨烨 陈奇芳 著

机械工业出版社

本书对规模化电动汽车与智能电网互动多应用场景进行了分析研究，旨在分析电动汽车可调节资源特性，量化电动汽车可调节能力，制定电动汽车聚合商参与多元电力市场交易策略，形成电动汽车聚合商实时功率控制方案，为促进新型电力系统安全经济高效运行和电动汽车用户充电成本降低提供理论和方法依据。

在电动汽车与智能电网互动过程中，无论是电网侧运营主体、电动汽车聚合商、电动汽车用户都将从本书提出的技术与方法中受益，提高其交易水平和决策能力，提升电网电能质量，促进新能源发电的消纳，推动电动汽车与智能电网互动业务不断增长。

本书广泛适用于电网企业、电动汽车聚合商企业、广大电动汽车用户等市场主体，可供政府相关部门、科研机构、咨询机构中关心电动汽车与智能电网互动的专家与科技工作者阅读，也可供高等院校和科研机构的教师、研究人员、研究生和高年级本科生阅读。

图书在版编目（CIP）数据

规模化电动汽车与智能电网互动关键技术与应用／胡俊杰，杨烨，陈奇芳著. -- 北京：机械工业出版社，2024.9. -- （中国能源革命与先进技术丛书）.
ISBN 978-7-111-76421-2

Ⅰ. U469.72；TM76

中国国家版本馆 CIP 数据核字第 2024WD4102 号

机械工业出版社（北京市百万庄大街22号　邮政编码100037）
策划编辑：付承桂　　　　　责任编辑：付承桂　杨　琼
责任校对：贾海霞　张昕妍　　封面设计：马精明
责任印制：邓　敏
北京富资园科技发展有限公司印刷
2024年10月第1版第1次印刷
169mm×239mm・14.5印张・4插页・255千字
标准书号：ISBN 978-7-111-76421-2
定价：99.00元

电话服务　　　　　　　　网络服务
客服电话：010-88361066　　机 工 官 网：www.cmpbook.com
　　　　　010-88379833　　机 工 官 博：weibo.com/cmp1952
　　　　　010-68326294　　金 书 网：www.golden-book.com
封底无防伪标均为盗版　　机工教育服务网：www.cmpedu.com

前言

新能源汽车是全球汽车产业转型升级、绿色发展的主要方向,也是我国汽车产业高质量发展的战略选择。然而,电动汽车无序充电会对电力系统安全稳定运行带来挑战。在新型电力系统建设背景下,规模化电动汽车与电网融合互动,即车网互动技术应运而生。车网互动是指电动汽车通过充电桩与电网进行能量和信息的互动。这种互动可以按能量流向分为有序充电和双向充放电,是消纳新能源、支持充电行业转型升级的重要手段。

车网互动的核心理念是利用电动汽车中的动力电池等储能源作为电网和可再生能源的缓冲。这种互动可以有效地解决电动汽车大规模接入带来的电网压力,提高电网运行可靠性。同时,车网互动也可以为电动汽车用户降低充电成本,带来额外收益。

车网互动的发展对社会发展和"双碳"目标实现具有重要意义。一方面,车网互动能够有效促进电动汽车消纳清洁能源,减少弃风弃光,助力能源清洁转型。另一方面,车网互动能够以需求响应形式,通过有序充电、V2G 技术将电动汽车用户纳入能源供给体系,有效提高电网安全运行水平,推进新能源汽车与电网的融合。

目前,车网互动已经逐步从理论研究阶段发展到了实际应用阶段。许多国家和地区已经开始实施车网互动项目,探索和实践车网互动的商业模式。同时,随着电动汽车和充电设施的大规模部署,车网互动的技术条件也日益成熟。由此,本书对规模化电动汽车与智能电网互动系列关键技术与应用进行了全面的总结和系统的归纳。

本书共分为 9 章。第 1 章介绍了新型电力系统与电动汽车的发展,并重点介绍了电动汽车与电网互动的概念。第 2 章介绍了电动汽车与电网互动的基础与体系,并重点介绍了多类型电动汽车运行特性,车网互动技术标准与互动体系,以及国内外车网互动政策与市场发展。第 3 章介绍了电动汽车可调节资源聚合理论与方法，并重点介绍了电动汽车可行域的聚合理论与可调节功率的预测方法。第4章介绍了电动汽车参与电网调峰辅助服务机制与方法，并重点介绍了电动汽车参与调峰辅助日前计划与实时控制策略。第5章介绍了电动汽车参与调频辅助服务机制与方法，并重点介绍了电动汽车参与调频联合优化调度模型与基于深度强化学习的调频功率实时分解方法。第6章介绍了电动汽车聚合商的功率自动控制技术，并重点介绍了基于机器学习方法的电动汽车功率自动控制方法与实时调度策略。第7章介绍了电动汽车与配电网互动模式与方法，并重点介绍了配电网层面的电动汽车充电桩实时运行策略。第8章介绍了电动汽车参与需求响应市场和绿电交易。第9章介绍了电动汽车与电网互动国内外示范应用。

在此对每章所列参考文献的作者表示衷心感谢。

由于作者水平所限，书中难免存在疏漏或不妥之处，恳请广大读者批评指正。

目录 Contents

前言

第1章 绪论 ········· 1
1.1 新型电力系统的发展 ········· 1
1.1.1 新型电力系统的含义 ········· 1
1.1.2 新型电力系统的特征 ········· 2
1.1.3 新型电力系统面临的挑战 ········· 3
1.1.4 新型电力系统的相关技术 ········· 4
1.1.5 新型电力系统的运行要求 ········· 6
1.2 电动汽车的发展 ········· 8
1.2.1 电动汽车的发展背景 ········· 8
1.2.2 电动汽车市场 ········· 8
1.2.3 电动汽车未来发展趋势 ········· 9
1.3 电动汽车与电网互动概述 ········· 10
1.3.1 电动汽车对电网的影响 ········· 10
1.3.2 电动汽车与电网互动的方式 ········· 11
1.3.3 电动汽车与电网互动的场景 ········· 12
1.3.4 电动汽车与电网互动存在的问题 ········· 14
1.4 思考题 ········· 15
参考文献 ········· 16

第2章 电动汽车与电网互动的基础与体系 ······ 17
2.1 多类型电动汽车移动式储能特点及运行特性 ······ 17
2.1.1 私家车特性 ········· 18
2.1.2 出租车特性 ········· 19
2.1.3 公交车特性 ········· 20
2.1.4 市政公务车特性 ········· 21
2.1.5 多类型电动汽车负荷模拟 ········· 21

2.2 车网互动技术标准 ········· 23
2.2.1 国内标准 ········· 23
2.2.2 国外标准 ········· 24
2.2.3 标准对比与经验 ········· 27
2.3 电动汽车与电网互动体系 ········· 29
2.3.1 互联互通 ········· 30
2.3.2 负荷资源管理 ········· 31
2.3.3 日前市场申报 ········· 33
2.3.4 日内实时调控 ········· 34
2.4 国内外车网互动政策与市场发展 ········· 34
2.4.1 国内车网互动政策与市场发展 ········· 34
2.4.2 国外车网互动政策与市场发展 ········· 37
2.5 思考题 ········· 40
参考文献 ········· 40

第3章 电动汽车可调节资源聚合理论与方法 ········· 41
3.1 电动汽车资源聚合架构 ········· 41
3.1.1 电动汽车典型聚合技术架构 ········· 42
3.1.2 电动汽车通用聚合技术架构模型 ········· 45
3.1.3 电动汽车聚合技术架构分析 ········· 46
3.2 电动汽车可调节能力量化 ········· 48
3.2.1 电动汽车功率可行域刻画 ········· 48
3.2.2 电动汽车可调节功率量化 ········· 50
3.2.3 电动汽车可调节能力量化方法对比 ········· 52
3.3 规模化电动汽车资源可行域聚合方法 ········· 53
3.3.1 电动汽车可行域外逼近聚合方法 ········· 54
3.3.2 电动汽车聚合算例分析 ········· 58
3.4 规模化电动汽车可调节功率预测方法 ········· 61
3.4.1 电动汽车需求响应信号 ········· 61
3.4.2 序列到序列电动汽车可调节功率预测方法 ········· 63
3.4.3 电动汽车可调节功率预测算例分析 ········· 68
3.5 思考题 ········· 73
参考文献 ········· 73

第4章 电动汽车参与电网调峰辅助服务机制与方法 74

4.1 电动汽车参与电网调峰市场政策与整体框架 74
4.1.1 市场政策 74
4.1.2 整体框架 77

4.2 电动汽车参与调峰辅助日前计划策略 79
4.2.1 基于LSTM的日前功率申报模型建立 79
4.2.2 算例分析 85

4.3 电动汽车参与调峰辅助实时控制策略 90
4.3.1 实时需求模型 91
4.3.2 考虑鲁棒性的可调容量预测模型 93
4.3.3 采用滚动优化的双层控制模型 96
4.3.4 算例分析 100

4.4 思考题 107

参考文献 107

第5章 电动汽车参与调频辅助服务机制与方法 109

5.1 电动汽车参与调频辅助服务市场政策 109

5.2 计及不确定性的电动汽车联合优化调度模型 113
5.2.1 不确定性分析 113
5.2.2 联合优化调度模型 114
5.2.3 算例仿真与结果分析 117

5.3 基于深度强化学习的调频功率实时分解方法 122
5.3.1 强化学习概述 122
5.3.2 电动汽车参与调频的马尔可夫决策过程 123
5.3.3 基于CNN和DDPG的调频功率实时分配模型 126
5.3.4 CNN-DDPG模型训练 130
5.3.5 算例仿真与结果分析 131

5.4 思考题 135

参考文献 135

第6章 电动汽车聚合商的功率自动控制技术 137

6.1 基于强化学习的电动汽车功率自动控制方法 137
6.1.1 场景构建 138

  6.1.2 控制目标 ……………………………………………………………… 138
  6.1.3 强化学习模型构建 …………………………………………………… 140
  6.1.4 模型训练与部署 ……………………………………………………… 141
  6.1.5 算例分析 ……………………………………………………………… 145
 6.2 基于深度学习技术的电动汽车实时调度策略 …………………………… 148
  6.2.1 问题引入 ……………………………………………………………… 149
  6.2.2 集群电动汽车实时自动优化调度策略 …………………………… 151
  6.2.3 基于 K-means 聚类的 EV 行为分类 ……………………………… 153
  6.2.4 基于 LSTM 的电动汽车优化调度 ………………………………… 154
  6.2.5 算例分析 ……………………………………………………………… 160
 6.3 思考题 ……………………………………………………………………… 168
 参考文献 ………………………………………………………………………… 168

第7章 电动汽车与配电网互动模式与方法 ……………………………… 170

 7.1 小区配电设施发展与充电策略研究现状 ………………………………… 170
 7.2 基于 LSTM 的用户离家时间预测模型 …………………………………… 171
  7.2.1 用户出行规律 ………………………………………………………… 171
  7.2.2 用户离家时间预测模型 ……………………………………………… 172
  7.2.3 算例分析 ……………………………………………………………… 174
 7.3 基于动态优先级机制的分散充电桩实时运行策略 ……………………… 180
  7.3.1 场景构建 ……………………………………………………………… 181
  7.3.2 实时运行策略设计 …………………………………………………… 181
  7.3.3 充电完成度和用户满意度指标 …………………………………… 185
  7.3.4 算例分析 ……………………………………………………………… 186
 7.4 思考题 ……………………………………………………………………… 191
 参考文献 ………………………………………………………………………… 191

第8章 电动汽车参与需求响应市场和绿电交易 ……………………… 193

 8.1 各省份需求响应市场政策 ………………………………………………… 193
 8.2 电动汽车参与需求响应市场方法 ………………………………………… 196
  8.2.1 电动汽车用户直接参与需求响应 ………………………………… 196
  8.2.2 通过电动汽车聚合商参与需求响应 ……………………………… 196
 8.3 各省份绿电市场政策 ……………………………………………………… 197

8.3.1 绿证交易市场政策 ································· 197
8.3.2 碳交易市场政策 ··································· 200
8.4 电动汽车参与绿电交易方法 ······························ 202
8.4.1 电动汽车参与碳交易市场 ··························· 203
8.4.2 电动汽车参与绿色证书市场 ························· 206
8.5 思考题 ·· 207
参考文献 ··· 207

第9章 电动汽车与电网互动国内外示范应用 ·············· 210
9.1 国内车网互动项目 ······································ 210
9.1.1 京津唐电力调峰辅助服务 ··························· 210
9.1.2 上海需求响应 ····································· 211
9.1.3 湖南省内绿电交易 ································· 213
9.1.4 江苏绿电交易 ····································· 213
9.1.5 深圳虚拟电厂管理中心 ····························· 214
9.1.6 移动储能（V2G）工商业应用 ······················· 215
9.2 国外车网互动项目 ······································ 216
9.2.1 丹麦Parker项目 ··································· 216
9.2.2 荷兰智能太阳能充电项目 ··························· 217
9.2.3 日本中部电力公司与丰田通商合作V2G项目 ··········· 218
9.2.4 英国e4Future项目 ································· 219
9.3 国内外车网互动项目经验 ································ 219
9.3.1 国内车网互动项目经验 ····························· 219
9.3.2 国外车网互动项目经验 ····························· 220
9.4 思考题 ·· 221
参考文献 ··· 221

第 1 章 绪 论

构建以新能源为主体的新型电力系统，是以习近平同志为核心的党中央着眼加强生态文明建设、保障国家能源安全、实现可持续发展作出的一项重大部署，对我国能源电力转型发展具有重要的指导意义。新型电力系统电源结构逐步调整、需求侧资源多元化发展、多种形态电网相融并存、电网平衡模式变化。新型电力系统建设面临着系统调峰能力不足、调频能力不足、系统调压困难、电力市场机制不完善等困境。

在全球范围内，电池技术和充电基础设施的进步极大地促进了电动汽车市场的增长。为了扶持新能源汽车产业，许多国家和地区都推出了促进新能源汽车产业发展的政策。

大规模电动汽车接入电网进行无序充电，会增加电网负荷，也会影响本地配电网的安全运行。在"双碳"战略引导下，以新能源为主体的新型电力系统与新能源汽车协同发展成为必然。实现电动汽车与电网协同的方式包括：电动汽车有序充电、电动汽车双向充放电，以及利用退役电池或电动汽车换电站做储能电站。通过车网协同，可帮助用户节省电费支出，甚至实现盈利，可以支撑电网实现电力电量平衡、支持分布式可再生能源消纳等功能。

1.1 新型电力系统的发展

1.1.1 新型电力系统的含义

新型电力系统是以确保能源电力安全为基本前提，以满足经济社会发展电力需求为首要目标，以最大化消纳新能源为主要任务，以坚强智能电网为枢纽平台，以源网荷储互动与多能互补为支撑，具有清洁低碳、安全充裕、经济高效、供需协同、灵活智能基本特征的电力系统。构建新型电力系统是实现"双碳"目标、贯彻新发展理念、构建新发展格局、推动高质量发展的必要过程。

2021年3月15日，习近平总书记在中央财经委员会第九次会议上对能源电力发展作出了重要部署，首次提出构建新型电力系统。习近平总书记在党的二十大报告中强调加快规划建设新型能源体系，为新时代能源电力发展提供了根本遵循。《新型电力系统与新型能源体系》一书中提到，新型电力系统是清洁低碳、安全高效的能源体系的重要组成部分，承载着能源转型的历史使命，具备清洁低碳、安全充裕、经济高效、供需协同、灵活智能的特征。

在安全性方面，新型电力系统中的各级电网协调发展，多种电网技术相互融合，广域资源优化配置能力显著提升；电网安全稳定水平可观可控，有效承载高比例的新能源、直流等电力电子设备接入，适应国家能源安全、电力可靠供应、电网安全运行的需求。在开放性方面，新型电力系统的电网具有高度多元、开放、包容的特征，兼容各类新电力技术，支持各种新设备便捷接入需求；支撑各类能源交互转化、新型负荷双向互动，成为各类能源网络有机互联的枢纽。在适应性方面，新型电力系统的源网荷储各环节紧密衔接、协调互动，通过先进技术应用和控制资源池扩展，实现较强的灵活调节能力、高度智能的运行控制能力，适应海量异构资源广泛接入并密集交互的应用场景。

1.1.2　新型电力系统的特征

（1）清洁低碳

新型电力系统作为清洁低碳能源体系的关键组成部分，通过采用先进的技术和清洁能源，有效减少了对传统化石燃料的依赖，从而降低了碳排放水平。这种清洁低碳特征有助于应对气候变化，推动社会朝着更可持续的能源未来迈进。

（2）安全充裕

新型电力系统致力于确保电力供应的安全和充裕。通过电力传输和分布技术，系统能够提高电力供应的可靠性，降低电力中断的风险。这种安全充裕保障不仅增强了能源系统的稳定性，也满足了社会对可靠能源的基本需求。

（3）经济高效

新型电力系统注重经济高效运行，通过提高能源转化效率、降低生产和分配成本，实现了经济上的高效性。这有助于推动整个能源行业的可持续发展，减少资源浪费，提高资源利用效率，从而为经济发展提供更为稳定和持久的动力。

(4) 供需协同

新型电力系统具备供需协同的特征，通过智能调度和管理，系统能够更好地匹配电力供给和需求之间的关系。这种供需协同机制有助于避免电力浪费，提高电力利用效率，实现能源资源的优化配置，从而使整个能源体系更具有可持续发展的能力。

(5) 灵活智能

新型电力系统的灵活智能特征体现在对不同能源和负载的智能管理和适应能力上。系统能够迅速应对能源波动和需求变化，通过智能化的监测和控制手段，实现电力系统的灵活调度。这种灵活智能的特征有助于提高能源系统的应变能力，使其更好地适应不断变化的能源环境。

1.1.3 新型电力系统面临的挑战

(1) 系统调峰能力不足

随着新能源的大规模接入，电力系统的负荷和发电的波动性增大，导致电力供需平衡的难度加大。新能源的发电量受天气、季节等因素的影响，不稳定性较高，难以预测和控制。例如，风力发电在风速变化时，发电量会随之波动；太阳能发电在阴雨天或夜晚，发电量会明显下降。这些波动会给电力系统带来不确定性和挑战，需要电力系统能够快速地调整供需平衡，保证电力的安全、可靠和经济运行。

在实际运行中，新能源带来的一系列挑战源自其固有波动性与随机性，新能源电源出力上限通常不可调度，且其变化规律往往与负荷曲线变化不匹配，甚至呈现反调峰特性。净负荷的波动需要灵活性资源，比如可调常规电源、储能电站和区外来电等调整出力以保证平衡。随着波动程度的增加，电力系统对调峰与爬坡速率等资源总量的需求进一步增大。

(2) 系统调频能力不足

由同步发电机主导的传统电力系统在遭遇扰动时具有强惯性支撑能力，而通过电力电子设备接入电网的新能源发电机组基本不具备转动惯量。随着大容量直流馈入挤占受端电网常规同步电源开机容量，多直流异步联网使系统同步规模减小，分布式发电、微电网、直流配电网和负荷侧大量电力电子设备接入，使得电力系统呈现高比例新能源、高比例电力电子设备的双高特征，系统转动惯量持续下降，系统的调频能力和资源不足问题将日趋明显。

在电网侧，"一低、两高、双峰、双随机"的新型电力系统以及交直流混联电网的复杂结构给电力系统实时平衡带来巨大挑战，电网需不断提升系统实时平衡能力、清洁能源消纳能力以及资源优化配置能力。新能源高比例接入电力系统后，系统转动惯量减小、频率调节能力降低，系统短路容量下降、抗扰动能力降低，系统无功支撑能力降低，暂态过电压问题突出，新能源机组存在大规模电网解列可能，增加了电网安全运行风险，对电网电能质量控制以及维持系统平衡提出了更高要求。

（3）系统调压困难

在可再生能源机组的局部并网点，电力电子装置功率开关器件的高频开断动作将产生高频谐波并注入电网，使并网点产生电压畸变与闪变，影响并网点的电能质量。在并网点电压较低、结构薄弱且可再生能源渗透率较高的电网，电压波动与闪变严重程度将会加剧，但通常超出并网标准情况较少。当机端发生故障时，由于无法像常规机组一样维持并网点电压，风电和光伏电源在电网产生故障时往往更加倾向于尽快脱离电网。随着可再生能源渗透率的逐步提升，传统电力系统中以机电暂态为主导的各种参数的稳定性，包括功角、电压和频率稳定性均会发生改变。

（4）电力市场机制不完善

在新型电力系统转型要求下，灵活性与经济性的矛盾越发突出。除新能源场站本体成本以外，新能源利用成本还包括灵活性电源投资、系统调节运行成本、大电网扩展与补强投资及配网投资等系统成本。随着新能源发电量渗透率的逐步提高，系统成本显著增加且疏导困难，必然影响全社会供电成本。目前我国电力市场机制仍不完善，投入与收益不匹配、价格分摊不合理等问题严重影响各方主体提供灵活调节服务的积极性。2022年1月，国家发展改革委、国家能源局发布的《关于加快建设全国统一电力市场体系的指导意见》指出，到2030年，全国统一电力市场体系基本建成，适应新型电力系统要求，国家市场与省（自治区、直辖市）/区域市场联合运行，新能源全面参与市场交易，市场主体平等竞争、自主选择，电力资源在全国范围内得到进一步优化配置。

1.1.4 新型电力系统的相关技术

新型电力系统的技术变革涉及多个方面，包括能源互联网、分布式微网、智慧能源商业模式、终端用能融合技术、新型储能技术以及区块链技术。

（1）新型电力系统是更加柔性和开放的能源互联网

新型电力系统能够高效集成各种分布式能源，通过多传感、大数据、智能管控等技术，实现能源实体与现代信息技术的融合，优化能源生产、输送和使用；同时继续担当分级分层能源设施的"神经"和"骨架"，加速实现系统智能调度及市场自由交易，促进分布式智慧能源计量结算场景落地，逐渐发展为柔性和开放的能源互联网。

（2）分布式微网成为大电网的重要互补项

新型电力系统丰富了原有的能源互联网概念并将其扩展为既包括远距离、复杂庞大的能源传输系统，如全球、洲际或区域联网的能量传输共享；也能够实现区域能源就近交易，分布式微网成为大电网的重要互补项，电网将形成大量分散和集中的拓扑结构。跨区送电是全局调配，区域供能是末端深挖，新型电力系统将部分跨区送电（特高压）转移到局域用能上，将更加注重能量的就地就近消纳。未来局域智能微网将成为重要的供能形式，和跨区送电方式相互补充、相互支撑。

（3）智慧能源商业模式和生态推动电力市场发展

顺应电力零售的市场化趋势，以分布式发电灵活性交易为切入点，电力零售、需求侧容量交易和运维、节能等综合能源服务都可以通过物联网场外互联网电商平台实现，借助供需匹配和智能结算，打造新的智慧能源商业模式和生态。智慧用能还原了能源的商品属性，建立起竞争、开放、有序的供能和用能市场，对冷、热、电等资源进行优化配置，达到竞争性供需平衡的状态，大幅提高微网的用能效率和效益。智能控制+新型电力交易将为我国的碳交易、微电网、智慧能源等注入新的生机，推动智慧电力生态形成和能源体制机制重建。

（4）终端用能将和移动互联、智能家居进一步融合

智能传感器及控制设备将万物紧紧相连，能源商品市场化、供应多样化、系统分散化及电网智能化将成为越来越清晰的发展趋势。未来通过移动互联设备的语音交互、体感交互、无线通信等手段，便可以控制家中用能设备，冷、热、电、气等能量通过能源路由器、竞争性交易平台进行分配重组，实现信息交互和匹配性用能。

（5）新型电力系统呼唤新型储能技术的突破

未来发电设备将逐渐呈现分散化的特征，电网拓扑结构也随之发生改变，电化学储能、氢能等新型储能作为产业链的重要环节，将进一步发挥削峰填谷的作用。但目前储能产品成本还较高，用户侧储能盈利手段更多在于峰谷电价差套利，辅助服务市场的激励作用还没有体现出来。新型电力系统建设期待着储能技术的突破和发展。

(6) 区块链技术将在新型电力系统中得到应用

区块链被认为是继蒸汽机、电力、互联网之后真正具有变革潜力的颠覆性技术，助推能源互联网升华到2.0形态。区块链的去中心化实现了电力生产者、售电部门和消费者的"直连"，将分散的新能源发电接入现有电网，实现不借助中心结算的点对点直接交易，资源利用更加集约高效。基于区块链技术的区域售电将成为智慧能源的重要突破口。

(7) 实施数字化转型升级

电网数字化与新型电力系统的构建需要相互作用、相融并进，没有电网数字化就没有新型电力系统。新型电力系统的建设必然要求数字技术和能源技术的深度融合、广泛应用，实现电网的数字化转型。利用云计算、边缘计算等数字技术构建全局算力服务，实现算力资源按需动态调配，可支撑海量新能源并网。人工智能等技术与电网业务深度融合，可实现对源网荷储全环节海量分散对象的智能协调控制。大量数据使得电网全域在线透明成为可能，推动新型电力系统全环节在线、全业务透明。

1.1.5 新型电力系统的运行要求

(1) 保障电力供应与新能源消纳

在电源侧，一是提升电力供应能力。推进西部、北部等地区大型新能源基地建设，因地制宜发展东中部地区的分布式新能源；推动海上风电逐步向远海拓展，加快开发水电，重点推进西南地区的优质水电建设；安全有序开展沿海地区的核电建设，适时推动内陆核电建设。二是提升有功调节能力。加快在运煤电机组灵活性改造进程，提升机组调节速率与深度调峰能力，而新建煤电应具备深度调峰能力；有序发展天然气调峰电源，充分发挥其启停耗时短、功率调节快的优势，重点在新能源发电渗透率较高、电网灵活性较低的区域开展建设；鼓励或要求新能源按照一定比例配置储能；研究水电站增设大泵，具备一定的抽水调节能力。

在电网侧，转型期新能源大规模集中开发并远距离外送的格局将进一步加强，亟需加强跨省、跨区输电通道建设，打造大范围资源优化配置平台；同步加强送端、受端交流电网，扩大联网规模，可靠地承载跨区域、大规模的输电需求。推动建设适应分布式、微网发展的智能配电网，促进电、冷、热、气等多能互补与协调控制，满足分布式清洁能源并网、多元负荷用电的需要，促进终端能源消费节能提效。积极开展分布式微电网建设，在内部自治的同时与大电网协调互动。拓展灵活柔性输电等技术应用，适应送端新能源大规模集中接入、受端多落点直流组网等应用场景。

在储能侧，抽水蓄能技术相对成熟、单位投资成本低、寿命长，有利于大规模能量储存；鉴于抽水蓄能规划建设周期较长，而电力系统已面临调节能力不足的现状，应优先发展、尽早启动。因抽水蓄能可开发资源有限，压缩空气储能、飞轮储能、电化学储能、电磁储能、储热、化学储能（以氢储能为主）等新型储能技术将成为构建新型电力系统的重要基础，有望在长周期平衡调节、安全支撑等方面发挥关键作用。

在需求侧，全面拓展电力消费新模式，发展"互联网+"智慧能源系统，发挥电网负荷的灵活调节能力，增强源荷互动活力。着力开发需求响应资源，在供需紧张地区配置削峰需求响应，在新能源高占比地区配置填谷需求响应。

（2）保障电网安全稳定运行

转型期的电力系统仍然是交流电力系统，必须遵循交流电力系统的基本原理和技术规律，寻求新的手段、加快措施布局，保障足够的系统惯量、调节能力、支撑能力，筑牢电网安全稳定基础。系统惯量是系统安全运行的关键特征量。一是保持适度规模的同步电源，通过技术创新来调整常规电源的功能定位，在政策层面保障燃煤机组从装机控制转向排放控制。二是扩大交流电网规模，提高同步电网整体惯量水平，增强抵御故障能力，更好促进清洁能源消纳的互联互通。三是开发新型惯量支撑资源，发展新能源、储能等方面的新型控制技术，提高电力电子类电源对系统惯量的支撑能力。

调节能力是电力系统适应不断加大的波动性、有功/无功冲击的重要保证。关于调峰，在提升电源侧调节能力的同时，推进电动汽车、分布式储能、可中断负荷参与调峰，扎实提高电网资源配置能力，共享全网调节资源。关于调频，推动新能源、储能、电动汽车等参与系统调频，发挥直流输电设备的频率调制能力。关于调压，发挥常规机组的主力调压作用，利用柔性直流、柔性交流输电系统设备参与调压，研究电力电子类电源场站级的灵活调压，探索分布式电源、分布式储能参与低压侧电压调节。

支撑能力是电力系统承载高比例电力电子设备、确保高比例受电地区安全稳定运行的关键。一是开展火电、水电机组调相功能改造，鼓励退役火电改调相机运行，提高资产利用效率。二是在新能源场站、汇集站配置分布式调相机，在高比例受电、直流送受端、新能源基地等地区配置大型调相机，保障系统的动态无功支撑能力，确保新能源多场站短路比水平满足运行要求。三是要求新能源作为主体电源承担主体安全责任，通过技术进步来增强主动支撑能力。

1.2 电动汽车的发展

1.2.1 电动汽车的发展背景

电动汽车作为一种交通工具，其发展历史可以追溯到19世纪初。当时，电动汽车被认为是未来的交通工具，因为它们比燃油汽车更加环保，更加节能。但是，由于当时电池技术和充电设施的限制，电动汽车的发展并没有取得很大的进展。

1834年，美国人托马斯·达文波特（Thomas Davenport）制造出第一辆直流电机驱动的电动汽车。然而，在19世纪末期，随着美国德州石油的开发和内燃机技术的提高，电动汽车渐渐地失去了优势。电动汽车的发展从此停滞了大半个世纪，人们也几乎忘记还有电动汽车的存在。直到20世纪70~80年代，石油危机爆发，寻找替代出行能源和出行方式的努力，在巨大的市场前景下大范围展开。

在1990年的洛杉矶车展上，车企巨头通用汽车展示了GM Impact EV概念车，并宣布将会制造EV卖给消费者，拉开了电动汽车"文艺复兴"的序幕。随后，克莱斯勒、福特、丰田、雷诺纷纷宣布了自己的电动汽车计划并推出了相关车型。其中包括1997年丰田的Prius混合动力轿车和世界上第一辆使用锂离子电池的电动汽车日产Prairie Joy EV。

在21世纪初期，锂离子电池的开发比以前的电池技术更轻、更高效，从而显著提高了电动汽车的续驶里程和性能。这一发展，加上环境问题的加剧和燃料价格的上涨，导致人们对电动汽车重新产生兴趣，一些汽车制造商开始大力投资电动汽车的开发。新时代的电机，配合最新的高密度锂离子电池，特斯拉带来的产业冲击，开辟了前所未见的高端电动汽车市场，也促进了传统车企的重兵进入。

电池技术和充电基础设施的进步极大地促进了电动汽车市场的增长。电动汽车的续驶里程增加了，电池成本下降了，使电动汽车更实惠，更广泛的消费者可以使用。自此，电动汽车产业重新崛起。此时距离那个曾经辉煌的年代，已经有一百多年。

1.2.2 电动汽车市场

在21世纪初期，随着电动汽车技术的不断创新和完善，越来越多的汽车制造商开始将电动汽车作为未来的主要发展方向。同时，政府也出台了一系列的政策扶持，以鼓励电动汽车的推广和普及。这些政策包括减免购车税、免费停车和充电等措施，以及对电动汽车的研发和生产给予一定的补贴。

如图1-1所示，2023年全球汽车销量增长迅猛，总共交付了约1418万辆电动汽车，增长了35%以上。其中，1000万辆是纯电动汽车，418万辆是插电式混合动力汽车和增程电动汽车。电动汽车的成功受到多种因素的推动，持续的政策支持是主要支柱。2021年，用于电动汽车补贴和激励的公共支出几乎增长一倍，达到近300亿美元。越来越多的国家承诺在未来几十年逐步淘汰内燃机或实现宏伟的汽车电气化目标。

图1-1 全球电动汽车数量发展趋势[1]

我国电动汽车的发展也取得了很大的进展。截至2023年，中国已经成为全球电动汽车最大的市场，约占全球市场的60%[2]，2023年全球电动汽车销量的65%来自中国。同时，中国的汽车制造商也在电动汽车领域取得了很大的进展。例如，比亚迪等企业在电动汽车领域拥有很高的市场份额，其产品性能和技术水平得到了广泛认可。

相比之下，电动汽车的销售在其他新兴和发展中经济体中仍然落后，在这些经济体中，大众市场消费者仍然买不起为数不多的几款车型。在巴西、印度和印度尼西亚，只有不到0.5%的汽车销量是电动汽车。

1.2.3 电动汽车未来发展趋势

未来电动汽车可以实现与互联网的连接，实现车辆与用户、车辆与车辆之间的数据交互和信息共享。这将带来更多智能化、个性化的功能和服务，提升用户体验。通过车辆与互联网的连接，车主可以实时监控车辆的状态，如电池电量、充电状态、行驶里程等。同时，车主还可以通过手机或其他终端设备远程控制车辆的功能，如远程启动、关闭空调、锁车解锁等，提高车辆的便利性和用户体验。电动汽车可以获得更多的数据和信息，进行智能化的车辆管理和控制。例如，可以实现远程监控、远程升级、远程诊断等功能，提高车辆的运行效率和安全性。

制造商可以通过远程升级为电动汽车添加新的功能，提供更好的性能和驾驶体验，同时也能够解决一些问题和漏洞，提高车辆的安全性和可靠性；远程监测车辆的运行状况，并识别潜在问题。这可以帮助车主及时发现并解决问题，减少维修时间和成本。车网互动使得车辆可以收集和分析大量的数据，从而了解用户的驾驶习惯、喜好和需求。基于这些数据，制造商可以向车主提供个性化的推荐和服务，如推荐充电站点、维修中心、优惠活动等，提升用户的满意度。

电动汽车与互联网的互动可为电动汽车提供无人驾驶功能。通过车联网和无人驾驶技术，车辆通过传感器实时感知到车辆及周边环境的情况，利用智能系统进行规划决策，最后通过控制系统执行驾驶操作，实现安全、高效地驾驶。此外，车联网技术还可以与其他车辆和交通基础设施进行通信，实现车辆之间的协同和智能交通管理。

但是，在车联网技术的发展过程中，数据安全和隐私保护将成为重要的问题。车辆与互联网的连接将涉及大量的数据交换和共享，需要确保数据的安全性和保护用户隐私。相关的安全技术和隐私保护机制将得到更多的关注和应用。

综上所述，在车联网技术背景下，电动汽车将逐步实现智能化、个性化、共享化的发展。车联网技术的应用将提升电动汽车的用户体验，促进电动汽车的普及和推广。同时，车网互动还将推动充电设施的智能化和优化，提升电动汽车的充电便利性和充电效率。然而，与此同时，也需要重视数据安全和隐私保护等问题，确保车辆与互联网的连接能够安全可靠地运行。

1.3 电动汽车与电网互动概述

1.3.1 电动汽车对电网的影响

新能源汽车的推广对减缓气候变化、降低移动源的空气污染具有重要意义。中国作为全球新能源汽车最大的市场，增长势头强劲。中国未来电动汽车规模化的快速增长，将带来车用用电量与用电负荷的增长，成为未来用电增长的重要助推力之一：以2050年新能源汽车保有量2.4亿辆（含乘用车和商用车）为基数进行预测，新能源汽车的年用电量将达4922亿kWh，相当于2018年中国全社会用电量的 7.2%。这将对未来发电侧、输配电侧以及充电桩等的规划布局产生深远影响。

电动汽车目前无序的充电方式（即随时、随地与随机地充电），容易导致大量电动汽车在电网负荷高峰时段集中充电，进而增加电网负荷峰值，对发电、输配电的容量提出更高要求。根据世界资源研究所和国网能源研究院预测，在汽车高比例电动化和快充普及的情境下，电动汽车无序充电将可能导致 2030 年和 2035 年电网峰值负荷增加 12%～13.1%。

电动汽车充电不仅会增加电网负荷，也会影响本地配电网的安全运行。随着新能源汽车的推广，居住区、直流快充的商业楼宇的配电变压器（以下简称"配变"）将存在迫切的扩容需求[3]。例如，根据世界资源研究所测算，在局部配电网中，私家电动汽车无序充电会显著增加配变负荷峰值，特别是当车辆电动化比例达到 50% 时，多数住宅小区配变都面临超载风险。根据国家电网的研究，假设车辆电动化比例在 2030 年达到 30%，配变最大负荷将提升至 79.6%，直流快充对商业楼宇的配变影响最大。在北京，预计未来 300 万辆电动汽车的充电负荷将不仅导致本地配变超载，甚至也将对主干网产生压力。城市电网的增容既面临投资成本高的问题，进而可能影响全社会电价，也受制于城市用地空间的约束。如何能既合理满足新能源汽车推广带来的电网改造投资需求，又控制这些投资对电价、电网企业的影响，成为亟待解决的问题。

1.3.2 电动汽车与电网互动的方式

实现电动汽车与电网互动（车网互动）的方式包括：电动汽车有序充电、电动汽车双向充放电（Vehicle-to-X，V2X），以及利用退役电池或电动汽车换电站作储能电站[4]。

（1）电动汽车有序充电

电动汽车有序充电是指在满足电动汽车充电和出行需求的前提下，运用经济措施或者智能控制方式，调节电动汽车充电时序与功率。电动汽车有序充电可借助三种方式实现。

基于峰谷电价的有序充电，即通过电价信号，激励电动汽车用户自发响应调整充电时间，实现削峰填谷的效果。例如，目前一些充电 APP 可根据用户设定的出行时间和本地目录电价，优先让车辆在电价低谷时段充电，或由用户设定车辆开始充电的时间。基于智能管理的有序充电，即结合配网变压器的负荷状态与开放容量以及用户的出行需求，对电动汽车的充电时间、充电功率进行计划控制或实时控制。前两者的结合,即通过峰谷电价方式,鼓励电动汽车车主参与基于智能管理的有序充电。

(2) 电动汽车双向充放电

在满足电动汽车充电和出行需求的前提下,将电动汽车视作储能设施,当电网负荷过高时,由电动汽车向电网馈电;当电网负荷过低时,用电动汽车存储过剩的发电量;根据电动汽车馈电的范围不同,双向充放电进而可划分为电动汽车对本地负荷馈电和向电网馈电。

电动汽车对本地负荷馈电(Vehicle-to-Building,V2B;Vehicle-to-Facility,V2F;或Vehicle-to-Home,V2H):即电动汽车作为分布式电源,发挥"自发自用"的作用,抵消本地用电设施产生的负荷,如办公负荷、商业楼宇负荷。电动汽车对本地负荷馈电可以发挥的作用包括降低本地负荷,局部削峰填谷或作为备用电源;提供需求响应服务或调峰辅助服务。

电动汽车向电网馈电(Vehicle-to-Grid,V2G):即电动汽车作为分布式电源接入配电网并返送电,不仅降低本地负荷,缓解变压器或配变线路增容压力,还可以作为虚拟电厂与就近电力用户交易,或参与电力市场交易,提供现货电力平衡、调频、调峰等服务。与前者的主要区别在于:电动汽车馈电并网需要有关部门进行测试、审核并提供准入许可。目前在中国,多数分布式电源(包括电动汽车)在并网管理方面仍面临着阻碍。

(3) 利用退役电池或电动汽车换电站作储能电站

采用换电模式的电动汽车需要集中式的换电站,该换电站可以作为固定储能设施,兼顾电网调节需求,使储能设施的经济价值最大化。与之类似,电动汽车退役电池也能通过梯次利用方式作为固定储能设施。利用退役电池或电动汽车换电站作储能电站的方式在运营管理上,与目前固定式储能设施的管理方式一致,不仅不受电动汽车出行的约束,而且政策阻碍不大、技术成熟。

1.3.3 电动汽车与电网互动的场景

电动汽车与电网协同措施能够在不同应用场景发挥作用,可参与电网调峰、电网调频、配电网阻塞管理以及需求响应和绿电交易[5-6]。

风电、光伏等可再生能源发电的随机性和波动性为电力系统供需平衡带来了巨大挑战,电动汽车可以作为分布式电源,或与其他电源、可控负荷等联合调控形成虚拟电厂,提供辅助服务,实现电网系统负荷的削峰填谷与电力实时平衡,并参与电力市场交易。延缓对新建电厂或灵活资源的投资,促进可再生能源消纳。提升电力系统灵活性是实现未来高渗透率可再生能源电力系统的必然选择。

(1) 参与电网调峰

电动汽车作为负荷侧灵活资源,有条件参与需求响应市场、特定调峰辅助服务市场和电力现货试点。随着大比例可再生能源接入,电动汽车参与电力系统填谷的需求也不断增加,特别是电动汽车的主要充电时间与风电出力大的夜间(或春节期间)高度重叠,有助于缩小电网峰谷差,促进风力消纳。

例如,华北调峰辅助市场明确允许负荷侧电动汽车(及充电桩)作为市场参与主体,辅助可再生能源消纳。与需求响应市场相比,调峰辅助服务市场对车辆数量和持续时长要求较高,仅有大型负荷集成商(如成规模的充电运营商或电网企业)有条件参与。

(2) 参与电网调频

调频是保障电力系统频率变动保持在允许偏差范围内($50Hz±0.2Hz$)的重要电力辅助服务手段。虽然目前调频市场空间仅为电网峰值负荷的2%~3%,但未来随着波动性可再生能源接入规模的提升,电网调频需求将持续增长。以往调频服务一般由发电机组提供,且对机组调节速度、调节精度、响应时间等有较高的要求,一般一次调频主动持续一小段时间(秒级),待由自动发电控制(AGC)提供二次调频(分钟级)。参与调频的传统燃煤和天然气发电机组需要频繁调节机组发电出力,因此会影响机组气门、锅炉等系统部件寿命,且参与调频的成本也更高。电化学储能系统由于响应速度快,可以实现精细化控制,与传统火电资源相比,更适用于调频服务,其未来市场前景可期。

(3) 参与配电网阻塞管理

随着电动汽车接入配电网的规模不断扩大,其充电时间的叠加或负荷高峰时段的充电行为将会加重配电网的负担,造成配变容量资源紧张,甚至可能带来线路阻塞与区域电力送电能力不足、电压越限等安全问题。同时,由于已有的公共配电网和用户侧配电设施在当年建设时没有考虑电动汽车充电需求,电动汽车的发展使得部分地区的局部配电网产生了增容改造的需求,带来较高的配网建设和扩容成本。作为一类大功率、非线性负荷的设备,电动汽车充电设施布局分散,会产生很高的谐波电流和冲击电压,并存在用户私拉电线和飞线充电等问题,给电网公司配电侧管理带来难题。因此,电动汽车的大规模接入对配电网的安全经济运行造成很大挑战。

另外,电动汽车作为柔性负荷,具有源荷双重身份,通过车网互动可以增强配电网运行的灵活性。通过有序充电、V2G等控制手段可以促进分布式新能源的消纳，进一步提高配电网对电动汽车的承载能力水平。通过动态调节电动汽车的充电和放电，可以均衡配变负荷，提高其容量的利用率，缓解线路电压、潮流越限等问题，延缓配电网的升级改造，提升配电网运行的安全性和经济性。

(4) 参与需求响应和绿电交易

由于具有负荷灵活的特点，电动汽车逐渐成为需求响应的重要组成。面对夏季居民负荷显著提升，电动汽车能够在系统负荷峰时不充电或者放电，实现削峰，从而实现迎峰度夏。对比传统需求侧灵活资源，电动汽车的可调节容量大，响应速度快，是一种重要的需求响应可调资源。电动汽车作为灵活负荷资源，已参与了国内部分地区的需求响应试点。目前，部分地区（如江苏）的需求响应可占3%左右的最大用电负荷。在未来，随着用户侧储能等技术的普及，需求响应有望减少10%以上的最大用电负荷。

绿色电力产品是一种全新的、特殊的电力商品。绿色电力交易的开展，短期可以解决各类企业缺乏购买绿色电力途径的问题，中长期可以促进新能源的发展和能源转型，远期将对全社会的绿色生产生活方式，对人们绿色消费、绿色生活、绿色价值理念的培育起到深远的影响。在当前阶段，电动汽车参与绿电交易的实现途径主要为碳排放交易市场和绿证交易市场。碳排放交易市场是指将二氧化碳排放权作为商品进行买卖的市场。由于电动汽车的排放量相对较低，可将未使用的排放额度出售给其他企业，以获得经济回报。绿证交易市场涉及可再生能源发电的相关证书。为促进可再生能源的发展，政府颁发绿色证书给可再生能源发电厂，证明其生产的电力来自可再生能源。电动汽车企业希望消费绿色电力，实现清洁用能，践行社会责任，提升品牌形象和市场竞争力，愿意为绿色电力的环境价值买单。他们可购买这些绿证，以证明其使用的电能源自可再生能源，从而实现参与绿电交易。通过参与碳排放交易市场和绿证交易市场，电动汽车能够为其所消耗的电能源进行认证，促进可再生能源的使用并减少碳排放。这也是实现可持续交通和环保目标的有效途径。

1.3.4 电动汽车与电网互动存在的问题

(1) 设施标准

大量分散的电动汽车资源参与辅助服务需要对电力调控的计量制度加以完善。传统的针对常规发电机组的计量和通信是采用调度通信专网的方式，调度通信专网采用光纤硬接线的技术手段，并且通常部署于220kV及以上的变电站或发电厂。现有配电网的终端采集、计量与监控手段有限，对充电负荷变化的实时感知与承载能力不足。

当前充电桩与配电网通信大量采用无线通信方式，需将电动汽车充电桩接入移动运营商的移动数据网络，数据的安全性和网络的可靠性都受到移动运营商的限制，导致部分地下停车场出现通信信号延迟、中断等问题，影响了电动汽车参与市场交易的实时计量与结算。

（2）市场机制

由于面向用户侧的电力市场建设仍处于完善阶段，因此电动汽车还无法深度参与电力辅助服务市场和现货市场。第一，目前电动汽车参与电网互动需经过负荷聚合商、虚拟电厂、调度中心、交易中心等多个环节，实施周期长，流程复杂，只有少数试点项目直接采用聚合商计量数据。第二，现有需求响应试点集中在大体量、集中式工业负荷上，分散但数量巨大的各类电动汽车资源在不同场景下的车网互动商业模式开发不足。第三，现有试点也反映出电动汽车充电基线的认定问题，各地基线认定方法不一，部分试点以全电量参与电力市场，调峰辅助服务与峰谷电价机制还需协调。第四，由于目前部分地区需求响应、第三方调峰辅助服务费用只与终端用户结算，因此影响了负荷聚合商的积极性。

（3）用户引导

一般认为电动汽车 V2G 运行将加速动力电池容量衰减。在试点项目调研过程中，车企、动力电池企业、电动车主也普遍反映出车网互动对电池寿命和续航影响的顾虑。理论上，电池技术路线、充放电工况、工作温度／湿度都会影响电池的储电能力，也导致相关的经济性研究结论呈现较大差异。虽然大多研究显示 V2G 运行会加速动力电池老化，但不断提升的电池容量和寿命使电池老化对用户的实际影响越来越小。此外，由于当前动力电池循环寿命有超过一般乘用车需求的趋势，在有限的车辆运行生命周期中，挖掘电池充放电能力的边际成本极低。为打消用户顾虑，国内部分车企在原有电池质保标准的基础上，增加了对 V2G 循环的质保服务。但类似上述商业模式创新仅集中在个别企业，市场认知仍有不足，还需在更大范围开展市场宣传与引导。

1.4 思考题

1. 新型电力系统的特征有哪些？
2. 列举电动汽车与电网互动的三种方式。

参考文献

[1] NEIL KING. Forecasting Lead at EV-volumes, EVs Forecast to Account for Two Thirds of Global Light-Vehicle Sales in 2035 [EB/OL]. [2023-12]. https://www.ev-volumes.com.

[2] IEA. Global EV Outlook 2023 [EB/OL]. (2023-04) [2023-11]. https://www.iea.org/reports/global-ev-outlook-2023.

[3] 中国信息通信研究院. 车联网白皮书 [R]. 2021.

[4] 国家发展和改革委员会能源研究所. 车网互动发展趋势及政策体系研究报告 [R]. 2021.

[5] 世界资源研究所. 中国电动汽车与电网协同的路线图与政策建议：新能源汽车如何更友好地接入电网系列二 [R]. 2020.

[6] 中国电动汽车百人会. 电动汽车与电网互动的商业前景–上海市需求响应试点案例研究报告 [R]. 2020.

[7] 周华嫣然. 计及需求响应的产消者实时能量优化管理方法研究 [D]. 北京：华北电力大学，2022.

[8] 姚丽. 计及用户意愿的集群电动汽车参与电网调频优化调度研究 [D]. 北京：华北电力大学，2023.

[9] 赖信辉. 考虑风电预测与电动汽车灵活性的区域电网优化调度方法研究 [D]. 北京：华北电力大学，2023.

第 2 章 电动汽车与电网互动的基础与体系

本章首先探讨了不同类型电动汽车的出行规律以及充电特性，电动汽车作为移动储能装置，在大多数时间存在很高的可调度潜力，充分挖掘这一可调度潜力并将其合理地运用在电网调度当中，可以大幅增加电力系统的灵活性。其次，介绍了国内外电动汽车与电网互动的基础通信标准。最后，针对国内外电动汽车与电网互动体系，从政策、市场、现有技术等几个方面进行了充分阐述，以了解目前全球各国家和地区的电动汽车与电网互动体系的发展情况。

2.1 多类型电动汽车移动式储能特点及运行特性

随着新能源汽车的快速发展，新能源汽车、电动汽车的渗透率逐年增加。2023 年 1 月，工业和信息化部等八部门发布了《关于组织开展公共领域车辆全面电动化先行区试点工作的通知》，提出试点领域新增及更新车辆中新能源汽车比例显著提高，其中城市公交、出租、环卫、邮政快递、城市物流配送领域力争达到 80%，加快老旧车辆报废更新为新能源汽车，加快推进公共领域车辆全面电动化。公务车、网约车、出租车、公交车、物流车等不同车辆对充换电要求是不一样的，因此其充电基础设施的建设路径也有所差别。在公交车领域，近年来各地加大推广新能源公交车力度，截至 2023 年 6 月，全国多数城区公交车已实现 100% 电动化，全国范围已基本实现公交车电动化；在出租车领域，截至 2022 年底，深圳出租车已实现 100% 电动化。

随着国家政策的支持，电动汽车正逐步替代燃油车，如目前我国的大部分城市的公交车、出租车都已更换为新能源汽车。不同的交通用途导致电动汽车的出行与充电规律不一样，车辆的入网时间、离网时间、入网荷电状态（State of Charge，SOC）、充电功率以及充电方式的随机性体现了其不确定性[1]。本章将针对电动私家车、出租车、公交车、市政公务车等出行规律进行研究。多类型电动汽车示意图如图2-1所示。

a）私家车　　　　　　　　　　　b）出租车

c）公交车　　　　　　　　　　　d）市政公务车

图2-1　多类型电动汽车示意图

2.1.1　私家车特性

私家车的出行与充电行为主要依赖于车主的出行、充电习惯，具有较大的随机性。私家车出行特征的影响属性可以分为两类：个人属性和家庭属性。个人属性包括性别、年龄、教育程度、职业、驾龄和汽车类型。家庭属性包括每个家庭人均月收入、家庭结构和家庭汽车保有量。私家车的出行特征可以通过周行程频率、日往返时间、月旅行开支、年行驶里程、通勤距离和通勤时间进行评估与衡量。其中，前四个指标反映了汽车用户的汽车使用水平，后两个显示了私家车通勤的特点。研究发现，私家车出行受到出行目的、出行频率、出行时间和出行空间分布的影响，出行目的主要是通勤，还有满足对其他便利性活动的需求。通勤是私家车的一个主要目的，通勤的时间分布主要集中在早上和傍晚，有两个明显的高峰期[2]，正午是低谷期，出行频率一般低于每天2h，每年的行程低于

10000km。电动汽车普及后逐步代替了燃油车在生活中发挥的作用,但居民用户的出行规律并未发生重大改变。根据2017年美国全国家庭旅游调查中燃油车的出行数据拟合,可以发现电动汽车起始充电时间的概率密度函数满足正态分布[3]:

$$f(t) = \frac{1}{\sqrt{2\pi}\sigma_1} e^{-\frac{(t-\mu_1)^2}{2\sigma_1^2}} \quad (2-1)$$

式中,μ_1与σ_1分别为车辆起始充电时刻的期望值与标准差,两者根据不同类型EV用户驾驶行为习惯不同而取不同数值。

日行驶里程近似服从对数正态分布:

$$f_d(s) = \frac{1}{s\sqrt{2\pi}\sigma_2} e^{-\frac{(\ln s - \mu_2)^2}{2\sigma_2^2}} \quad (2-2)$$

式中,μ_2与σ_2分别为日行驶里程d的期望值与标准差,两者根据不同类型EV用户驾驶行为习惯不同而取不同数值。

图2-2所示为美国国家家庭出行调查公布的2017年私家车出行时间分布。私家车的出行规律性较为明显,在白天9:00—18:00相对稳定,而在夜间出行次数逐步降低[4]。

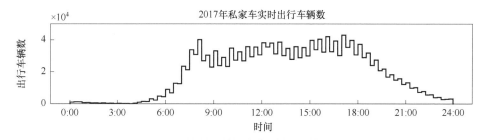

图2-2 2017年私家车出行时间分布

2.1.2 出租车特性

出租车是城市综合交通运输体系的组成部分,是城市公共交通的补充,为社会公众提供个性化运输服务。出租车的特点主要是在与大中容量公交车或私家车的比较中展现出来的。从组织形式看,出租车与大中容量公交车的最大区别在于前者是"随机供给",后者是"计划供给"。所谓"计划供给"是指在固定线路、固定时段、固定站点运行的客运形式,其特点是乘客需要两端步行接驳、排队候车、多站停车、换乘等。所谓"随机供给"是指供给的线路、站点、时间都不固定,其特点是可以实现"路到门""门到门"等服务。

出租车的运行有以下特性,第一是独立性,出租车汽车服务一般由单车独立运营提供,无论公司有多大,其运营过程基本上是由一个人或者两个人(换班)完成的;第二是随机性,出租车服务的对象、服务时间是随机发生的,乘客的目的地也有高度的随机性;第三是便利性,无固定线路、停靠地点和时间限制,可节省市区人员活动密集区和交通枢纽稀缺的泊车所需要的停车资源;第四是区域性,出租车一般服务在人口高度密集、人员随机流动性强的地区经营,带有明显的区域性[5]。

图 2-3 展示了 2013 年芝加哥市某地区出租车出行时间分布。由于出租车的运营特点,除了在凌晨 3:00 至早上 7:00 外,它的出行次数在全天都保持较高的水平。

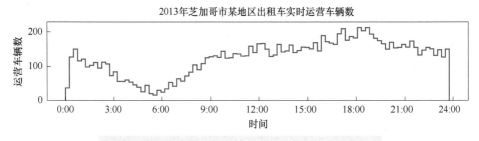

图 2-3　2013 年芝加哥市某地区出租车出行时间分布

2.1.3　公交车特性

公交车是一种城市公共交通工具,它是一种专门为市民提供交通服务的车辆,通常由政府或私人公司运营。公交车是城市道路交通网络中的重要组成部分,它可以在城市中的各个地方运营,为市民提供便利的交通服务。

公交车具有大规模、广泛、公共性、经济性和环保性等特点。首先,公交车可以在城市范围内大规模地运营,覆盖面广,可以为市民提供便利的交通服务。其次,公交车是一种公共交通工具,它的服务对象是所有市民,具有公共性和平等性的特点。再次,公交车是一种经济性较高的交通工具,相比私家车等个人交通工具,其运营成本更低,更加环保。大中容量公交车主要针对一般或较低收入水平的消费群体,提供最基本大众化出行服务,用于保障居民最基本的日常出行,属于日常生活的必须服务,具有较强的社会公益性。公交车由于其社会服务性，出行的入离场时间非常规律，通常按照排班表固定间隔时间发车、收车，公交车通常在运营时间结束后进行充电。

图 2-4 展示了广东省交通厅公布的 2017 年广东省公交车出行时间分布，可以看出，在一日之内存在两个高峰，分别是早上 9:00 左右以及晚上 19:00 左右，而在 20:00 以后，公交车的运营时间逐渐结束，乘客的消费次数也明显减少。

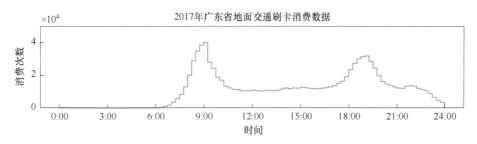

图 2-4 2017 年广东省公交车出行时间分布

2.1.4　市政公务车特性

市政公务车就是由国家机关、事业单位、企业等单位购置并用于工作需要的机动车辆，主要包括轿车、越野车和商务车等。作为国家和单位重要的交通工具，其使用范围和数量一直备受关注。市政公务车作为政企工作需要的交通工具，可以提高政企工作效率和效益，还可以用于应急救援等特殊情况下的工作需要。2017 年，中共中央办公厅、国务院办公厅印发《党政机关公务用车管理办法》要求，加强定向化保障车辆管理，各级党政机关公务用车主管部门要会同有关部门严格核定定向化保障公务用车的编制和标准，车辆配备优先选用新能源汽车。

在市政公务车改革过后，规范了市政公务车使用，保留必要的机要通信、应急救灾、调研与集中公务活动、外事及政务接待、特种专业技术用车和符合规定的一线执法执勤岗位车辆及其他车辆。在此情况下，市政公务车在出行上有明显的特征性，集中统一管理的市政公务车在出行时间、出行地点、出行频率上的特征较为规律且稳定，且在调度过程中市政公务车用户的优先级更高，需要优先满足市政公务车的用电需求，以满足国家机关、事业单位等各单位的正常运行。

2.1.5　多类型电动汽车负荷模拟

目前电动汽车的充电模式主要分为慢充、常规充电与快充三种，充电功率根据充电模式的不同而不同。本书根据不同类型 EV 的行驶特性选择符合实际的充电模式。电动私家车通常用于日常通勤，多采取每天充电一次或两天充电一次，根据充电场合划分，可以划分为上午或下午在工作单位采用快充进行充电以及下班在居民区常规充电。相比电动私家车，由于工作性质，公交车出行通常会依据公交公司的调度计划表进行，具有相对统一、固定的出行时间。公交车首班车一般在早上 5:00—7:00 发车，晚上 21:00—23:00 结束运营，为了满足出行需求，电动公交车通常需保证每天充电两次，时间段分别为 10:00—16:00、23:00 至次日 4:00，且为了保证运营的需求，白天均采用快充进行充电，晚上考虑电网的压力采用常规充电方式。市政公务车主要用于行政机关日常公务出行，在没有长途出行的需求下每天进行一次充电即可，充电时间多为 19:00 至次日 7:00。

为了模拟电动汽车出行行为的随机性以及探究电动汽车入网对电网造成的影响，本书根据不同类型电动汽车影响因素的分布函数和设定参数，采用蒙特卡洛法对电动私家车、市政公务车、公交车的日行驶里程、起始充电时间进行随机抽样，计算各电动汽车入网初始 SOC 和充电时长，进而对其充电负荷曲线进行测算[6-7]。

其中，充电时长由车辆停放时间、开始充电时的剩余电量、充电方式和充电效率决定[8]，如下所示：

$$T_i = \min\left(T_i^b, \frac{(1-\mathrm{SOC}_i^{tar})E_i}{\eta_i^c P_i^c}\right) \quad (2-3)$$

式中，T_i 为第 i 辆 EV 的充电时长；T_i^b 为第 i 辆 EV 的可停留充电时长；SOC_i^{tar} 为车辆 i 入网初始 SOC；E_i 为电池容量；η_i^c 为充电效率；P_i^c 为充电功率。

采用蒙特卡洛法对 100 辆电动私家车、50 辆公交车、100 辆市政公务车进行出行特性仿真，并计算各车的充电负荷。根据各类型 EV 出行规律及充电方式进行参数设置，具体参数见表 2-1。

表 2-1 EV 出行计划蒙特卡洛模拟的参数

EV 类型	电池容量	充电时段	起始充电时刻	充电功率	日行驶里程
私家车	50kWh	9:00—12:00	$N(9, 1^2)$	30kW	$N(3.58, 0.88^2)$
		14:00—17:00	$N(14, 1^2)$	30kW	
		19:00—8:00	$N(19, 1^2)$	7kW	
公交车	240kWh	10:00—16:00	$N(14, 1^2)$	120kW	$N(4.4, 0.35^2)$
		23:00—4:00	$N(23, 1^2)$	60kW	
市政公务车	50kWh	19:00—7:00	$N(19, 2^2)$	7kW	$N(3.58, 0.89^2)$

对各类车型分别进行 300 次蒙特卡洛模拟，计算所得各类型电动汽车无序充电负荷图如图 2-5 所示。对于私家车而言，工作时段的快充模式形成了双峰负荷状态，夜间充电的电动汽车与常规负荷同时涌入电网，会对电网造成冲击。市政公务车从 18:00 后开始充电至 24:00 达到峰值并逐渐减少。对于公交车而言，充电峰值分别为 15:00 和 24:00，与其他类型 EV 充电负荷形成互补，在一定程度上减少了负荷峰谷差。由于采用无序充电方式，电动汽车入网后直接以最大充电功率进行充电，导致凌晨 4:00 至早上 8:00 出现明显闲置时段，此时恰好为常规负荷用电低谷时期，若对其充电行为进行有序调整，可明显减小电网负荷峰谷差。

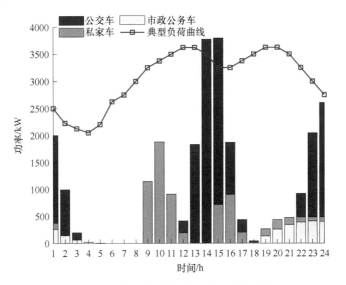

图 2-5 各类型电动汽车无序充电负荷图

2.2 车网互动技术标准

2.2.1 国内标准

目前，我国在电动汽车充电设施标准体系方面取得了巨大成就，标准相对完善，涵盖电动汽车充换电设施基础标准、电能补给、服务网络、建设与运行四大类 158 项，有力支撑了我国新能源汽车产业的发展。

如图 2-6 所示，关于车网互动也开始在部分环节进行制修订，包括国家标准、行业标准和团体标准，涵盖车桩充换电互动相关要求，如 GB/T 18487.1《电动汽车传导充电系统第 1 部分：通用要求》、GB/T 27930《电动汽车非车载传导式充电机与电池管理系统之间的通信协议》、NB/T 33021《电动汽车非车载充放电装置技术条件》等；电动汽车参与电网调度运行方面出台了一批基础性标准，用于规范信息互动数据与模式，如 DL/T 2473《可调节负荷并网运行与控制技术规范》系列标准等；运营服务信息互动方面发布了 T/CEC 102《电动汽车充换电服务信息交换》系列标准，提供了平台间信息交互模型和基本业务流程。

但是从车网互动开展过程与环节分析，建设、运营和信息交互以及试验检验等相关标准缺失，需着重从车网互动总体需求、业务发展来开展标准预研、规划，完善标准架构。

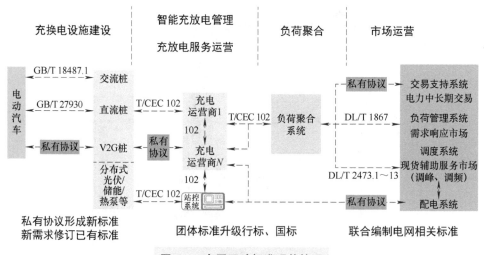

图 2-6 车网互动标准现状梳理

2.2.2 国外标准

目前国外在车网互动标准化方面开展工作的机构主要包括 ISO、IEC 等，标准机构及车网互动标准化工作重点见表 2-2。

表 2-2 标准机构及车网互动标准化工作重点

序号	标准机构	车网互动相关标准化工作重点
1	ISO	主要针对车桩之间的有线、无线通信协议进行规范，目前已逐步扩展并支持智能充电管理和 V2G 相关功能
2	IEC	主要针对车桩间控制导引、通信协议、充电接口及充电站与上级平台间通信协议、以分布式电源形式放电并网等内容进行规范，目前主要以智能有序充电控制为主

(续)

序号	标准机构	车网互动相关标准化工作重点
3	IEEE	主要针对能源技术及信息技术与电力系统、最终应用及负载的智能电网互操作性的技术术语、技术特性、性能表现、评估标准和工程原理应用作出了规定
4	SAE	主要对电动汽车与用户、能源管理系统及电网间的智能充放电通信用例进行了规范，目前不涉及车桩间通信内容
5	ChAdeMo	主要对电动汽车与直流充电机间智能充放电通信协议和控制导引电路进行规范，是目前世界范围内 V2G 试点最多的标准案例
6	OCA	主要针对电动汽车充电站与充电运营商之间的通信协议进行规范，已支持智能充电和 V2G 功能
7	OpenADR	主要针对电动汽车充电站、电动汽车用户与能源供应商之间的通信协议进行规范，目前仅支持单向智能充电功能

在标准执行层面，美国加州公用事业委员会（California Public Utilities Commission，CPUC）于 2017 年组织车网互动产业链各方对于车网互动架构体系和标准需求进行了研究，如图 2-7 所示，从标准体系的架构上对车-桩-聚-网之间的标准进行了设计和梳理：

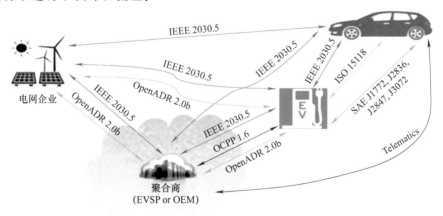

图 2-7　美国对车网互动标准体系的梳理

1）在电网企业与车的通信上包括 IEEE 2030.5 一种通信协议。

2）在电网企业与聚合商之间以及电网企业与桩之间的通信上均包括 IEEE 2030.5 和 OpenADR 2.0b 两种通信协议。

3）在充电聚合商与桩之间的通信上包括 IEEE 2030.5、OpenADR 2.0b 和

OCPP 1.6共计三种通信协议。

4）在充电聚合商与车之间也可以建立直接通信，使用标准包括IEEE 2030.5通信协议以及车企平台与聚合平台远程通信对接方式（Telematics）。

5）在车和桩之间则可采用IEEE 2030.5，ISO 15118以及SAE J1772，J2836，J2847，J3072三种通信协议。

其中IEEE 2030.5《智能能源配置文件应用协议》称智能能源协议2.0（SEP 2.0），是基于IP的应用协议，负责电网与智能终端间通信，支持包括需求响应、直接负荷控制、分布式发电等一系列操作。IEEE 2030.5虽然普及度不及OpenADR，但于2020年生效的美国加利福尼亚州Rule 21第二阶段要求，州内所有分布式系统的逆变器（如光伏、储能及直流充电桩的逆变器）必须支持IEEE 2030.5标准。该要求可能激发IEEE 2030.5更广阔的应用前景。

OpenADR 2.0b《开放式自动需求响应协议》为支持自动需求响应的信息传输协议，包括标准化信息模型及交互接口。自2018年起，OpenADR正式成为IEC标准IEC 62746-10-1。OpenADR在国际上已得到广泛应用，不仅是美国多个州的需求响应市场的"默认"标准，也是德国虚拟电厂项目常见的标准。中国也有与OpenADR兼容的国内需求响应行业标准——DL/T 1867—2018《电力需求响应信息交换规范》。

OCPP（Open Charge Point Protocol）《开放充电协议》由开放充电联盟编制，虽然不是法定标准，但已在全球多个国家得到普及。例如，荷兰甚至强制要求充电设施支持OCPP协议，部分国际主流充电运营商（如ABB、EVBox）也采用OCPP协议。同时，OCPP也是国际车网协同项目最常见的选择。

ISO 15118《电动汽车和电网间的通信接口》是欧美Climate Change Standard（简称CCS）标准中高等级通信采用的标准，支持车辆与充电桩间更复杂的信息交互。对比其他标准，ISO 15118在功能上具有显著优势，不仅是唯一支持基于分时电价充电、兼顾有线与无线充电及允许充电控制模式切换的标准，也在网络安全方面率先支持公钥基础设施加密。最新发布的ISO 15118-20支持交流与直流V2G。

SAE J1772规范了电动车和混动车传导充电场景，J2836是系列标准，分别规范了电动车辆与电网间通信的用户场景、电动车辆与直流充电桩间通信的用户场景、电动车辆与分布式能量源间通信的用户场景、电动车辆诊断通信的用户场景、电动车辆充电互操作性的用户场景以及无线充电通信的用户场景等，J2847更倾向于插电混动充电场景，J3072满足了车载系统与电网逆变系统的互联标准需求。

欧盟方面也提出了车网互动相关的标准协议,如图2-8所示,主要通过IEC以及ISO的相关标准进行通信:

1) 在车与桩之间通过ISO 15118和IEC 61851-24进行通信。
2) 在桩与后端网络管理系统之间通过OCPP进行通信。
3) 在漫游阶段,则包括OCPI、OICP、OCHPdirect和eMIP标准进行工作。
4) 在聚合商与配网运营商DSO之间通过OSCP、OpenADR、IEC 61850-90-8、IEEE 2030.5进行通信。

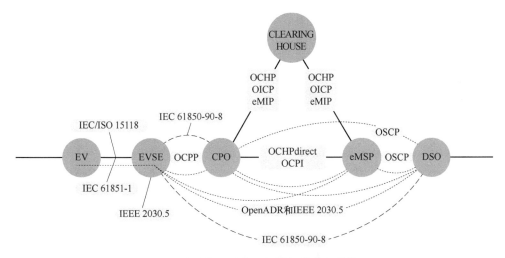

图2-8 欧盟方面对车网互动标准体系的梳理

欧美标准在设计时既考虑了电网侧的确定性、封闭性、可控性、行政性,也考虑了负荷侧的随机性、开放性、概率性、自主性。其车网互动标准是在已有充换电和智能电网相关标准的基础上进一步扩展、完善或新制定。

2.2.3 标准对比与经验

国内外主要标准对比分析见表2-3。

表2-3 国内外主要标准对比分析表

标　准	使用场景	优　点	缺　点	与其他标准的关系
充换电设施与系统相关标准				
IEC 63110	电动汽车充放电装置远程控制和监控	充电桩通信协议国际标准,具有高开放性、通用性、互操作性	部署和实施需要较高成本和技术要求	可与OCPP、ISO 15118和IEC 61851配合使用

（续）

标　准	使用场景	优　点	缺　点	与其他标准的关系
T/CEC 102.6	充换电设备接入服务平台	明确了充（换）电设备接入平台的方式、物理拓扑结构信息交互流程等	缺少负荷调控、数据可信等车网互动相关内容	可与 GB/T 18487.1、GB/T 27930 配合使用
电动汽车-充换电设施-系统相关标准				
OCPP2.0	电动汽车充电站与后台管理系统之间的通信	是当前欧洲和全球范围内最为广泛应用的充电桩通信协议标准，具有高开放性、通用性、互操作性	安全性方面的规范相对较少	可与 ISO 15118 和 IEC 61851 配合使用
IEC 61851	交流和直流电动汽车充电设备和车辆之间的通信	电动汽车充电桩的充电连接国际标准	各版本之间存在兼容性问题	可与 ISO 15118 和 IEC 63110 配合使用
ISO 15118-20	电动汽车与充电基础设施之间的通信	定义了充电通信和安全性的标准，允许电动汽车的双向充电/放电	部署和实施需要较高成本和技术要求	可与 OCPP、IEEE 2030.5 和 OpenADR 2.0b 等配合使用
GB/T 18487.1	电动汽车传导充电系统技术要求	明确了电动汽车安全要求和试验规范	缺少电动汽车放电等车网互动所需技术要求	可与 GB/T 27930、T/CEC 102.6 配合使用
GB/T 27930	电动汽车非车载传导式充电机与电池管理系统之间的通信协议	明确了基于控制局域网（CAN）的通信物理层、数据链路层及应用层定义	缺少车桩安全加密、电动汽车放电、功率调节等车网互动相关内容	可与 GB/T 18487.1、T/CEC 102.6 配合使用
CHAdeMO	CHAdeMO 电动汽车接口协议	可以实现快速充电和安全可靠的电源管理；支持 V2G 功能，并且定义好了规格，测试标准	仅适用于直流充电，不支持交流充电	—
电动汽车-充电桩-聚合商-电网相关标准				
IEEE 2030.5	智能能源系统和电动汽车之间的通信	集成电动汽车、充电设备和能源管理系统的互操作性标准	通信协议复杂，实施难度较高	可与 ISO 15118 和 IEC 61851 配合使用
OpenADR 2.0b	需求响应电力市场参与者之间的通信	被欧美、中国等借鉴使用，自动需求响应的开放标准	缺少智能充电和电动汽车相关的特定功能	可与 ISO 15118 和 IEC 61851 配合使用

（续）

标　　准	使用场景	优　　点	缺　　点	与其他标准的关系
DL/T 2473	可调节负荷资源与地区及以上调控机构开展业务交互	明确了负荷聚合平台或虚拟电厂平台与调控机构之间交互的技术规范、安全要求和通信规范等	缺少数据可信、试验检验等规范	—
DL/T 1867	电力需求响应信息交换	明确了负荷聚合平台或虚拟电厂平台与需求响应系统的信息交换机制及交换服务模式	缺少信息安全和体现电动汽车负荷特点的相关要求	—

基于国内外电动汽车充换电领域及相关主流标准对比分析，结合中国电网运行特色与电动汽车发展情况，在制定国内车网互动相关标准时，可充分吸收欧美标准优点，具体包括：

1）学习和借鉴 OCPP 和 ISO 15118 标准、IEC 61851 标准：OCPP 提供了开放的充电协议，优化了充电桩和充电管理系统的互操作性。ISO 15118 是国际标准化组织制定的电动汽车与充电设施通信协议标准。IEC 61851 标准系列为电动汽车充电系统提供了一致的标准，确保充电设施和车辆之间的兼容性、安全性。通过学习和借鉴这三项标准，利于实现充电设施和充电管理系统的互通性及通信标准化。

2）借鉴 OpenADR 和 IEEE 2030.5 标准：OpenADR 规范了通信数据模型、传输和安全机制，引入可扩展标记语言（XML）。IEEE 2030.5 基于 IP 的应用协议，规范了电网与智能终端间通信。但是 OpenADR、IEEE 2030.5 标准中涉及的电网调度系统、聚合调度平台和充电桩之间直接通信和调度模式，容易出现多主体对同一充电桩进行调控，导致调控主体责任不明确、用户服务体验差等，应在标准制定时予以慎重考虑。

综上，通过学习和借鉴欧美标准的开放性、通用性、数据安全、充电设备兼容性以及能源优化管理等方面的经验，可以推动我国大规模电动汽车与电网的智能互动，达到电动汽车与电网运行的协同发展。

2.3　电动汽车与电网互动体系

电动汽车通过充电桩接入电网，基于电动汽车与电网互联互通，可以对电动汽车资源进行调度管理，构建电网-聚合商-用户分级协同的调控体系，进行大电网源荷互动消纳可再生能源。如图 2-9 所示，通过负荷资源管理技术、日前市场申报-日内实时调控技术，引导电动汽车采用最佳的用电方式，平缓电网峰谷差、最大限度降低高比例可再生能源发电与用电之间的偏差，形成可持续发展的电动汽车参与电网互动体系，提高车网互动能力与收益，进一步扩大有序充放电车网互动效果，支撑新型电力系统建设要求。

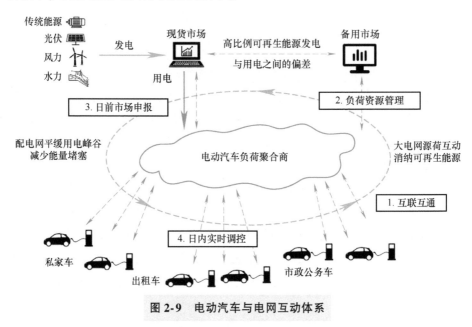

图 2-9 电动汽车与电网互动体系

2.3.1 互联互通

充电基础设施的互联互通，就是充分地发挥充电设施的利用效率，最大程度地为用户提供充电的便利，努力实现各个已建的桩之间、各个运营商之间信息的共享、共用，确保做到有桩找得到、充得上、能支付。

互联互通具体来说有三个层次：第一，硬件层面上确保充电接口的物理与电器的互联互通；第二，确保交易结算的互联互通；第三，充电服务信息的互联互通。在充电硬件的互联互通方面，制定统一硬件接口的标准，构建一套整体的检测和认证机制，制定兼容性检测、安全性检测和电池金融测试等国家标准；在充电交易结算体系方面，和金融机构紧密合作，整体上进行设计，共用的支付体系，形成一个可行的金融支付的方案；在充电服务信息方面，每一个运营商都可以有自己的信息体系，但是每一个运营商自己的运营信息体系必须对公共平台开放，公共平台可以囊括的基本信息有充电价格、桩的位置、桩的种类、充电功率、电量、电压等级、电流等。

基于充电桩等充电基础设施的互联互通，电网可以对接入的电动汽车进行统一地、精准地调度、控制，进一步发挥电动汽车移动储能的潜力。

2.3.2 负荷资源管理

单个电动汽车资源具有调控潜力非常小且随机性强的特征，如果电网调度中心直接对分散的电动汽车资源进行调度，不仅会造成调度困难、效率低等问题，还可能出现维数灾难的情况。所以，对于分散于电力系统结构底层电动汽车资源，必须进行整合才能充分挖掘其参与优化调度的灵活性。目前面向电动汽车资源的整合手段主要分为直接控制和间接控制。直接控制以微电网、负荷聚合商、虚拟电厂等作为整合主体参与电力市场；间接控制将电动汽车资源引入市场竞争，把资源灵活性通过交互平台以商品形式在电力市场进行交易。在现有的国内外示范项目中，电动汽车资源多以负荷聚合商和虚拟电厂作为媒介参与电网调度与市场交易。

目前，需求侧资源的参与者多为大型工商用户。随着电力市场化改革推进，先进的测量技术和智能控制设备在中小用户（特别是住宅用户）中普及，越来越多的中小用户如电动汽车等资源，有机会参与到需求侧资源管理中。因此，如何高效、经济地利用潜在中小用户，使其参与到需求侧资源项目和市场交易中，是大规模开发需求侧资源的关键问题。

为了充分挖掘大量中小用户潜在的需求侧资源，负荷聚合商（Load Aggregator，LA）应运而生，成为电力市场的新主体。如图 2-10 所示，负荷聚合商的本质功能体现在"聚合"两个字上，其能够通过聚合小容量的中小用户，形成大规模的需求侧资源，从而达到市场准入门槛，参与电力市场。负荷聚合商主要向独立系统运营商提供需求响应服务。负荷聚合商的主要业务和功能包括基础信息预测、市场交易、调度控制等。

基础信息预测是聚合商各项业务的前提和基础，包括负荷预测、电价预测与可调节容量预测。负荷预测是指在满足一定精度要求的条件下，对未来某一特定时间或时期的负荷进行预测。根据不同的时间尺度，负荷预测可分为超短期、短期、中期和长期四种类型。电价作为电力市场的核心要素，决定着市场中各主体的利润分配。准确的电价预测对于市场中的各个主体都具有重要意义。对于聚合商来说，准确的电价预测有助于准确把握市场方向和市场机会，根据实际需要制定合理的竞价策略，以获得最大的利润，降低自身的购电成本，同时还能起到削峰的作用。可调节容量是指在需要的时间范围内灵活调整资源的能力。可调节容量预测是聚合商通过科学的理论、方法和模型，合理预测和分析需求侧资源推广和实施所产生的潜力的基础工作，其目的是为项目实施方案的制定和效益的评价提供决策依据。

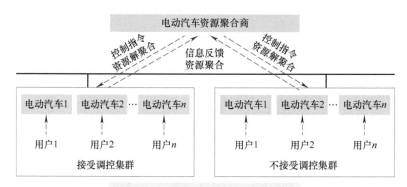

图 2-10　负荷聚合商进行资源整合

在市场交易方面，在用户端，负荷聚合商与用户签订需求响应合同，包括但不限于合同有效期、需求响应时间、需求响应能力、补偿规则等。市场方面，负荷聚合商登记确认参与市场需求响应服务的供应，以及参与次日需求响应投标的负荷聚合商，包括各时段的需求响应量、响应时间、申报价格等信息。调节完成后，负荷聚合商对柔性用户集群响应后每个时段的实际用电数据进行采集和计算，根据历史预测偏差率计算出柔性负荷集群的基线负荷修正量，并上报给系统运营商。在此基础上，系统运营商将根据市场出清价格和实际有效调控电量对负荷聚合商进行补偿。调用完成后，负荷聚合商将根据事先与用户协商确定的补偿标准和用户实际响应量，与用户进行补偿结算。

在调度控制方面，聚合商是通过先进的控制、计量、通信等技术将电网中电动汽车等可控负荷和储能装置等聚合成一个虚拟的可控集合体，并通过更高层面的软件构架实现多个分布式能源的协调优化运行，从而协调智能电网与分布式电源间的矛盾。聚合商利用先进信息通信技术和软件系统对储能系统、可控负荷、电动汽车等柔性资源进行聚合和远距离的调控，实现了电网智能化、即时化、快捷化。与传统电厂相比，聚合商、虚拟电厂结合了先进的通信与控制技术，在不改变原有电网的能源框架基础上，实现分布式能源的聚合、调控。而电动汽车作为一种新型可调资源，可通过电动汽车虚拟电厂进行高效聚合和智能调控。

电动汽车虚拟电厂是一种基于电动汽车的能量储存和分配系统，它通过将大量的电动汽车聚合形成一个虚拟电厂来平衡能源供需的波动。电动汽车虚拟电厂可以向外部电网提供能量或者从外部电网吸收能量，同时还可以通过内部的能量交换实现灵活的能量管理。电动汽车虚拟电厂的主要特点包括：①能量存储：电动汽车虚拟电厂利用电动汽车中的电池储存电力，并通过内部的能量交换对其进行管理和调度；②能量调度：电动汽车虚拟电厂可以在负荷高峰期向电网提供能量，同时在负荷低谷期从电网获取能量，以提高能源的利用效率；③灵活性：电动汽车虚拟电厂可以根据电网供需的变化实时调整能量的储存和释放，以应对不同的能源需求；④可持续性：电动汽车虚拟电厂将电动汽车的电池作为能源存储设备，可以有效地利用可再生能源，降低碳排放和环境污染。总的来说，电动汽车虚拟电厂是一种创新的能源解决方案，可以为未来的能源管理和可持续发展做出重要的贡献。

2.3.3 日前市场申报

在日前市场中，聚合商通过对内部成员的负荷预测、新能源发电预测，确定次日的基准出力曲线或用电曲线，调度中心发布未来24h内间隔15min共96个调峰需求点。此时，聚合商在基准曲线的基础上，申报每个时间点的交易电量与电价。调度中心以统一边际电价进行市场交易出清，并发布出清结果。聚合商在接收出清结果后与调度中心签订合约，并在次日按照出清结果发用电。由于负荷以及新能源出力的不确定性，实际负荷与预测值之间、聚合商实时运行出力与日前出清结果之间往往存在偏差，因此需要引入日前市场与实时市场。在日内市场与实时市场中，调度中心发布未来三四小时或15min之后的调度需求，聚合商在日前交易结果的基础上进行申报，在实时市场中还应提供响应时间，同样由调度中心统一按照边际电价进行出清，聚合商接收出清结果并执行交易计划。最终，聚合商的收益按月度由实际执行的电量进行结算补偿。

因此，在日前市场申报研究方面，梳理有序充电、V2G、签约用户等不同类型用户构建电动汽车可调资源库，在分析资源响应特性的基础上，研究不同市场交易需求与调控约束下电动汽车可调节能力建模及预测方法。同时，可以考虑电力市场偏差考核、聚合商盈利机制和资源运行特点，结合出清价格、可调节能力预测结果，研究适应不同类型市场交易的充电资源组合优化策略，以聚合商、运营商、电动汽车用户多方利益共享及整体效益最大化为目标，研究不同类型交易耦合下聚合商市场申报策略优化模型。

2.3.4　日内实时调控

在日内或更短时间尺度，由于负荷以及新能源出力的不确定性，实际执行过程一定会出现偏差，所以需要根据日内或更短时间尺度的负荷调控要求/偏差调整要求，分析各类型调控场景对容量、速度、准确度等的要求，研究电动汽车充电负荷资源不同时间尺度响应特征，考虑控制周期内电动汽车的随机接入和离开等因素对控制效果的影响，研究充电桩响应聚合商控制指令误差及指令分解策略。面向电网侧对聚合商功率的调控需求，考虑充电桩响应误差等因素，进一步研究聚合商精准跟踪目标功率的协同控制策略，在日内或更短时间尺度对功率、能量进行精准管理控制[9]。在 EV 负荷调控研究方面，未能综合考虑来自用户出行相关因素、车辆与充电设施相关因素的影响，忽略了这些因素对建模过程的交互影响；已有 EV 负荷模型需要获取各独立 EV 的参数值，对于大规模 EV 集群，建模过程的计算量极大，需要提出有效的建模方法以简化集群建模的复杂度。

2.4　国内外车网互动政策与市场发展

单个电动汽车资源具有调控潜力非常小且随机性强的特征，如果电网调度中心直接对分散的电动汽车资源进行调度，不仅会造成调度困难、效率低等问题，还可能出现维数灾难的情况。所以，对于分散于电力系统结构底层电动汽车资源，必须进行整合才能充分挖掘其参与优化调度的灵活性。目前面向电动汽车资源的整合手段主要分为直接控制和间接控制。直接控制以微电网、负荷聚合商、虚拟电厂等作为整合主体参与电力市场；间接控制将电动汽车资源引入市场竞争，把资源灵活性通过交互平台以商品形式在电力市场进行交易。在现有的国内外示范项目中，电动汽车资源多以负荷聚合商和虚拟电厂作为媒介参与电网调度与市场交易。

2.4.1　国内车网互动政策与市场发展

在国内车网互动标准和政策方面，2016 年 6 月，中国电力企业联合会发布了国家标准计划《能源互联网与电动汽车互动规范》，规定了能源互联网与电动汽车互动的相关术语、基本规定、总体架构、能量互动、信息互动、业务互动及典型应用场景的技术要求。2019 年 1 月，《电动汽车充换电设施接入配电网技术规范》正式实行，为电动汽车接入电网参与电网互动定下了基础标准。2020年10月，国务院办公厅印发《新能源汽车产业发展规划（2021—2035年）》，提出要坚持电动化、网联化、智能化发展方向，以融合创新为重点，突破关键核心技术，优化产业发展环境，推动我国新能源汽车产业高质量可持续发展。2021年12月，中国信息通信研究院发布《车联网白皮书（2021）》，从技术、产业、应用和模式四个方面，总结当前发展现状，分析提炼发展趋势，并对下一阶段重点工作予以展望。在技术与产业方面，对"车－路－云－网－图"产业链的各个环节进行关键技术剖析和产业发展趋势研判。在应用与模式方面，从服务于城市道路、高速公路、特定区域三类环境，服务于个人、企业和政府三类用户，凝练典型应用场景，分析功能实现视图和商业价值链条。在此基础上，从技术创新、基础设施建设、应用推广、安全体系构建多个方面进行展望，提出跨行业在顶层规划、标准体系、应用实践和部署建设等方面的协同合作，坚持智能与网联协同发展战略，推动车联网产业高质量发展。2022年1月，国家发展改革委发布《国家发展改革委等部门关于进一步提升电动汽车充电基础设施服务保障能力的实施意见》，提出加强车网互动等新技术研发应用，推进车网互动技术创新与试点示范，各地发展改革、能源部门要引导居民参与智能有序充电，同时加强充换电技术创新与标准支撑。2022年3月，工业和信息化部发布《车联网网络安全和数据安全标准体系建设指南》，提出到2023年底，初步构建起车联网网络安全和数据安全标准体系，到2025年形成较为完善的车联网网络安全和数据安全标准体系。2023年3月，全国首份《车网互动规模化应用与发展白皮书》在深圳发布，首次系统提出破解车网互动规模化发展瓶颈的策略，推动能源消费者转变为产消者，为构建清洁低碳、安全高效的能源体系探索新的商业模式，为破解大规模新能源接入电网、新能源汽车爆发式增长带来的能源安全难题提供了解题思路。

2014年，上海市成为国家发展改革委指定的首个需求响应试点城市。2019年下半年，上海开展一系列电动汽车参与需求响应试点活动，上海市电力公司和自然资源保护协会作为主要协调方，邀请各大充电服务商和电动汽车主机厂参与需求响应，这也是我国电网首次对充电服务商和电动汽车制造商开放的需求响应试点。试点针对私人充电桩、专用充电桩以及换电站参与需求响应的效果进行对比分析，发现车辆在不同充换电场所提供的充电灵活性调节规模各异，各自实现的响应效果也存在较大差别。在发布的试点报告中，提出了明确电动汽车参与电网互动的市场准入、建立车网互动的市场机制等建议。

近年来，在电动汽车参与电力市场方面，国内各地陆续推出了包含电动汽车在内的第三方主题参与辅助服务的规则。2020年11月，华北能源监管局印发了《第三方独立主体参与华北电力调峰辅助服务市场规则（试行，2020版）》，进一步深化华北电力调峰辅助服务市场建设，运用市场机制激励第三方独立主体提供调峰资源，充分挖掘包括分布式储能、电动汽车、电采暖、虚拟电厂等负荷侧调节资源以及发电侧储能在内的第三方独立主体的调峰潜力。2021年12月，华中电力调峰辅助服务市场建立储能装置、电动汽车充电桩及负荷侧各类可调节资源参与电网运行调节和提供电力辅助服务的长效机制，明确了新型市场主体可结合自身实际情况参与华中电力调峰辅助服务市场的日前、日内省间调峰辅助服务交易。2022年1月，国家发展改革委发布《国家发展改革委等部门关于进一步提升电动汽车充电基础设施服务保障能力的实施意见》指出要积极推进试点示范，探索新能源汽车参与电力现货市场的实施路径，研究完善新能源汽车消费和储放绿色电力的交易和调度机制。2023年，工业和信息化部等八部门发布《关于组织开展公共领域车辆全面电动化先行区试点工作的通知》提及要加快智能有序充电、大功率充电、自动充电、快速换电等新型充换电技术应用，加快"光储充放"一体化试点应用，探索新能源汽车参与电力现货市场的实施路径。

在电动汽车参与绿电交易方面，电动汽车目前还无法直接作为市场主体参与绿电交易，通过充换电桩负荷聚合商参与绿电交易仍处于试点阶段。近年来国家出台了一系列政策鼓励电动汽车聚合商参与绿电交易市场，为电动汽车的可持续发展提供支持和保障。2022年国家发展改革委等部门研究制定了《促进绿色消费实施方案》，提出大力发展绿色交通消费，鼓励电动汽车行业消费绿色电力，进一步激发全社会绿色电力消费潜力。加强智慧车联网平台建设，优化平台功能、扩大接入规模，打造"电动汽车服务生态圈"，为"绿电"市场交易提供全面数据支撑。2022年国家发展改革委、国家能源局发布《关于加快建设全国统一电力市场体系的指导意见》等文件，提议加快推进南方区域绿色电力交易机制建设。南方区域各电力交易机构联合编制了《南方区域绿色电力交易规则（试行）》，文件要求售电公司参与绿色电力交易，应与有绿色电力需求的零售用户建立明确的代理关系。电网企业落实国家保障性收购或代理购电政策的，可以作为购售电主体参与绿色电力交易。适时引入分布式电源、电动汽车、储能等市场主体参与绿色电力交易。2023年国家发展改革委等部门联合发布《电力需求侧管理办法（2023年版）》，鼓励电动汽车等行业消费绿电，发挥示范带头作用，推动外向型企业较多、经济承受能力较强的地区逐步提升绿电消费比例。提升新型基础设施绿电消费水平，促进绿电就近消纳。持续提升电能替代项目的灵活互动能力和可再生能源消纳水平。实施电能替代新增电力电量应优先通过可再生能源电力满足，支持电能替代项目开展绿电交易、绿证交易，进一步提高可再生能源消纳占比，推动电能替代项目参与分布式发电市场化交易。鼓励电能替代项目通过负荷聚合商参与需求响应。

总体而言，当前电动汽车参与绿电交易没有形成全国统一、规范化模式，仍然处于试点阶段。此外，电动汽车目前还不能作为市场主体直接参与绿电交易，主要通过聚合商参与其中。过去几年，电动汽车已经通过聚合商实现了在电力中长期市场跨省跨区购买绿电。风、光、水等清洁能源通过特高压线路长距离、大范围地输送到用户侧，电动汽车负荷聚合商、电网公司的电动汽车服务公司等在相关电力交易中心平台上开展相应的绿电交易。

2023年12月13日，国家发展改革委等四部委印发了《关于加强新能源汽车与电网融合互动的实施意见》，进一步明确提出要有效发挥电动汽车作为可控负荷或移动储能的灵活性调节能力，为新型电力系统高效经济运行提供重要支撑，保障车网互动场景下电网运行安全。随着市场商业模式不断深化，负荷侧可调节资源参与辅助服务的潜力逐步挖掘，包括电动汽车储能资源在内的第三方独立主体响应电网运行需求，促进电力系统向更加清洁、低碳、安全、高效转型发展的价值将愈加凸显。电动汽车、可调节负荷、储能资源参与调峰市场成功起步充分证明了技术及市场机制的可行性，要想进一步吸引更多种类的资源主动参与市场，还需加快完善市场机制，加强市场间的协调与配合，健全成本疏导和利益分配机制。

2.4.2　国外车网互动政策与市场发展

在全球范围内，国家政府或组织都逐步重视能源发展"脱碳化"，通过制定国家战略发展绿色能源、促进能源高效利用、实现低碳化城市发展，并积极扶持V2G产业[10]。一方面，通过加大财政拨款补贴，激发市场主体积极性。这些措施主要包括购车补贴、车辆购车及登记退税，挪威在20世纪90年代开始实施，2008年起美国等也开展了相应实施。此外，美国大多数州都制定了具体的政策，为电动汽车提供税收抵免或购买激励，以及为安装充电基础设施提供资金和技术援助。加拿大、欧盟、日本、印度等也对公共及私人桩充电提供一定的激励政策。

同时,通过制定能源低碳绿色目标,大力推动电动汽车产业发展,以低碳绿色的战略要求和产业链发展催生 V2G 市场需求。到目前为止,已经有 20 多个国家宣布在未来 10~30 年内完全淘汰内燃机汽车,其中包括佛得角、哥斯达黎加和斯里兰卡等新兴经济体。此外,超过 120 个国家已经宣布了全经济范围内的净零排放承诺,目标是在未来几十年实现净零排放,并实施一系列电动汽车推广政策。

另一方面,在全世界范围内,开展电动汽车与电网互动体系架构和支撑标准体系研究,通过法案加大交通电气化基础设施投入,推动车网互动走向新格局。加州政府在 2020 年 2 月交通电气化框架(TEF)公布 TEF 草案中提出新修订草案的核心是支持加州电力企业制定未来 10 年在交通电气化领域的战略投资规划(TEP),助力加州交通电气化转型目标的实现,并且多部门共同支持指导电力企业加大交通电气化基础设施投入。针对支撑车网互动体系架构的各项标准,美国加州公共事业委员会组织专家对各类标准的适用性进行了论证,并对国际汽车工程师协会(SAE)等标准化机构提出了相关标准化的工作建议。SAE 也对交直流 V2G 标准提出了基于 SAE 标准的车桩交互架构。英国根据 2018 年《自动与电动车辆(AEV)法案》发布的 2021 年《电动车辆(智能充电点)法规》,要求在英国出售或安装的私人电动汽车充电点必须具有智能功能并满足最低设备级别要求,为电动汽车与电网智能灵活互动提供基础。

美国、英国、日本、欧盟等国家/组织推动电动汽车产业发展,推动车网互动的部分政策见表 2-4。

表 2-4 推动车网互动的部分政策

国家/组织	政策
美国	(1)美国联邦能源管理委员会修订政策推动储能和能源平台运营商参与电力市场 (2)加利福尼亚州出台《加利福尼亚州电动汽车与电网协同路线图电动汽车作为电网资源》,从商业模式、政策支持和技术标准等方面为车网互动提供全面保障 (3)美国加州公共事业委员会组织专家对支撑车网互动体系架构的各类标准的适用性进行了论证,并对国际汽车工程师协会(SAE)等标准化机构提出了相关标准化的工作建议 (4)2008 年,美国采取购车补贴政策,缩小与传统汽车的价格差距,刺激电动轻型汽车的初步采用,支持电动汽车制造和电池行业的规模扩大 (5)加州发布行政命令,要求到 2035 年,所有进行销售的新车和轻型载货卡车都是零排放车辆 (6)美国大多数州都制定具体政策为安装充电基础设施提供资金和技术援助

（续）

国家/组织	政　策
英国	（1）2015年，英国政府率先提出监管沙盒（Regulatory Sandbox）的概念，按照英国金融行为监管局（FCA）的定义，"监管沙盒"是一个"安全空间"，在这个安全空间内，车企或者电网企业可以大胆创新，示范试验电动汽车参与电网交易、辅助服务等项目，而不用受现有规则监管的约束 （2）英国拨款支持多个V2G项目，采取高额补贴、税收优惠等政策，推动示范项目加速商业化推广，如2018年，英国政府宣布将拨款约3000万英镑支持21个V2G项目，旨在测试相关的技术研发成果，同时也为该类技术寻找市场 （3）2018年，英国政府发布《自动和电动车辆（AEV）法案》提出充电桩需满足的智能、电力供应商互操作性、安全、测量系统、非高峰期充电等要求，旨在促进智能充电应用，将电动汽车的充电时间转移至电力需求较低的非高峰期或可再生能源发电充足的时段，并通过提供需求侧响应服务支持系统运行 （4）2020年，英国政府宣布分两阶段加速停止销售新汽油和柴油轿车，并将淘汰日期提前到2030年，要求从2035年起，所有新轿车和货车的尾气排放将完全为零，催生V2G市场需求
日本	2018年，日本经济产业省在需求侧虚拟电厂示范项目中，为V2G示范项目提供了财政补贴，激发市场主体积极性
欧盟	（1）欧盟在《欧盟绿色协议》和随后的《下一代欧盟和复苏计划》中承诺实现脱碳，加快了电动交通的推广 （2）2020年，欧盟可持续和智能移动战略和行动计划提出了ZEV（ZEV＝零排放汽车，包括纯电动汽车、插电式汽车和燃料电池汽车）部署目标 （3）欧盟通过调整一系列指令和法规以实现促进电动汽车行业发展的目标，其中包括：轿车和货车的二氧化碳排放性能标准、替代燃料基础设施指令、欧洲建筑能源性能指令（支持充电基础设施的部署）和电池指令等 （4）某些成员国为应对疫情而采取购买补贴和旧车换新计划等措施刺激电动汽车销售量增长 （5）欧盟提出《替代燃料基础设施指令》（AFID）指导公共电动汽车充电站，成员国被要求在2030年之前的十年里为公众使用的电动汽车充电器设定部署目标，指示性比率为每10辆电动汽车配备1个充电器。《欧盟绿色协议》将标准提高至到2025年安装100万个公共充电器，并制定了实现这一目标的关键行动路线图
电动汽车倡议（EVI）	（1）通过重大的财政激励，如购车补贴等促进电动汽车销售，某些司法管辖区对电动汽车的销售实施了强制性目标 （2）各国政府通过直接投资安装公众可使用的充电器或鼓励电动汽车车主在家中安装充电站等措施，为电动汽车充电基础设施提供了支持 （3）超过20个国家制定了电气化目标或ICE禁止汽车，8个国家和欧盟宣布了净零排放承诺

注：在2020—2021年期间积极参与EVI的国家包括加拿大、智利、中国、芬兰、法国、德国、印度、日本、荷兰、新西兰、挪威、波兰、葡萄牙、瑞典和英国。

2.5 思考题

1. 不同类型的电动汽车具备怎样的出行特性？
2. 国内外车网互动技术标准分别具备怎样的特点？
3. 什么是电动汽车虚拟电厂？
4. 电动汽车与电网互动体系中的关键技术有什么？

参考文献

［1］XIANG Y, LIU Z P, LIU J CH, et al. Integrated traffic-power simulation framework for electric vehicle charging stations based on cellular automaton［J］. Journal of Modern Power Systems and Clean Energy, 2018, 6（04）：816-820.

［2］LIU P, YU J L. Identification of charging behavior characteristic for large-scale heterogeneous electric vehicle fleet［J］. Journal of Modern Power Systems and Clean Energy, 2018（03）.

［3］CLEMENT N, KRISTIEN, HAESEN, et al. The impact of Charging plug-in hybrid electric vehicles on a residential distribution grid［J］. IEEE Transactions on Power Systems, 2010, 25（01）：371-380.

［4］SHENGNAN S, PIPATTANASOMPOM M, RAHMAN S. Challenges of phev penetration to the residential distributio-n network［C］. Power and Energy Society General Meeting, 2009.

［5］QU D, JING Z, FANG L, et al. Modeling and simulation for electric taxi charging/swapping load［C］. China International Conference on Electricity Distribution, 2014.

［6］QIAN K, ZHOU C, ALLAN M, et al. Modeling of load demand due to EV battery charging in distribution systems［J］. IEEE Transactions on Power Systems, 2011（02）：802-810.

［7］SHAHIDINEJAD S, FILIZADEH S, BIBEAU E. Profile of charging load on the grid due to plug-in vehicles［J］. IEEE Transactions on Smart Grid, 2012（01）：135-141.

［8］LI M Y, LENZEN M, KECK F, et al. GIS-based probabilistic modeling of BEV charging load for Australia［J］. IEEE Transactions on Smart Grid, 2018（04）：3525-3534.

［9］KHEMAKHEM S, REKIK M, KRICHEN L. A flexible control strategy of plug-in electric vehicles operating in seven modes for smoothing load power curves in smart grid［J］. Energy, 2017, 118：197-208.

［10］PILLAI J R, BAK-JENSEN B. Integration of vehicle-to-grid in the western Danish power system［J］. IEEE Transactions on Sustainable Energy, 2011, 2（01）：12-19.

第 3 章 电动汽车可调节资源聚合理论与方法

本章首先介绍了电动汽车资源聚合架构,立足聚合技术架构应用场景,梳理了三种电动汽车典型聚合技术架构的具体特征,对其典型分类和技术特点进行了分析。其次介绍了电动汽车可调节能力量化方法,重点对电动汽车功率可行域刻画和电动汽车可调节功率量化两种方法进行了说明。接着介绍了规模化电动汽车资源可行域聚合方法,对松弛的闵可夫斯基求和基本理论和原理进行了介绍,通过算例分析了电动汽车可行域聚合的效果。最后介绍了基于深度学习的集群电动汽车可调节功率预测方法,通过算例分析了预测的效果。

3.1 电动汽车资源聚合架构

目前,国内外灵活性资源的发展水平因能源分布与需求特征等因素彰显差异,但由于灵活性资源点多、量大、面广、异质等特点,均具有难以满足系统调度与电力市场准入要求的共同特征。国内外在探索聚合灵活资源辅助系统运行方面具有较多技术案例,但仍处于示范起步阶段,亟待完善具有技术规范性和标准化的范式分析。面向新型电力系统的聚合技术架构可以为海量、规模微小、多能异质、位置分散、需求多元的需求侧灵活资源提供智能互联、灵活聚类、柔性调控、可靠协同的技术,推动电网向能源互联网的技术升级,拓展高不确定性复杂耦合的电力系统的可调资源边界,满足新型电力系统的基本特征与技术需求。本节将立足聚合技术架构应用场景,梳理其具体特征、典型分类及技术分析,为电动汽车资源参与电力系统运行提供技术理论支撑。

3.1.1 电动汽车典型聚合技术架构

电动汽车典型聚合技术架构可分为"云、管、边、端"技术架构、"云、群、端"技术架构、"单元级、系统级、SoS级"技术架构[1]。以下依次分析其技术特征。

（1）"云、管、边、端"技术架构

"云、管、边、端"电动汽车资源聚合技术架构自上而下分为四个部分，分别为云端平台（云）、传输管道（管）、边缘节点（边）和终端设备（端），如图3-1所示。利用边缘服务器在靠近终端信息来源的网络边缘执行数据处理，聚合分散资源，再通过传输管道，发送给云端平台，继而借助云计算对电动汽车资源集群进行调度，与电网调度中心及交易中心进行交互，并将优化指令下达给边缘服务器[2-3]。

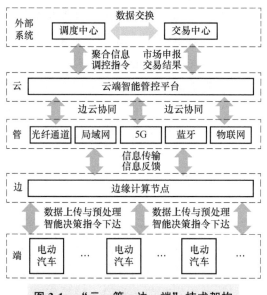

图3-1 "云、管、边、端"技术架构

终端设备：对电动汽车资源采集运行特性参数、负荷需求等实时信息，传递给边缘节点，并接收边缘服务器下达的调度指令。

边缘节点：通过在云端和终端之间设置一层边缘计算节点，将从终端接收的海量信息分割为更小与更容易管理的单元分别处理。通过边缘计算、数据预处理后将信息通过多种加密传输方式传递到聚合云平台。边缘节点可以加快信息处理的速度，降低延迟与带宽成本。目前，机器学习与边缘计算实现了很好的融合，进一步提高了数据处理的效率。

传输管道：传输管道包括光纤通道、局域网、5G、蓝牙、物联网等，为信息从终端和云端的传输提供了通信技术的支撑。

云端平台：云端平台是整个技术架构的决策中心，通过对数据清洗、分类、建模、存储等，生成云端动态聚合模型，然后与电力系统调度机构发布的调度信息和电力交易机构发布的市场信息互动，实现聚合需求侧灵活性资源参与电力系统运行与电力市场交易。

"云、管、边、端"电动汽车资源聚合技术架构形成了生态融合、安全通信、智慧边缘、终端感知四个横向维度的功能架构分层，并通过先进的安全通信技术将多层功能纵向交互打通，进行互感、互通、互知，实现了技术架构横向和纵向的融合。

（2）"云、群、端"技术架构

"云、群、端"技术架构自上而下可分为三个层级，分别为云端管控平台（云）、资源集群（群）、终端设备（端），如图3-2所示。"云、群、端"协同的技术架构作为一个整体，采用"对内分层、对外一致"的架构，与电网调度中心或交易中心进行交互[4]。

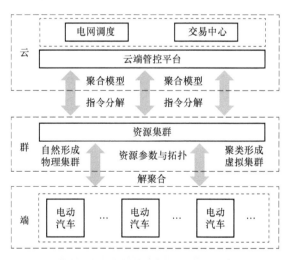

图3-2 "云、群、端"技术架构

终端设备：位于"云、群、端"技术架构底层的"端"层级负责建立各类需求侧资源的调控能力模型，采集和传感，并上报资源参数和拓扑，自动接收响应"群"层级下发的调控指令。

资源集群：由电动汽车资源集群控制逻辑层构成的"群"层级，在整个聚合技术框架中起承上启下的作用。电动汽车资源由终端设备通过自然形成和聚类形成的方式聚集成资源集群，再以聚合模型的方式将信息传递至聚合商云端管控平台。

云端管控平台：云端管控平台是"云、群、端"技术架构的决策中心。云端管控平台通过云端指令分解，将电网下发的调度指令分解并下发至电动汽车集群，再以解聚合的方式反馈至资源端，实现信息的双向互动。同时接收资源集群的在线动态聚类，资源聚合模型。最后结合电力系统调度机构和交易机构完成对聚合平台的控制。

"云、群、端"技术架构通过"群"层级的引入，适配了云边协同的信息架构，可以保证应用稳定性和数据安全性，提升运算效率，与云端管控平台协同，实现云端计算的降维，提升云端运算的效率[4]。该聚合技术架构同"云、管、边、端"需求侧资源聚合技术架构同样采用纵、横双维度方案，但侧重于聚焦海量分散的电动汽车灵活性资源云边协同互动与集群动态构建。"云、群、端"技术架构中边缘计算能力的挖掘与拓延是突破动态聚类与快速解聚合能力的关键技术之一。

（3）"单元级、系统级、SoS级"技术架构

"单元级、系统级、SoS级"技术架构通过信息物理系统（Communication Physical System，CPS）技术将电动汽车资源聚合技术架构从交互范围由小到大分为单元智慧感知、系统优化协同、系统开放运营三个层级，如图3-3所示。

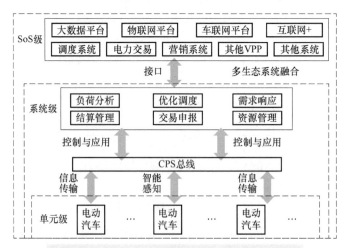

图3-3　"单元级、系统级、SoS级"技术架构

单元级：各类电动汽车资源配置智能终端组建为单元级，负责状态感知、信息采集和通信。单元级设备之间通过工业网络集成构成系统级子架构，实现资源间的互联互通、协同优化与市场策略。

系统级：单元级设备通过CPS总线与系统级建立控制与应用的联系，具有负荷分析、优化调度、需求响应、资源管理、交易申报与结算管理等职能。系统级子架构间构建交互接口，实现系统、交易与聚合商平台的信息智慧识别和数据自动驱动，形成异构闭环赋能体系。

SoS级：SoS级由外部电力系统和多生态系统融合组成。外部电力系统具有调度、营销、电力交易等功能，大数据平台、物联网平台、车联网平台、共享生态等多种平台交互促成了生态系统的友好互动融合。

"单元级、系统级、SoS级"需求侧资源聚合技术架构侧重于采用新型电力系统聚合技术的交叉互动解决多层级调控问题。并将技术架构分解成不同组建范围的模块，便于海量分散电动汽车灵活资源的多层级组建和交互，形成组态灵活、拓展便捷的技术架构体系。

此外，不同电动汽车聚合技术架构并不会对电动汽车资源聚合参与电力系统运行产生性能上的差异化影响，但是对于面向新型电力系统的聚合技术应用的可持续性贡献则有不同，需要根据具体应用场景选择适合发展规划需求的聚合技术。不同聚合技术架构的区别见表3-1。

表3-1 不同聚合技术架构的区别[1]

聚合技术架构名称	技 术 区 分	技 术 特 点
云、管、边、端	多层级	适用于广域资源的代理聚合，强调通信方式的先进性，需要聚焦通信成本对于系统运行经济性的影响评估
云、群、端	多层级	适用于资源集群的代理聚合，强调资源的局域聚合与解聚合，需要聚焦海量需求侧资源的分层分区构建
单元级、系统级、SoS级	模块化	适用于资源动态拓展的模块化接入和不同系统间的生态融合，将聚合主体的商业模式架构内部化，强调信息与物理的融合贯通

3.1.2 电动汽车通用聚合技术架构模型

根据上文电动汽车资源参与电力系统运行的典型聚合技术架构分析，可以构建出由底层终端平台、中层管控平台和上层主网平台三层管控平台组成的通用框架。其中，底层终端平台负责对灵活性资源的边缘化管控，中层管控平台负责对海量电动汽车灵活性资源的聚合代理管控，上层主网平台为聚合代理管控平台与电力系统内外部平台的交互运营。目前主要有以下两种通用聚合技术架构。

底层终端-中层管控-上层主网三层级能量-信息技术架构：底层电动汽车灵活性资源通过运营商平台或智能终端与中层管控平台完成数据的通信交互，由中层管控平台管理灵活性资源的准入、聚合、调度等协同优化运行，代理接入资源参与主网运行或组织用户间交易与能源共享，并实现利益分配。

底层终端-上层主网两层级能量-信息技术架构：该架构中，要求需求侧运营商聚合一定规模的灵活性资源，并建立符合电网系统调度技术要求的运营商平台，直接参与主网系统运行与电力市场，运营商平台接收调度机构发出的控制指令，并分解到所聚合的可调节负荷资源终端，实现闭环控制。

通用电动汽车资源聚合技术架构为新型电力系统的市场化运营先进性提供可能，中层管控平台的引进实现了海量电动汽车资源的高效动态聚合和多元利益主体的聚合代理参与。随着市场化机制灵活度的不断提升，通用架构能够兼容电力批发市场、辅助服务市场、主配电网多级耦合电力市场、分布式交易市场等多种市场参与方式，更符合新型电力系统下多元、复杂的市场运营环境，更容易实现市场主体多种利益诉求与不同交易意愿的满足。此外，通用架构为电动汽车提供了更多元的市场参与方式，有利于提高电动汽车灵活资源的主动参与意愿、提升用户资源利用率。

在电力系统新能源渗透率不断提高、电网低成本智慧用能资源匮乏、海量灵活性资源互动协同壁垒的背景下，本节针对海量电动汽车灵活性资源参与电力系统运行与电力市场交易的聚合技术架构问题，分析了面向新型电力系统的聚合技术架构的具体特征与分类，立足资源接入、市场运营与调控协同的多维视角，给出了多层级聚合技术的具体分析与发展建议。在我国"双碳"愿景进入全面落实阶段，为构建以新能源为主体的新型电力系统提供了具有灵活调节能力、弹性消纳裕度、智慧互联协同、持续在线响应的技术解决方案。随着海量资源的动态拓展、市场环境的多元变化、系统需求的复杂耦合，未来将围绕灵活资源信息的高并发处理、海量用户隐私保护和分散资源的快速配置等问题进一步探索聚合技术架构演进升级。

3.1.3 电动汽车聚合技术架构分析

电网传统的调度端与负荷端之间要建立联系，面临着网络链条长、跨越平台数量多、信息交互壁垒大、互联网安全风险大等诸多问题。要解决调度对电动汽车负荷集群的连续控制这个国内乃至国际难题，需要发挥互联网思维，应用互联网技术，不断推动电网朝数字化、智慧化方向发展。基于上述的电动汽车灵活性资源参与主网运行的架构建设方式，接下来从技术难度、资金投入、管理运营等方面进行分析。

（1）引入中层聚合管控平台，有利于激发电动汽车灵活性资源参与动力

首先，独立的中层聚合管控平台技术功能完善，具备与电网调度平台和电力市场交易平台的交互接口，无需灵活性资源或运营商打通业务流程，准入程序更为便捷；其次，独立的中层聚合管控平台可以为灵活性资源或运营商提供良好的技术支撑，不需要建立相关的技术团队支撑运营；再次，非集群化的小规模灵活性资源寻找负荷侧聚合运营商渠道不明确，双边协议成本大，会降低用户资源参与意愿；最后，中层聚合管控平台允许灵活性资源选择安装智能终端即可参与接入，无需承担或投入大量资金以建设满足技术要求的灵活性资源运营商平台，减少市场初期运营成本和资金压力。

（2）引入中层聚合管控平台，有利于开展满足电动汽车用户个性化需求的多元业务与服务

首先，独立的中层聚合管控平台对于资源的准入审批、状态感知与运行监管也更为独立，有利于提高灵活性资源的管理效率；其次，独立的中层聚合管控平台可以容纳更加多元异质的灵活性资源，而负荷侧运营商通常更倾向聚合本地响应特征相似的资源；最后，调度平台通常使用电网专网直控运营商平台，数据由电表采集传输，而独立的中层聚合管控平台可以在公网建立与灵活性资源的通信，满足更多监管需求和精细化服务。

（3）引入中层聚合管控平台，有利于实现电动汽车资源动态拓展和提升协同响应能力

首先，需求侧运营商通常倾向聚合本地资源，对于由于技术和信息壁垒较难开展的异质异域资源的聚合，运营商平台的不断拓展会增大现有调度平台的通信负担；其次，随着电动汽车资源的不断海量拓展，现有的调度技术支持系统接口数量有限，难以满足动态聚合拓展需求；最后，中层聚合管控平台的引入有利于高可靠响应调度指令，允许电动汽车灵活性资源更大范围的协同互动，无需调度参与协调，而多运营商平台间的协同需要更多的交互机制，电动汽车用户行为不确定性和资源出力不确定性双高背景下的响应协同壁垒仍存在。

尽管信息-能量融合的三层聚合技术架构具有较大优势，但市场运营初期应

采用混合聚合架构体系，开放更多元、自主的参与方式，对于集群化的电动汽车灵活性资源、满足一定规模并有能力建设灵活性资源平台的运营商，可直接建立与主网平台的交互接口，在线辅助系统运行并制定参与管理办法。随着市场规模的快速扩张，电力系统调度与交易的准入要求会持续动态调整。因此，面向全链条电动汽车用户应引入中间管理平台，提供低门槛，甚至无规模要求的动态弹性、便捷拓展的接入方式，并提出合理的商业运营模式和透明的价值分配方法，激发更广泛灵活的电动汽车资源参与电力系统运行，提高电力资源配置效率，提升电力系统灵活性。

3.2 电动汽车可调节能力量化

可调节能力表征电动汽车的调节潜力，为规模化电动汽车参与电力系统运行提供依据，聚合商基于电动汽车可调节能力建立日前优化调度模型并确定电动汽车功率实时分配策略。目前可调节能力量化方法主要分为两类：①电动汽车运行的功率可行域刻画；②电动汽车可上调节功率与可下调节功率量化[5]。本节将分别对这两种方法展开说明。

3.2.1 电动汽车功率可行域刻画

针对可调节功率量化方法在大规模电动汽车集群优化调度等应用中存在的优化变量及约束条件繁多问题，可以通过功率可行域刻画的方法表征集群的调节能力，将电动汽车单体能量可行域聚合得到整合的电动汽车集群能量可行域空间，以集群的功率及能量作为后续模型中的优化变量，在降低模型维度的同时保留了变量间的关系。电动汽车功率可行域指的是电动汽车在一定时间段内可以调节的功率约束集合。描述集群资源功率可行域的方法可分为自上而下和自下而上两种。前者利用概率特性直接对资源整体灵活性进行刻画，准确度依赖于历史统计的数据信息。相比之下，自下而上即从资源单个的设备功率可行域进行描述，并进行聚合用于表征资源灵活性的方法更占优势。本节将重点介绍自下而上的功率可行域量化方法。

单辆电动汽车功率可行域不仅受电池自身功率限制影响，电能限制也会对其造成影响，这里采用图示法，以 k 和 $k+1$ 两个时段进行对比分析，如图3-4所示，其中灰色区域为资源的功率可行域范围，虚线代表电能对功率的限制。

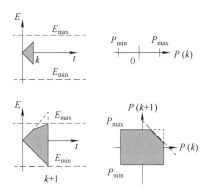

图 3-4 EV 电能对功率影响图示

本节通过极端场景能量分析方法，综合考虑充电桩的信息、车主信息以及电动汽车的信息，量化可进行 V2G 的 EV 的灵活性，如图 3-5 所示。其中通过比较第 i 辆 EV 并网的初始容量 E_{i,T_o} 以及电池容量上、下限 $E_i^{\min}$、$E_i^{\max}$，可以把 EV 的功率可行域分成 a、b 两种情景。由情景 a 可知其能量上下限由式（3-1）~式（3-4）得到，而情景 b 在 E_{i,T_o} 小于允许电池容量下限时认为不具有灵活性，其能量可行域则通过式（3-1）与式（3-3）进行生成。对于考虑能量范围影响了对应时段的功率上下限，见式（3-5）和式（3-6）。

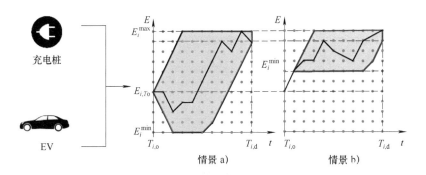

图 3-5 单元 EV 的可行域量化原理

$$E_{i,t}^{\mathrm{EVmax}} = \min\left\{(E_{i,T_{i,o}}+P_i^{\max}(t-T_{i,o})\Delta t), E_i^{\max}\right\} \quad t\in(T_{i,o},T_{i,d}) \quad (3\text{-}1)$$

$$E_{i,t}^{\min'} = \max\left\{(E_{i,T_{i,o}}+P_i^{\min}(t-T_{i,o})\Delta t), E_i^{\min}\right\} \quad t\in(T_{i,o},T_{i,d}) \quad (3\text{-}2)$$

$$E_{i,t}^{\min''} = \max\left\{(E_i^{ex}+P_i^{\min}(T_{i,d}-t)\Delta t), E_i^{\min}\right\} \quad t\in(T_{i,o},T_{i,d}) \quad (3\text{-}3)$$

$$E_{i,t}^{\mathrm{EVmin}} = \max(E_{i,t}^{\min'}, E_{i,t}^{\min''}) \quad t\in(T_{i,o},T_{i,d}) \quad (3\text{-}4)$$

$$P_{i,t}^{\text{EVmax}} = \min\left\{\frac{(E_{i,t+1}^{\text{EVmax}} - E_{i,t}^{\text{EVmin}})}{\Delta t}, P_i^{\max}\right\} \quad t \in (T_{i,o}, T_{i,d}-1) \quad (3-5)$$

$$P_{i,t}^{\text{EVmin}} = \max\left\{\frac{(E_{i,t+1}^{\text{EVmin}} - E_{i,t}^{\text{EVmax}})}{\Delta t}, P_i^{\min}\right\} \quad t \in (T_{i,o}, T_{i,d}-1) \quad (3-6)$$

式中,$E_{i,t}^{\text{EVmax}}$、$E_{i,t}^{\text{EVmin}}$ 和 E_i^{ex} 为得到的在 t 时段 i 车的最大、最小能量值以及车主期望离网时的能量值;$T_{i,o}$ 与 $T_{i,d}$ 分别为 EV 并网与离网的时段;$P_i^{\max}$ 与 $P_i^{\min}$ 分别为考虑充电桩的充放电效率基础上 i 车的充放功率最大值;$E_{i,t}^{\min'}$、$E_{i,t}^{\min''}$ 分别为由离网时段向前推的能量下限与并网时段向后推的能量下限;$P_{i,t}^{\text{EVmax}}$ 与 $P_{i,t}^{\text{EVmin}}$ 分别为在 t 时段 i 车的功率上、下限。

第 i 辆 EV 在并网与离网时段会使功率可行域的电能值发生阶跃现象,从而导致整合功率无法实现整合电能在时间轴上的耦合。其电能变化大小如下:

$$E_{i,t+1}^{\text{EVarr}} = E_{i,t+1}^{\text{EVmax}} W_{i,t+1}(W_{i,t+1} - W_{i,t}) \quad (3-7)$$

$$E_{i,t+1}^{\text{EVdep}} = E_{i,t+1}^{\text{EVmax}} W_{i,t}(W_{i,t} - W_{i,t+1}) \quad (3-8)$$

式中,计及第 i 辆 EV 并网和离网对功率可行域模型的电能影响,其形式为 $(E_{i,t+1}^{\text{EVarr}} - E_{i,t+1}^{\text{EVdep}})$,即展开式 (3-9) 用于修正单元 EV 的功率可行域模型。

$$E_{i,t+1}^{\text{EV,exchange}} = E_{i,t+1}^{\text{EVmax}}\left[(W_{i,t+1})^2 - (W_{i,t})^2\right] \quad (3-9)$$

式中,$W_{i,t}$ 为第 i 辆 EV 在 t 时段的并网情况,取值为 0 或 1。由此得到单元 EV 的功率可行域模型如下:

$$P_{i,t}^{\text{EVmin}} \leq P_{i,t}^{\text{EV}} \leq P_{i,t}^{\text{EVmax}} \quad (3-10)$$

$$E_{i,t}^{\text{EVmin}} \leq E_{i,t}^{\text{EV}} \leq E_{i,t}^{\text{EVmax}} \quad (3-11)$$

$$E_{i,t+1}^{\text{EV}} = E_{i,t}^{\text{EV}} + P_{i,t}^{\text{EV}}\Delta t + E_{i,t+1}^{\text{EV,exchange}} \quad (3-12)$$

式中,$P_{i,t}^{\text{EV}}$ 为第 i 辆 EV 在 t 时段的功率;$E_{i,t}^{\text{EV}}$ 为第 i 辆 EV 在 t 时段的电能,两者都为决策变量。

3.2.2 电动汽车可调节功率量化

电动汽车可调节功率分为可上调节功率和可下调节功率。其中,可上调节功率是指当系统频率需要上调时,电动汽车减小充电功率或者向系统反向注入功率时的功率变化量;可下调节功率与之相反,即电动汽车增大其充电功率或减小其放电功率时的功率变化量。电动汽车的基线功率、可上调节功率与可下调节功率的关系如图 3-6 所示。

图 3-6 中,$P_j^{c,\max}$ 和 $P_j^{d,\max}$ 分别为电动汽车 j 最大充电功率和最大放电功率。功率限制下电动汽车 j 的上/下调节功率需满足约束:

$$R_{j,t}^{\text{up}} \leq P_{j,t}^{\text{base}} + P_j^{\text{d,max}}$$
$$R_{j,t}^{\text{down}} \leq P_j^{\text{c,max}} - P_{j,t}^{\text{base}} \qquad (3\text{-}13)$$
$$P_{j,t} = P_{j,t}^{\text{base}} - R_{j,t}^{\text{up}} + R_{j,t}^{\text{down}} \qquad (3\text{-}14)$$
$$R_{j,t}^{\text{up}} R_{j,t}^{\text{down}} = 0 \qquad (3\text{-}15)$$

式中，$R_{j,t}^{\text{up}}$ 和 $R_{j,t}^{\text{down}}$ 分别为电动汽车 j 在时段 t 上调节功率和下调节功率；$P_{j,t}^{\text{base}}$ 为电动汽车 j 在时段 t 基线功率，为预先设定的参考功率；$P_{j,t}$ 为电动汽车 j 在时段 t 的功率。

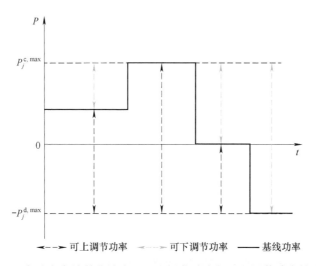

图 3-6　电动汽车的基线功率、可上调节功率与可下调节功率的关系

式（3-15）表示在同一时段只调用上调节功率或下调节功率或都不调用，不存在同时调用上调节功率和下调节功率的情况。基线功率的设定可通过历史数据进行划分，如国内湖南等辅助服务市场采用日期匹配法认定市场用户基线负荷功率，也可以与上调节功率 $R_{j,t}^{\text{up}}$ 和下调节功率 $R_{j,t}^{\text{down}}$ 共同作为变量在优化调度模型中进行求解。为满足用户出行需求，在充放电功率约束的基础上还需考虑电量约束对当前时段功率的限制。电动汽车可调节功率量化示意图如图 3-7 所示。

图 3-7 中，$E_{j,t}$ 表示电动汽车 j 时段 t 的电池电量；Δt 表示各时段长度；$E_{j,t+1}^{\min}$ 和 $E_{j,t+1}^{\max}$ 分别表示电动汽车 j 在时段 $t+1$ 可能取值的最低电量和最高电量，通过比较电池充放电功率约束和电量约束，将单辆电动汽车可调节功率量化为

$$R_{j,t}^{\text{mup}} = \max\left(\min\left(P_j^{\text{d,max}} + P_{j,t}^{\text{base}}, \frac{E_{j,t} - E_{j,t+1}^{\min}}{\Delta t} + P_{j,t}^{\text{base}} \right), 0 \right) \qquad (3\text{-}16)$$

$$R_{j,t}^{\text{mdown}} = \max\left(\min\left(P_j^{c,\max} - P_{j,t}^{\text{base}}, \frac{E_{j,t+1}^{\max} - E_{j,t}}{\Delta t} - P_{j,t}^{\text{base}}\right), 0\right) \quad (3\text{-}17)$$

式中，$R_{j,t}^{\text{mup}}$ 和 $R_{j,t}^{\text{mdown}}$ 分别为电动汽车 j 时段 t 的可上调节功率和可下调节功率。

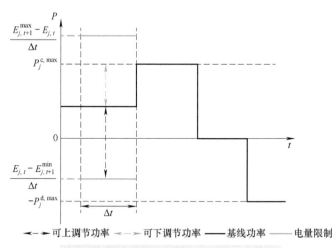

图 3-7 电动汽车可调节功率量化示意图

3.2.3 电动汽车可调节能力量化方法对比

功率可行域刻画的方法适用于电动汽车聚合商参与调度时运行功率的优化，电动汽车可行域聚合后可以确定电动汽车集群整体运行的能量边界，在优化调度模型中优化变量少，求解时间快。但是该方法无法给出确定的可调节容量的数值。

可调节功率量化的方法清晰直观地给出了电动汽车单体和集群的可调节能力，适用于聚合商向电网调度中心上报申报计划的场景，可以实现电动汽车可调节功率的可视化。但是该方法依赖于基线功率的制定，对每一辆电动汽车的多时段功率可行域进行叠加，在实际应用中面临巨大的计算量。此外，考虑到在电动汽车参与优化调度过程中，所建立的优化调度模型通常为功率、能量的耦合形式，将每个电动汽车单独建模与量化可调节功率不利于优化模型的求解，因此对电动汽车直接进行定量分析与协同控制十分困难，须将其功率可行域进行聚合，从而形成一种可供调度机构调控的标准外特性表征形式。

综上，电动汽车可调节能力量化方法对比见表 3-2，其中可调节功率量化方法适用于聚合商向电网调度中心申报上下备用计划的场景；而功率可行域刻画的方法适用于聚合商参与能量市场和辅助服务市场时运行功率的优化。

表 3-2 电动汽车可调节能力量化方法对比[5]

方法	优点	局限性	应用场景
可调节功率量化	明确给出基于基准功率的上下可调节能力	依赖于基线功率的制定，在调频辅助服务的优化调度中优化变量多，模型求解时间长，易导致维数灾难	已知基准功率时申报上下备用计划
功率可行域刻画	确定了电动汽车集群整体运行的功率和能量边界，在优化调度模型中优化变量少，求解时间快	无法给出确定的可调节容量的数值	参与能量市场和辅助服务市场时运行功率的优化

3.3 规模化电动汽车资源可行域聚合方法

电动汽车资源分散于系统结构底层，对电价与调控信号相对"绝缘"，调节潜力很难得到充分挖掘，需要进行整合以负荷聚合商的身份参与优化调度。但是电动汽车具有容量小、规模大、异质时耦等特点，以上问题导致在物理层面上对其直接进行定量分析与协同控制十分困难，所以须将其功率可行域进行聚合，从而形成一种可供调度机构调控的标准外特性表征形式。

电动汽车功率可行域的聚合过程一般分为两个步骤，一是对单辆电动汽车功率可行域刻画，二是利用闵可夫斯基求和进行可行域的聚合，如图 3-8 所示。资源功率可行域聚合的本质为欧几里得空间的加法运算，聚合后的功率可行域可表示为集合 2 的顶点沿集合 1 的包络线连续运动一周扫过的区域与集合 1 本身的并集，记作 1⊕2，其包络线的几何表征复杂度增加，聚合的求解效率随问题维度和数量增加而呈指数降低。目前对于高维可行域空间的精确聚合仍然难以计算，需要对单个资源可行域近似处理以提高聚合效率[6]。

常用的功率可行域表征方法有顶点法、半平面表征的凸多胞体法以及全对称多胞体法等。凸多胞体法半平面表征形式描述电动汽车资源功率可行域与传统的基于顶点法的表征形式相比具有更高的计算效率，但仍无法应对大规模电动汽车资源的聚合需求。部分学者基于全对称多胞体，使用内逼近法对资源可行域进行改造。该方法虽然提高了聚合效率，但考虑到可行域改造的难度和全对称多胞体的特殊结构，对资源功率可行域的描述较为理想。同时，内逼近虽然保证了近似的聚合可行域一定可行，但会造成可行域空间的损失。本节将重点对基于外逼近闵可夫斯基求和的电动汽车资源功率可行域聚合方法进行介绍。

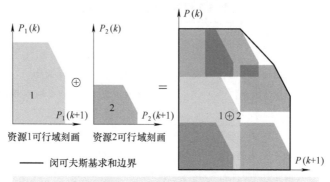

图 3-8　需求侧资源功率可行域的闵可夫斯基聚合示意图

3.3.1　电动汽车可行域外逼近聚合方法

首先定性地对单辆电动汽车接入电网的特征进行分析，充分考虑电动汽车在单向充电与 V2G 状态下的充放电物理特性及其在时域上的耦合性，计及功率能量转化关系、转化效率及电动汽车电池电量的时间耦合性等，针对单辆电动汽车在多时间尺度上建立可调节容量的功率与能量表征模型，并以如下约束形式进行描述：

$$0 \leqslant E_i^0 + \sum_{t=1}^{j} \eta_i^{\text{in}} P_{i,t}^{\text{in}} + \sum_{t=1}^{j} \eta_i^{\text{out}} P_{i,t}^{\text{out}} \leqslant E_{i,t}^{\max} \tag{3-18}$$

$$P_{i,t}^{\min} \leqslant P_{i,t}^{\text{out}} \leqslant 0$$
$$0 \leqslant P_{i,t}^{\text{in}} \leqslant P_{i,t}^{\max} \tag{3-19}$$

式中，t 为经过离散化的时间序列；$P_{i,t}^{\max}$ 和 $P_{i,t}^{\min}$ 分别为充放电功率上下界；$E_{i,t}^{\max}$ 为电池容量最大值；$P_{i,t}^{\text{in}}$ 与 $P_{i,t}^{\text{out}}$ 分别为电动汽车充电与放电功率值；η_i^{in} 与 η_i^{out} 分别为电动汽车充电与放电过程中功率-能量转化效率；E_i^0 为电动汽车接入充电桩时的初始电量值。

针对上述得到的单辆电动汽车的可调节容量模型，转化成在欧几里得空间下以半平面形式表征的凸多胞体可行域集进行表达：

$$\boldsymbol{P}_i = \{p_i \mid A_i p_i \leqslant b_i\} = \left\{ p_i \left| \begin{bmatrix} E \\ A_i^1 \end{bmatrix} p_i \leqslant \begin{bmatrix} b_i^1 \\ b_i^2 \end{bmatrix} \right. \right\} \tag{3-20}$$

为了进一步提高聚合效率，采用一种松弛的闵可夫斯基求和（即边界求和）方法，以外逼近的方式对多个凸多胞体集的边界直接求和，从而实现多个 EV 可调节容量可行域的聚合，将多个电动汽车可行域聚合商用 1 个虚拟电池（Virtual Battery，VB）的功率和能量参数表示，在数学上，即针对给定 $\boldsymbol{P}_1 = \{x \mid A_1 x \leqslant b_1\}$ 和 $\boldsymbol{P}_2 =$

$\{y|A_2y\leq b_2\}$，有 $P_1\oplus P_2\in P_3$，$P_3=\{z|A'z\leq b'\}$，其中 $\oplus$ 表示闵可夫斯基求和。当 $A_1=A_2$ 时，有 $A'=A_1=A_2$，$b'=b_1+b_2$；当 $A_1\neq A_2$ 时，A' 为由 A_1、A_2 增广的系数矩阵，$b'=b_1'+b_2'$，b_1'、b_2' 分别为增广的 b_1、b_2 向量。分析矩阵 A_1 中的元素可以看出，对于电动汽车而言，矩阵 A 完全由其车载动力电池的功率能量转换效率所决定，因此用边界求和方法对具有相同电池型号的电动汽车进行聚合时，不需要对矩阵 A 和向量 b 进行增广。

当对不同电池型号的电动汽车进行聚合时，上述方法不再适用，需要对该方法进行推广。由上文可知当聚合的多胞体具有相同系数矩阵时，可以通过边界求和的方式计算聚合可行域。如何寻找到一个外逼近的通用结构近似异质资源可行域是外逼近闵可夫斯基聚合的核心问题，下面将对其进行说明。

第一种方法是考虑电动汽车数量具有一定规模时，集群电动汽车可行域中的系数矩阵 A 可以由各个电动汽车可行域中的系数矩阵 A_i 的平均值近似得到。但这无疑会对聚合的精确程度造成影响。此时 N 个电动汽车资源的聚合可行域可由式（3-21）表示，下文将该方法称为简化方法。

$$P_{1\sim N}=P_1\oplus L\oplus P_N=\left\{p\left|\begin{bmatrix}E\\A\end{bmatrix}p\leq\begin{bmatrix}\sum_{i=1}^{N}b_i^1\\\sum_{i=1}^{N}b_i^2\end{bmatrix},A=\frac{\sum_{i=1}^{N}A_i}{N}\right.\right\} \quad (3\text{-}21)$$

第二种方法是利用优化的思想去寻找原多胞体的最优切平面。对于多胞体 P_1 和 P_2，在 P_1 上增加一系列额外的线性约束 $A_2^1p_1\leq b_1^{2*}$（即在原矩阵增加若干行），若满足式（3-22），则 $A_2^1p_1\leq b_1^{2*}$ 为冗余约束，增加或删去不会改变原多胞体。

$$\{p_1|A_1p_1\leq b_1\}\subseteq\{p_1|A_2^1p_1\leq b_1^{2*}\} \quad (3\text{-}22)$$

$$\begin{aligned}b_1^{2*}&=\max_{p_1\in P_1}A_2^1p_1\\\text{s.t}\quad & A_1p_1\leq b_1\end{aligned} \quad (3\text{-}23)$$

式中，b_1^{2*} 为待定参数，需要尽可能地保证式（3-22）的成立。所以，b_1^{2*} 的选取将会对所提外逼近闵可夫斯基求和的精度产生影响。为使得达到最好的外逼近效果，使用式（3-23）所示的线性规划问题获得 b_1^{2*} 的取值。

对于式（3-23）计算得到的 b_1^{2*}，等式 $A_2^1p_1=b_1^{2*}$ 表示与多胞体 P_1 相切的超平面集，将 $A_2^1p_1\leq b_1^{2*}$ 作为新的约束添加到多胞体 P_1 中。同理可以得到 $A_1^1p_2\leq b_2^{2*}$，将其作为新的约束添加到多胞体 P_2 中，这时多胞体 P_1 和 P_2 就有了相同形式的系数矩阵。考虑到系数矩阵 A_1 和列向量 b_1 对应的行重新排列顺序不会对资源可行域的表示造成影响，P_1 和 P_2 的外逼近闵可夫斯基和可以表示为

$$P_1 \oplus P_2 = \left\{ p \middle| \begin{bmatrix} E \\ A_1^1 \\ A_2^1 \end{bmatrix} p \leq \begin{bmatrix} b_1^1 \\ b_1^2 \\ \max_{p_1 \in P_1} A_2^1 p_1 \end{bmatrix} + \begin{bmatrix} b_2^1 \\ \max_{p_2 \in P_2} A_1^1 p_2 \\ b_2^2 \end{bmatrix} \right\} \quad (3\text{-}24)$$

式中，p_i 为资源 i 的功率；p 为聚合后的功率。

下面推得 N 个资源聚合后的功率可行域，为便于说明，记 A_{1-N}^1 为 N 个资源系数矩阵 A_i^1 组成的列矩阵。因为满足式（3-25）和式（3-26），所以 N 个资源聚合后的可行域 $P_{1 \sim N}$ 如式（3-27）所示，下文将该方法称为优化方法。电动汽车资源可行域的外逼近闵可夫斯基聚合方法流程图如图 3-9 所示。

$$A_{1-N}^1 = \begin{bmatrix} A_1^1 \\ A_2^1 \\ \vdots \\ A_N^1 \end{bmatrix} \quad (3\text{-}25)$$

$$\max_{p_i \in P_i} A_i^1 p_i = b_i^2, i \in 1,2,\cdots,N \quad (3\text{-}26)$$

$$P_{1 \sim N} = P_1 \oplus L \oplus P_N = \left\{ p \middle| \begin{bmatrix} E \\ A_{1-N}^1 \end{bmatrix} p \leq \begin{bmatrix} b_1^1 \\ \max_{p_1 \in P_1} A_{1-N}^1 p_1 \end{bmatrix} + \begin{bmatrix} b_2^1 \\ \max_{p_2 \in P_2} A_{1-N}^1 p_2 \end{bmatrix} + \cdots + \begin{bmatrix} b_N^1 \\ \max_{p_3 \in P_3} A_{1-N}^1 p_3 \end{bmatrix} \right\}$$

$$(3\text{-}27)$$

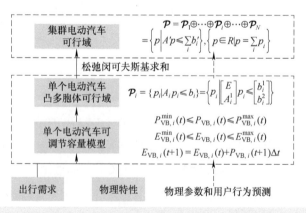

图 3-9　电动汽车资源可行域的外逼近闵可夫斯基聚合方法流程图

当满足等式 $A_1^1 = A_2^1 = \cdots = A_N^1$，即功率能量转换效率相同时，有 $\max A_k^1 p_i = b_i^2$ 成立，外逼近闵可夫斯基聚合方法是准确的。由于线性规划问题为多项式时间复杂性，所以该方法资源可行域计算的复杂度随着资源数量的增加呈多项式增长，保证了外逼近闵可夫斯基聚合方法的效率。

如图 3-10 所示，这里以两辆电动汽车的可调节容量聚合过程来示意上述松弛的闵可夫斯基聚合方法。电动汽车 1 与电动汽车 2 的可调节容量分别表示为 P_1 与 P_2，其在两个连续时间步 k 与 $k+1$ 上所围成的可行域分别如图中灰色与绿色的区域所示，其中灰色虚线示意电动汽车电池能量约束对可调节容量可行域的影响，由电动汽车 1、2 聚合而成的可调节容量用 P_{sum} 表示。可以看出，无论电动汽车 1、2 的电池能量约束是否影响可调节容量可行域，由精确闵可夫斯基求和得到的聚合边界（红色虚线）与由边界求和方法得到的聚合边界（蓝色虚线）是等价的。考虑到边界求和法避免了对可行域中各顶点的遍历，而是直接由边界向量加和，大大提高了可行域聚合的计算效率。

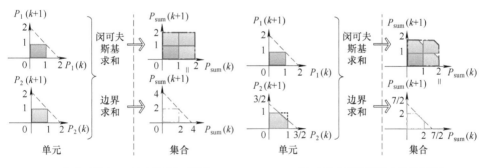

a) 电动汽车1、2的电能约束不影响可调节功率可行域　　b) 只有电动汽车2的电能约束影响可调节功率可行域

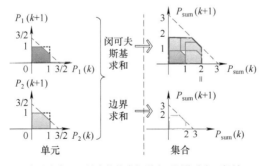

c) 电动汽车1、2的电能约束都影响可调节功率可行域

图 3-10　基于松弛的闵可夫斯基求和过程示意图（见彩色插页）

3.3.2 电动汽车聚合算例分析

本节构建电动汽车参与日前电力市场的算例,并进行分析。电动汽车参与的市场运行框架如图 3-11 所示。聚合商对电动汽车资源整合,在满足自身用能需求的前提下,代理电动汽车用户参与日前电力市场,负责收集电动汽车资源信息并通过通用闵可夫斯基聚合模型刻画集群资源的灵活性。

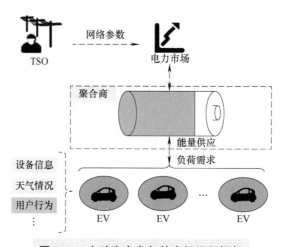

图 3-11 电动汽车参与的市场运行框架

首先对电动汽车可行域的外逼近闵可夫斯基聚合模型进行分析。将外逼近可行域聚合的简化方法和优化方法进行对比分析。考虑到聚合模型的逼近程度受到电动汽车异质性的影响,生成正态分布的随机参数来描述差异性,定义高异质性聚合集群的概率分布方差为低异质性聚合集群的 2 倍。

图 3-12 所示为集群电动汽车外逼近聚合可行域结果及计算时间对比分析。由于存在随机数,每次结果采样 100 次取平均值得到。逼近程度通过两个模型凸多胞体体积比值表征。本节重点比较两种外逼近闵可夫斯基聚合模型的性能,故体积比 V_1/V_2 衡量的是两种模型的相对精度,其中 V_1 表示优化方法模型的体积,V_2 表示简化方法模型的体积。对于高维凸多胞体的体积目前仍无法准确计算,所以通过蒙特卡洛法近似估计其体积。整体来看,无论对于高异质性聚合集群还是低异质性聚合集群,体积比均小于 1,即优化方法的外逼近效果优于简化方法。这是因为优化的聚合方法通过一系列线性规划问题寻找最优切平面,相比于简化方法聚合前对能量耗散系数的简单求均值有着更高的精度。虽然随着聚合数量和时间维度的增加,两种聚合模型的外逼近效果都会越来越差,但由图 3-12 可知,

两者体积的比值 V_1/V_2 越来越小,这说明优化方法相比简化方法外逼近效果降低得更慢。这种趋势在高异质性聚合集群更加明显,所以对于高异质性聚合集群,优化方法在高维聚合问题也能保持较高的外逼近精度。在计算时间上,因为优化方法通过求解线性规划问题提高逼近效果,而线性规划问题为多项式时间复杂性,其求解时间随着聚合数量与问题维度的增加基本呈线性增长,保证了异质资源的聚合效率。

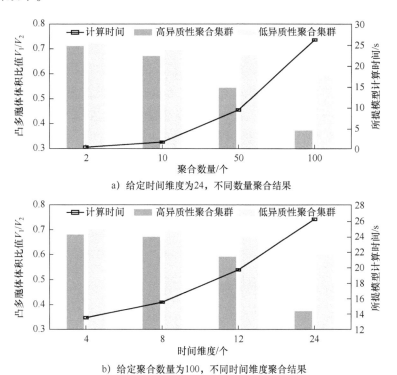

图 3-12 集群电动汽车外逼近聚合可行域结果及计算时间对比分析

聚合商是以考虑电动汽车资源的用电需求为前提,目标是实现日前优化调度费用减去参与日前辅助服务市场中获得经济收益的最小化,如下所示:

$$L = \min \sum_{t=1}^{T} (P_t^M \lambda_t^C - R_t C_t^{\text{spinning}}) \Delta t \tag{3-28}$$

$$Z_{(M)} = Z_{(PV)} \oplus Z_{(EV)} \oplus Z_{(\text{Load})} = \begin{Bmatrix} P_t^M = P_t^{PV} + P_t^{EV} + P_t^{\text{Load}}, \\ P_t^M \in R^N \end{Bmatrix} \begin{Bmatrix} P_t^{PV} \in Z_{(PV)}, P_t^{EVVB} \in Z_{(EV)}, \\ P_t^{\text{Load}} \in Z_{(\text{Load})} \end{Bmatrix} \tag{3-29}$$

$$-P_t^{\lim} \leqslant P_t^M \leqslant P_t^{\lim} \tag{3-30}$$

式中，λ_t^C 为日前电力市场出清电价，根据聚合平台的容量大小确定，为已知常数，可由历史数据精准预测，以便于聚合平台评估参与日前电力市场制定调度方案；$Z_{(M)}$、$Z_{(PV)}$、$Z_{(EV)}$、$Z_{(Load)}$ 分别为整合的所有资源、集群 PV、集群 EV 与日用负荷的功率可行域集合，其对应整合的功率值为 P_t^M、P_t^{PV}、P_t^{EVVB}、P_t^{Load}；P_t^{lim} 为聚合平台的限制功率；T 为一天总时段数。日前阶段不考虑通过切断 PV 提供灵活性，P_t^{Load} 和 P_t^{PV} 都假设为常数。

仿真算例为线性规划问题，可在 MATLAB 平台下通过 YALMIP 工具箱调用 CPLEX 求解器对算例进行求解，其中一天分为 96 个时段，以 15min 为一个时间步长。对于日前电价以及备用容量价格，借鉴了国外电力市场对需求侧资源备用价格的制定情况，所制定的曲线如图 3-13a 所示。天气状况及 PV 出力情况选用典型的夏季场景（见图 3-13b）。对于备用容量限制均为 200kW。仿真算例中 EV 数量为 200 辆。EV 以 BYDE6 为例，电池容量为 64kWh，充放电功率限制为 6.5kW，运行中电池容量范围为 [0.1, 1]。其他随机变量参数基于蒙特卡洛法模拟生成相应的场景。聚合平台限制功率设为 1500kW。

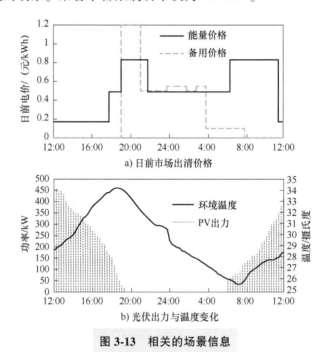

图 3-13 相关的场景信息

图 3-14 所示为集群 EV 的功率及电能对比情况。可以看出，在随机参数模拟生成的相同场景下通过对极端能量边界进行闵可夫斯基求和得到的集群 EV

的 VB 模型，在应用于优化调度求解所得到的结果与常规模型得到的调度结果一致，说明外逼近的刻画方法对于整合的功率结果是相同的[7]。同时通用 VB 模型以一个整合的决策变量代替集群设备变量，可以大幅度减少决策变量，因此适用于面对大规模设备优化求解问题，可以降低计算机内存需求从而降低运算成本。从边界形式来看，其刻画方式采用的是具有时移的功率、电能边界，因此在向上层提供资源信息时是通过建立整合的通用 VB 模型，以一套标准的电池参数形式进行上报，可以避免直接把用户资源全信息上报，对于用户信息起到一定的保护作用。

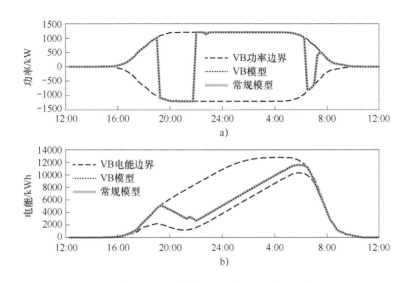

图 3-14 集群 EV 的功率及电能对比情况

3.4 规模化电动汽车可调节功率预测方法

3.4.1 电动汽车需求响应信号

为了促进电动汽车的需求响应（DR）管理和可调节功率预测，引入需求响应信号（DS）来表示需求响应管理中的指令[8]。DS 是从聚合商发送到所有终端用户以交换其状态的需求信号。表 3-3 中为 DS 的三个选项，所有受管理的电动汽车都需要根据它们收到的不同 DS 值来切换它们的充放电行为，这取决于 DS 的价值。

表 3-3 DS 的三种选择以及 EV 的响应方式

DS 值	电网需求	EV 的响应方式
1	向下功率调节需求	增加充电功率或降低放电功率
-1	向上功率调节需求	降低充电功率或增加放电功率
0	不参与需求响应	不需要进行状态切换

在参与需求响应的过程中，电动汽车资源提供的可调节功率通常需要保持一段时间。为了量化出电动汽车在不同时间尺度下的可调节功率，提出了一种基于 DS 的计算方法：如果聚合商想要增加负荷功率的灵活性，且保持至少 k 个时间步长，电动汽车聚合商可以发送 $DS(t)=1, DS(t+1)=1, \cdots, DS(t+k)=1$ 到电动汽车。DS 与电动汽车 SOC 的关系如图 3-15 所示。然后可以根据 DS 信号推导出可调节功率 $F(t), F(t+1), \cdots, F(t+k)$。在此之后，通过找到式（3-31）所示 $F(t)$，$F(t+1), \cdots, F(t+k)$ 的最小值，可以得到至少 k 个时间步长的可调节功率，取最小值的目的是让所有时间段的灵活性功率保持一样大小。

$$|F_{\text{EVA}}^k| = \min[|F_{\text{EVA}}(t)|, |F_{\text{EVA}}(t+1)|, \cdots, |F_{\text{EVA}}(t+k)|] \quad (3-31)$$

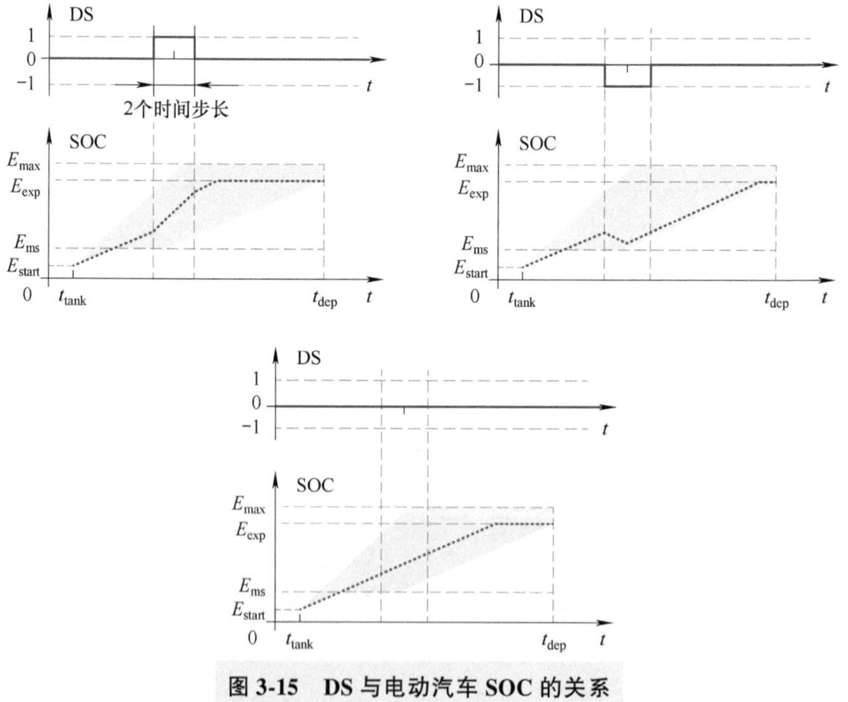

图 3-15 DS 与电动汽车 SOC 的关系

除了电动汽车资源的运行特性外，用户选择的用电策略也会对可调节功率的预测有很大影响，这是因为用电策略的差异会造成电动汽车基准功率的不同。考虑两种典型的用电策略对电动汽车可调节功率的影响：策略1是最原始的用电方式，它完全依赖于用户的用电需求，电动汽车即插即充；策略2是最经济的用电方式，选择这种方式的用户会充分考虑到电价，在电价低的时候倾向于充更多的电。随着分时电价被广泛应用于电动车停车场以及住宅区，电动汽车的充电功率将受到分时电价的引导。因此与策略1相比，在策略2下，一些电动汽车的灵活性在某些时间段可以被分时电价激发，即可以提供更大的可调节功率。此外，基于策略2的电动汽车具有额外的灵活性，如果电网有紧急的功率调节需求，使用策略2提前预测电动汽车的可调节功率，将有助于电动汽车资源为电网提供可调节功率备用，这种类型的需求响应过程可以通过额外的补贴来激励。

3.4.2 序列到序列电动汽车可调节功率预测方法

序列到序列模型用于将A型序列转换为B型序列。目前世界上的大多数数据都是以序列的形式存在的，比如数字序列、文本序列、视频帧序列或音频序列。自2014年推出以来，基于递归神经网络的序列到序列模型得到了很多人的关注。本节将对序列到序列可调节功率预测方法进行介绍。

为了预测多步长电动汽车的可调节功率，需要预测 $\hat{P}_{EVA}(t)$ 在信号 $DS=0$ 和 $DS\neq 0$ 下的值。下面将介绍如何进行预测。

设 t 表示预测范围的第一个时间步，$P_{EVA}(t)$ 表示聚合商的基础功率，在不同的运行策略下有所不同，由于第一个 DS 信号会使 $P_{EVA}(t)$ 变成 $\hat{P}_{EVA}(t)$，使用函数 $F(\cdot)$ 来表示这种变换，可以得到：

$$\hat{P}_{EVA}(t) = F[P_{EVA}(t), DS(t), e_{EVA}(t)] \quad (3-32)$$

式中，$e_{EVA}(t)$ 为其他外部情况对 $\hat{P}_{EVA}(t)$ 的影响，其值取决于问题的策略。除此之外，$P_{EVA}(t)$ 的值可以用时间序列预测模型来预测，可以得到：

$$P_{EVA}(t) = f[P_{EVA}(t-1), P_{EVA}(t-2), \cdots, P_{EVA}(t-N); \\ u_{EVA}(t), u_{EVA}(t-1), \cdots, u_{EVA}(t-N)] \quad (3-33)$$

式中，与 $e_{EVA}(t)$ 相似，$u_{EVA}(t)$ 为外部因素对 $P_{EVA}(t)$ 的影响；N 为时间依赖度，将式（3-33）代入式（3-32），得到式（3-34）～式（3-36）的时间序列预测模型：

$$\text{Encoder}[\dot{P}_{EVA}, \dot{u}_{EVA}] = f[P_{EVA}(t-1), P_{EVA}(t-2), \cdots, P_{EVA}(t-N); \\ u_{EVA}(t), u_{EVA}(t-1), \cdots, u_{EVA}(t-N)] \quad (3-34)$$

$$\dot{u}_{\text{EVA}} = [u_{\text{EVA}}(t), u_{\text{EVA}}(t-1), \cdots, u_{\text{EVA}}(t-N)] \tag{3-35}$$

$$\dot{P}_{\text{EVA}} = [P_{\text{EVA}}(t-1), P_{\text{EVA}}(t-2), \cdots, P_{\text{EVA}}(t-N)] \tag{3-36}$$

可以得到提前一个时间步的预测，如下所示：

$$\hat{P}_{\text{EVA}}(t) = F\{DS(t), e_{\text{EVA}}(t), \text{Encoder}[\dot{P}_{\text{EVA}}, \dot{u}_{\text{EVA}}]\} \tag{3-37}$$

考虑到需要进行提前多个时间步的预测 $\hat{P}_{\text{EVA}}(t+k)$，可以重复地将提前一个时间步的预测值作为下一个的输入，如式（3-34）~式（3-36）里的多时间步预测模型形式一样，可以得到：

$$\begin{aligned}\hat{P}_{\text{EVA}}(t+k) = F\{&\hat{P}_{\text{EVA}}(t+k-1), \cdots, \hat{P}_{\text{EVA}}(t);\\ &DS(t+k), \cdots, DS(t);\\ &e_{\text{EVA}}(t+k), \cdots, e_{\text{EVA}}(t);\\ &\text{Encoder}[\dot{P}_{\text{EVA}}, \dot{u}_{\text{EVA}}]\}\end{aligned} \tag{3-38}$$

设 $F(\cdot)$ 为 Decoder[·]（译码器），则可以得到：

$$\begin{aligned}\hat{P}_{\text{EVA}}(t+k) = \text{Decoder}\{&\hat{P}_{\text{EVA}}(t+k-1), \cdots, \hat{P}_{\text{EVA}}(t);\\ &DS(t+k), \cdots, DS(t);\\ &e_{\text{EVA}}(t+k), \cdots, e_{\text{EVA}}(t);\\ &\text{Encoder}[\dot{P}_{\text{EVA}}, \dot{u}_{\text{EVA}}]\}\end{aligned} \tag{3-39}$$

这种形式和自然语言处理领域中的序列到序列模型非常类似，因此可以使用前沿的 Transformer 模型来完成电动汽车可调节功率的预测。

Transformer 模型于 2017 年首次推出。在此之前，要实现序列到序列模型，各种循环神经网络（Recurrent Neural Network，RNN）、卷积神经网络（Convolutional Neural Networks，CNN）是主要的选择。然而，这些基于 RNN/CNN 的模型存在许多问题，尤其是基于 RNN 的模型，其最严重的问题之一是长期依赖问题。在进行长序列输入时，基于 RNN 的模型会发生梯度爆炸，梯度消失，性能较差。虽然已经提出了一些更新的 RNN 结构，如 LSTM 和 GRU，但当序列太长时，这些更新的 RNN 也会失败。

Transformer 模型的多头注意力机制和自注意力机制是模型的核心，显示了其进行长时间依赖的强大能力。这些机制使模型能够"知道"输入的哪些部分更重要，哪些不那么动态。在我们的研究中，由于一天分为 96 个时间步长，使得输入序列很长，Transformer 模型无疑是解决这个问题的合适模型。Transformer 模型结构图如图 3-16 所示。

由图 3-16 可知，编码器块有一层多头注意力（Multi-Head Attention），然后是另一层前馈神经网络（Feed Forward Neural Network）。另一方面，解码器有一个额外的掩模多头注意力（Masked Multi-Head Attention）。编码器和解码器块实际上是相互堆叠在一起的多个相同的编码器和解码器。编码器堆栈和解码器堆栈都具有相同数量的单元。当编码器和解码器进行堆栈工作时，先将输入序列的词嵌入传递给第一个编码器，然后将它们进行转换并传播到下一个编码器，编码器堆栈中最后一个编码器的输出将传递给解码器堆栈中所有的解码器。除了自注意力和前馈层外，解码器还有一层解码器，即解码器注意力层，这有助于解码器将注意力集中在输入序列的适当部分上。

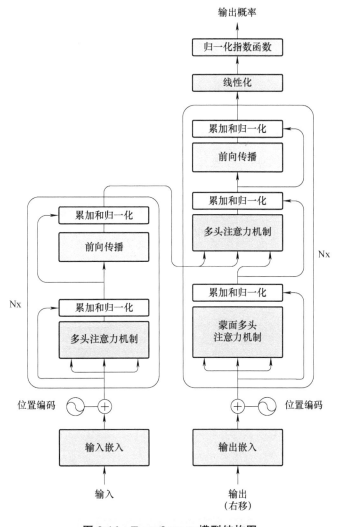

图 3-16　Transformer 模型结构图

在 Transformer 模型的普通结构中,输入需要通过一个输入嵌入层才能被发送到内部结构。在自然语言处理领域中,输入嵌入层的作用是用一个低维向量来表示单词的高维编码。更一般地说,这可以看作是一种特征提取。基于这一原理,在电动汽车可调节功率预测研究中,同样需要找到一种方法来实现输入的这种特征提取。

在电动汽车可调节功率预测中,CNN 是一个很好的选择,因为卷积运算是从原始输入中提取信息的强大工具。考虑到本研究的输入是时间序列,能够捕获序列信息的结构可能会起作用。在各种基于 CNN 的模型中,2018 年提出的时间卷积网络(TCN)模型是最先进的基于 CNN 处理时间序列的模型之一。在后面的内容中,将展示如何使用 TCN 的形式在原始的 Transformer 模型中实现这样的特征提取。

TCN 的核心结构图如图 3-17 所示。图中左侧称为扩张的因果卷积,表示因果卷积和扩张卷积的积分,使较短的序列可以表示较长的序列。连接到一个方块的灰线的数量是内核大小(在这个图中,可以看到内核大小是 3)。d 是指膨胀因子,表示连接到一个方块的两条相邻灰线之间的距离。可以看到,当内核大小为 3 时,一个深度为 4 的网络(层数)使最终输出(最顶层的深灰色方块)包含了输入的所有信息。右侧的图被称为 TCN 中的残块,它代表了一种设计的结构,使网络更深入而不遭受退化的问题,这种结构被称为残块连接。Weight Norm 是对层参数进行缩放,从而提高模型的性能。最后,通过串联多个残差块,得到 TCN 的整体模型,即基于 TCN 的输入嵌入模块。

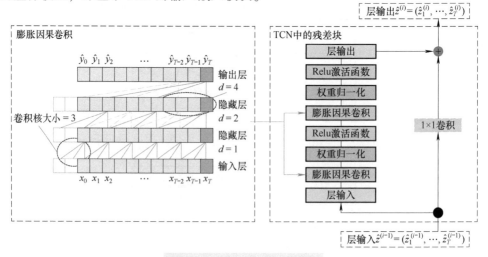

图 3-17 TCN 的核心结构图

在式 (3-39) 中已经建立了完成电动汽车可调节功率预测的一般模型。在这一节中将进一步细化式 (3-39)。如之前所提到的,模型的输出是在不同 DS 下的 $\hat{P}_{EVA}(t)$ 值;至于模型的输入,除了 $\hat{P}_{EVA}(t+k-1),\cdots,\hat{P}_{EVA}(t),DS(t+k),\cdots,DS(t)$ 和 $\dot{P}_{EVA}$ 外,需要基于不同问题的不同特性对 N、$\dot{u}_{EVA}$、e_{EVA} 进行详细的定义。首先,在各种场景下 N 都设置为 192。由于一天分成 96 个时段,N 为 192 就表明输入考虑了过去两日的时间。其他变量由于策略 1 和策略 2 的不同,也有相应的不同,下面将分别进行介绍。

对于策略 1 而言,设置 $\dot{u}_{EVA}=\dot{0}$ 和 $[e_{EVA}(t+k),\cdots,e_{EVA}(t)]=\dot{0}$,即在编码器和译码器当中不考虑外部因素。在这种情景下,式 (3-39) 可以改写成式 (3-40) 和式 (3-41)。

$$\begin{aligned}\hat{P}_{EVA}(t+k) = \text{Decoder}\{&\hat{P}_{EVA}(t+k-1),\cdots,\hat{P}_{EVA}(t);\\&DS(t+k),\cdots,DS(t);\\&\text{Encoder}[\dot{P}_{EVA}]\}\end{aligned} \quad (3\text{-}40)$$

$$\dot{P}_{EVA} = [P_{EVA}(t-1),P_{EVA}(t-2),\cdots,P_{EVA}(t-192)] \quad (3\text{-}41)$$

对于策略 2 而言,由于基于馈电电价设置基准功率,馈电电价也就作为 $\dot{u}_{EVA}$ 和 e_{EVA} 中的外部因素,式 (3-39) 可以改写成式 (3-42)~式 (3-43):

$$\begin{aligned}\hat{P}_{EVA}(t+k) = \text{Decoder}\{&\hat{P}_{EVA}(t+k-1),\cdots,\hat{P}_{EVA}(t);\\&DS(t+k),\cdots,DS(t);\\&e_{EVA}(t+k),\cdots,e_{EVA}(t);\\&\text{Encoder}[\dot{P}_{EVA},\dot{u}_{EVA}]\}\end{aligned} \quad (3\text{-}42)$$

$$\begin{aligned}\dot{u}_{EVA} &= [u_{EVA}(t),u_{EVA}(t-1),\cdots,u_{EVA}(t-192)]\\&= [c_{TOU}(t),\cdots,c_{TOU}(t-192)]\end{aligned} \quad (3\text{-}43)$$

$$[e_{EVA}(t+k),\cdots,e_{EVA}(t)] = [c_{TOU}(t+k),\cdots,c_{TOU}(t)] \quad (3\text{-}44)$$

在确定模型的输入和输出后,需要指定模型的超参数,以便训练模型进行可行的预测。模型的超参数设置见表 3-4。使用 Adam 优化器来训练这个网络,Adam 被认为是一个很好的训练算法,可以很容易地应用于众多训练任务中。

在建立了网络的总体结构和超参数后,指定训练数据集就可以训练生成不同 DS 下的多步前聚合功率的预测。为了训练 TCN 结合的 Transformer 模型,假设 EVA 可以收集所有电动汽车的电池容量、SOC、到达时间和离开时间等历史信息。然后，根据已知的公式，可以推导出 EVA 在策略 1 和策略 2 下，每天不同 DS 下的基本电动汽车充放电功率，对模型进行训练。

表 3-4 模型的超参数设置

基于 TCN 的输入嵌入块	残块数目	4
	通道数	64
	内核大小	4
	丢弃率	0.1
Transformer 模型	编码器层数	3
	编码器头数	8
	编码器前馈层维度	256
	译码器层数	3
	译码器头数	8
	译码器前馈层维度	256
	丢弃率	0.1

基于上述过程，表 3-5 中算法 1 总结了提出的基于 TCN 的 Transformer 可调节功率预测算法的总体过程。需要注意的是，经过模型训练后，EVA 在应用时只需重复步骤 5。

表 3-5 基于 TCN 的 Transformer 可调节功率预测算法

算法：基于 TCN 的 Transformer 可调节功率预测算法
1. 准备 4 个基于 TCN 的 Transformer 模型，分别预测 EVA 在策略 1 和策略 2 下的可调节功率
2. 获取不同 EVA 和温控负荷在不同 DS 下的历史功率数据，对于策略 2，还要获得馈电电价数据
3. 详细确定在不同策略下的 EVA 的模型输入、输出数据
4. 设定在不同策略下的 EVA 的超参数
5. 分别训练 4 个模型
6. 在实时层面，输入 EVA 数据集进行训练，并完成提前一个时间步的预测。然后，将此输出作为下一个输入，以达到相应提前多步的功率的预测

3.4.3 电动汽车可调节功率预测算例分析

在本节中，将进行一系列的仿真来证明基于 TCN 的 Transformer 模型的方法在电动汽车可调节功率预测中的有效性。

需要注意的是，在 TCN 模型中输入和输出的长度是相同的，但只选择 TCN 结构顶部最后 96 个时间步长的输出作为 Transformer 模型的输入。这样做有两个原因：一方面，通过合理的设计，最后 96 个输出包含了输入序列的全部信息；另一方面，较短的序列可以减少 Transformer 模型的计算负担。其整体结构称为结合 TCN 的 Transformer 模型，如图 3-18 所示。

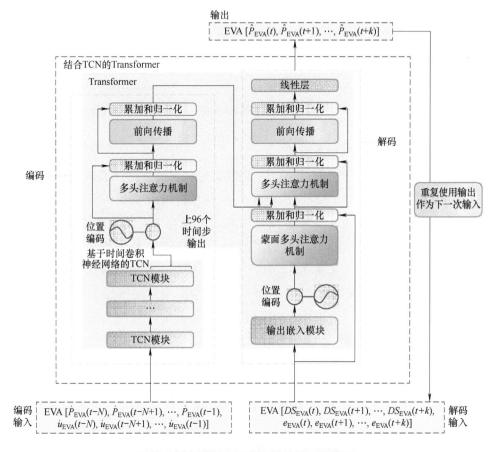

图 3-18　结合 TCN 的 Transformer 模型

（1）Transformer 网络收敛性能

以网络输出与训练数据集目标值之间的 MSE 作为损失函数。图 3-19 给出了两种策略下 EVA 的损失函数。如图所示，所有的损失函数在前一个时期都经历了一个陡峭的下降，并且随着时期的增加，它们在大约 10^{-5} 处略微滑动并稳定。验证损失函数虽有轻微波动，但仍保持下降趋势，未出现异常波动，说明学习过程避免了过拟合。综合考虑总训练时间 4h（600 次迭代）和 6h（1000 次迭代），以及较高的收敛性能，证明所提出的网络结构在复杂度和性能之间达到了平衡。

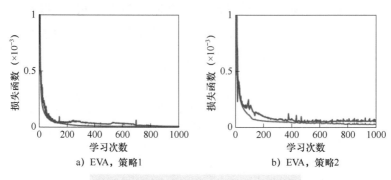

图 3-19　两种策略下 EVA 的损失函数

（2）可调节功率预测结果分析

本节对电动汽车可调节功率预测方法的性能进行评价。在需求侧响应中，需求响应资源所提供的可调节功率通常需要维持一段时间。为了测试不同维持时间下的预测性能，分别对策略 1（不考虑优化功耗）和策略 2（考虑优化功耗）下的 EVA 在 6 种场景下的可调节功率进行了预测：①$DS=1$，持续 15min；②$DS=1$，持续 30min；③$DS=1$，持续 1h；④$DS=-1$，持续 15min；⑤$DS=-1$，持续 30min；⑥$DS=-1$，持续时间为 1h。此外，为了验证我们提出的多步提前可调节功率预测方法能够预测一个较长的时间段，选择预测的时间为 1 天，即测试提前 96 步预测的准确性，从而 $k=96$。因此，多步预测是通过重复进行一步预测来实现的。在实时调度下，它可以被用来预测任何时间下，任何时间步长前的可调节功率。

图 3-20 和图 3-21 展示了在策略 1、2 下 EVA 的可调节功率预测结果。从数据中可以看出，与其他时间的值相比，高峰值的可调节功率更难以预测。整体而言，在实时阶段通过向集群电动汽车发送 DS 得到的值和预测值相比很小，预测达到了一定的精度。

如图所示，不同的维持时间具有不同的可调节功率值。维持时间越短，调度可调节功率越大。这是因为需求响应资源是分散的，具有不确定性，很难要求它们在很长一段时间内提供稳定的调度可调节功率。一个维持时间更短的需求侧响应管理可以激活更多潜在的负载转移能力。

此外，策略 1 和策略 2 的可调节功率也因时间的不同而不同。对于 EVA，可调节功率主要出现在 16:00—8:00，策略 2 的正向可调节功率（向电网吸收功率）大于策略 1，策略 2 的负向可调节功率（向电网释放功率）小于策略 1。

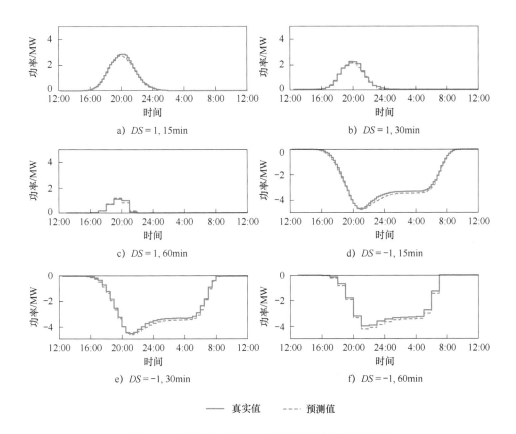

图 3-20 在策略 1 下 EVA 的可调节功率预测结果

在同样的策略下,需求响应资源在不同的场景下呈现出不同的特征。对于 EVA 而言,基于电动汽车在工作日的驾驶行为,电动车插入充电桩时,在高于最低 SOC 值进行充电,其将有巨大的放电潜力。但如果是靠近 EV 离场时间,为了满足 EV 需求,负可调节功率将不再存在。因此,当 $DS=1$,在 16:00—8:00 有一个负的可调节功率,最大为 -4.5MW/15min。在 $DS=1$ 时,由于快速充电模式,电动汽车 SOC 增长迅速,但由于最大电池容量的限制,在达到最大电池容量后,电动汽车无法继续提供可调节功率。因此,当 $DS=1$ 时,16:00—24:00 时,EVA 最多可提供近 3MW/15min 的可调节功率。

表 3-6 和表 3-7 中给出了策略 1、2 下 30 天 EVA 预测结果的误差指标值。与可调节功率的幅值相比,可以看出该可调节功率预测与实际值相比很接近,准确度很高。

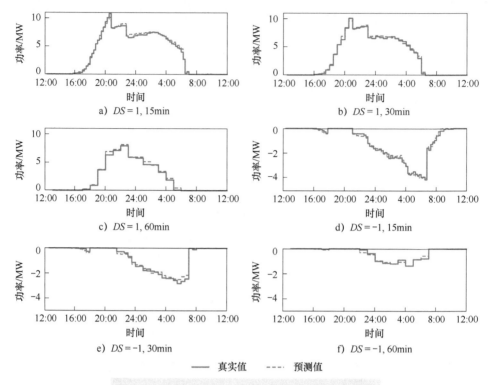

图 3-21 在策略 2 下 EVA 的可调节功率预测结果

表 3-6 策略 1 下 30 天 EVA 预测结果的误差指标值 （单位：MW）

维 持 时 间	15min		30min		60min	
DS	1	−1	1	−1	1	−1
RMSE.mean	0.054	0.134	0.056	0.134	0.039	0.148
RMSE.max	0.101	0.155	0.087	0.148	0.067	0.169
RMSE.min	0.027	0.120	0.031	0.117	0.016	0.121
MAE.mean	0.028	0.105	0.027	0.102	0.015	0.106
MAE.max	0.055	0.118	0.044	0.114	0.026	0.123
MAE.min	0.013	0.093	0.013	0.089	0.006	0.088

表 3-7 策略 2 下 30 天 EVA 预测结果的误差指标值 （单位：MW）

维 持 时 间	15min		30min		60min	
DS	1	−1	1	−1	1	−1
RMSE.mean	0.277	0.154	0.251	0.136	0.244	0.105
RMSE.max	0.440	0.305	0.427	0.246	0.506	0.155
RMSE.min	0.178	0.093	0.170	0.096	0.155	0.055
MAE.mean	0.177	0.094	0.155	0.073	0.148	0.052

(续)

维 持 时 间	15min		30min		60min	
MAE. max	0.275	0.186	0.241	0.129	0.283	0.090
MAE. min	0.126	0.052	0.106	0.053	0.086	0.027

3.5　思考题

1. 电动汽车典型聚合技术架构有几类？有哪些异同点？
2. 引入电动汽车聚合管控平台有哪些作用？
3. 电动汽车可调节容量量化方法可分为哪几类？有哪些优缺点？
4. 资源可行域的闵可夫斯基求和原理是什么？请用图示法进行说明。
5. 松弛的闵可夫斯基求和与传统闵可夫斯基求和的差异是什么？为什么可以加快聚合速度？
6. 怎样通过机器学习实现对电动汽车可调节功率的预测？

参考文献

[1] 王宣元，高洪超，张浩，等. 面向新型电力系统的灵活资源聚合技术应用场景分析及建设启示[J]. 电力需求侧管理，2022，24（01）：73-80.

[2] 卫璇，潘昭光，王彬，等. 云管边端架构下虚拟电厂资源集群与协同调控研究综述及展望[J]. 全球能源互联网，2020，3（06）：539-551.

[3] 康重庆，陈启鑫，苏剑，等. 新型电力系统规模化灵活资源虚拟电厂科学问题与研究框架[J]. 电力系统自动化，2022，46（18）：3-14.

[4] 赵昊天，王彬，潘昭光，等. 支撑云-群-端协同调度的多能园区虚拟电厂：研发与应用[J]. 电力系统自动化，2021，45（05）：111-121.

[5] 付卓铭，胡俊杰，马文帅，等. 规模化电动汽车参与电力系统二次调频研究综述[J]. 电力建设，2023，44（02）：1-14.

[6] 童宇轩，胡俊杰，杜昊明，等. 基于虚拟电池模型的外逼近闵可夫斯基热泵负荷调节可行域聚合方法[J/OL]. 电网技术，2023：1-17[2024-01-10]. https://doi.org/10.13335/j.1000-3673.pst.2023.1580.

[7] 吴界辰，艾欣，胡俊杰. 需求侧资源灵活性刻画及其在日前优化调度中的应用[J]. 电工技术学报，2020，35（09）：1973-1984.

[8] HU, J, ZHOU, H, ZHOU Y, et al. Flexibility Prediction of Aggregated Electric Vehicles and Domestic Hot Water Systems in Smart Grids[J]. Engineering，2021，7（08），1101-1114.

Chapter 4 第 4 章

电动汽车参与电网调峰辅助服务机制与方法

本章将考虑新型电力系统调峰的实际需求,基于调峰辅助服务市场规则,提出电动汽车参与电网调峰辅助服务的互动框架和基本策略,从日前和实时两个层面建立集群电动汽车参与新型电力系统调峰辅助服务市场模型,并进行仿真分析。

4.1 电动汽车参与电网调峰市场政策与整体框架

4.1.1 市场政策

在我国,传统的调峰辅助服务主要由省级及以上电力调度机构调管的并网发电厂提供,以水电与火电机组为主[1]。随着分布式新能源数量不断增加,包括风电场、光伏电站和生物质发电厂等也逐渐进入市场化管理,电力系统面临更大的供需不平衡问题。为了解决上述问题,通过相关政策激发需求侧资源调节潜力,鼓励需求侧资源主体参与调峰辅助服务市场,保障电网安全稳定运行。

随着国内辅助服务市场规则的日渐完善,储能装置、电动汽车(充电桩)、负荷侧调节资源、负荷聚合商、虚拟电厂、抽水蓄能电站等第三方独立主体在满足相应的准入条件及在交易机构完成注册后,可参与电力辅助市场交易。第三方独立主体可作为经营主体独立参与市场,也可通过聚合的方式代理下级单位资源参与市场。位于发电侧的储能装置可独立参与或由所属发电企业代理参与市场。市场开展初期,第三方独立主体同一控制单元聚合代理的资源原则上应为同类型资源。第三方独立主体参与电力辅助服务,包括调峰、旋转备用、调频、无功调节（自动电压控制）等品种[2-4]。

调峰是指为缓解负荷低谷时段发电机组负荷率低于规定范围或者负荷高峰时段发电正备用资源不足等情况，第三方独立主体接收调度指令，通过调整自身用电行为完成增加或减少用电负荷所提供的服务，分为填谷调峰和削峰调峰。调峰时段由调度机构根据日前电力电量平衡预测，在日前确定。

国网华东分部、西北分部、华中分部、华北分部等以市场机制引导，围绕源网荷储资源参与电网运行调节开展了深入研究，完成了相关市场机制研究设计及市场规则起草，开展了储能电站、电动汽车充电桩运行数据信息接入调度端工作，修订并印发了引导新型主体参与调峰辅助服务市场的运营规则。例如，2020年11月，华北能源监管局印发了《第三方独立主体参与华北电力调峰辅助服务市场规则（试行，2020版）》，进一步深化华北电力调峰辅助服务市场建设，运用市场机制激励第三方独立主体提供调峰资源，充分挖掘包括分布式储能、电动汽车、电采暖、虚拟电厂等负荷侧调节资源以及发电侧储能在内的第三方独立主体的调峰潜力。2021年12月，华中电力调峰辅助服务市场建立储能装置、电动汽车充电桩及负荷侧各类可调节资源参与电网运行调节和提供电力辅助服务的长效机制，明确了新型市场主体可结合自身实际情况参与华中电力调峰辅助服务市场的日前、日内省间调峰辅助服务交易。国内各地区/省份电力调峰辅助服务市场规则见表4-1。

表4-1 国内各地区/省份电力调峰辅助服务市场规则

地区/省份	市场结构	出清规则	调峰类型
华北	华北电力调峰辅助服务市场由华北调峰辅助服务市场（以下简称"华北市场"）、省网调峰辅助服务市场构成。华北市场以省网（控制区）为单位开展，省网市场在省网（控制区）内统一开展，京津唐电网按照相关文件要求作为统一控制区参与华北市场，作为统一控制区开展省网市场	华北市场包括日前市场和日内市场，按照集中报价、市场统一边际出清的方式开展，在省网（控制区）下备用不足时，由需求省网（控制区）提出购买需求，向调峰资源充足省网（控制区）购买调峰辅助服务（以下简称"调峰服务"），通过省间联络线计划调整的方式实现	华北电力调峰辅助服务为填谷调峰辅助服务
华中	省间调峰辅助服务交易是指在省内调峰资源无法满足省网调峰需要的情况下，以市场化方式开展的日前、日内调峰资源跨省调用	日前省间调峰辅助服务交易采用集中竞价、统一边际电价出清机制。日内省间调峰辅助服务交易满足服务买方省的日内调峰增量需求，沿用市场主体在日前提供的调峰报价信息，不再组织进行价格申报。日内省间调峰辅助服务交易采取与日前相同的集中竞价、统一边际电价出清机制	华中省间调峰辅助服务为填谷调峰辅助服务

(续)

地区/省份	市场结构	出清规则	调峰类型
西北	西北地区有偿调峰分为深度调峰和启停调峰：深度调峰是指燃煤火电机组有功出力在其并网调度协议签订的正常运行最小出力（一般为50%额定出力）以下的调峰运行方式。启停调峰指并网发电机组由于电网调峰需要而停机（电厂申请低谷消缺除外），并在72h内再度开启的调峰方式	提供深度调峰服务的燃煤火电机组，按照比基本调峰少发的电量补偿，火电机组按少发电量每万kWh补偿3分。常规燃煤发电机组按调度指令要求在72h内完成启停调峰，每次按20分/万kW补偿；燃气机组按调度指令要求完成启停调峰，每次按10分/万kW补偿；水电机组按调度指令要求启停机，每次按0.2分/万kW补偿	西北电力调峰辅助服务为填谷调峰辅助服务
华东	华东电力调峰辅助服务市场（以下简称华东调峰市场）为负备用市场，通过市场化方式实现负备用跨省调剂	买方省（市）电网企业申报日前的调峰购买需求96点曲线，申报电力的最小单位是50MW。卖方发电企业、电化学储能电站分段申报日前96点调峰（充电）"电力-电价"曲线，申报电价的最小单位为1元/MWh，申报电力的最小单位为50MW，不足50MW部分按单段申报，分段报价时须按照价格递减方式逐段申报。华东调峰市场采用统一边际电价出清机制，分96点出清	华东电力调峰辅助服务为填谷调峰辅助服务
东北	东北电力调峰辅助服务（以下简称调峰辅助服务）分为基本义务调峰辅助服务和有偿调峰辅助服务。有偿调峰辅助服务在东北电力调峰辅助服务市场中交易，暂包含实时深度调峰、可中断负荷调峰、电储能调峰、火电停机备用调峰、火电应急启停调峰、跨省调峰等交易品种	实时深度调峰交易采用"阶梯式"报价方式和价格机制，在火电厂计量出口内建设的电储能设施，与机组联合参与调峰，按照深度调峰管理、费用计算和补偿。应急启停调峰交易根据各级别机组市场出清价格按台次结算，市场出清价格是指当日实际调用到的最后一台应急启停调峰的同容量级别机组的报价	东北电力调峰辅助服务包括削峰调峰和填谷调峰辅助服务
上海	上海电力调峰辅助服务市场包括深度调峰交易、调停调峰交易、电储能调峰交易和虚拟电厂调峰交易，后期将逐步增加电力辅助服务交易品种，并补充相应市场运营规则	上海电力调度控制中心组织日前、日内市场集中竞价交易，按照价格由低到高、报价时间由先到后的顺序依次出清	上海电力调峰辅助服务包括削峰调峰和填谷调峰辅助服务

（续）

地区/省份	市场结构	出清规则	调峰类型
贵州	结合当前贵州电源结构与电网运行实际，主要开展机组深度调峰、机组启停调峰、电储能调峰等交易品种，同时为鼓励煤电机组通过开展灵活性改造等技术手段，提升电力供应保障能力，同步实施煤电机组调峰容量补偿机制和燃煤电厂顶峰补偿机制	调峰市场全天按 15min 设置 96 个计量周期。00:00 为第一个计量周期起始点，23:45 为最后一个计量周期终止点。深度调峰、储能调峰采用统一边际价格出清机制，全天分 96 点进行出清。启停调峰按照调用机组申报价格出清	贵州电力调峰辅助服务包括填谷调峰和削峰调峰辅助服务
江苏	江苏有偿调峰是指发电机组超过基本调峰范围进行深度调峰，以及发电机组按电力调度指令要求在 24h（常规燃煤发电机组为 72h）内完成启停机（炉）进行调峰所提供的服务 此外，江苏电力市场拥有用户可调负荷参与调峰市场，江苏电力市场用户根据电力系统运行需要，可聚合其内部分布式电源、自备电厂、充电站和储能等负荷侧资源组成虚拟电厂，提供增加或降低的用电负荷。电力市场用户可调负荷调峰市场，包含中长期可调负荷调峰市场和短期可调负荷调峰市场	常规燃煤发电机组按电力调度指令要求在 72h 内完成启停机（炉）进行调峰的，按每兆瓦 1000 元的标准进行补偿。用户可调负荷参与调峰市场采用集中竞价的方式，按照调节价格由低到高确定执行日各个时段的中标用户排序。价格相同的情况下，按照申报时间的先后进行排序。确定并发布中标用户名单及调节量	江苏电力调峰辅助服务包括填谷调峰和削峰调峰辅助服务
浙江	调峰是指为缓解负荷低谷时段发电机组负荷率低于规定范围或者负荷高峰时段发电正备用资源不足等情况，第三方独立主体接收调度指令，通过调整自身用电行为完成增加或减少用电负荷所提供的服务	电力调峰辅助服务交易，分为日前、日内交易方式，一般按照集中竞价开展	浙江电力调峰辅助服务分为填谷调峰和削峰调峰

4.1.2 整体框架

电动汽车聚合商参与电网调峰框架如图 4-1 所示。该架构服务于电动汽车聚合商，先按历史调峰收益最大化的功率曲线制定明日的功率计划，将其申报给电力调峰辅助服务市场；经市场出清和调度安全校核后，将应跟踪的目标功率下发至聚合商；聚合商则需要跟踪该曲线，实现电动汽车功率分配和控制，若执行功率曲线跟踪目标功率曲线效果符合市场考核要求，则可以获取对应的调峰收益。

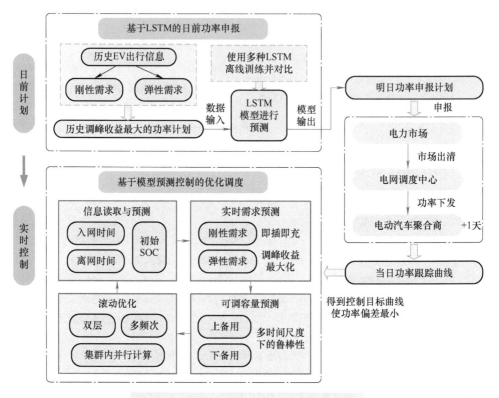

图 4-1 电动汽车聚合商参与电网调峰框架

电动汽车参与调峰辅助服务的模型主要分为两个部分，分别为日前计划部分和实时控制部分。

聚合商参与调峰辅助服务市场需先制定日前功率计划，该计划需兼顾收益和电动汽车实时调控的可行性。因此，日前计划部分建立基于 LSTM 的日前功率申报模型，通过历史电动汽车行为数据，制定调峰收益最大的功率曲线；根据多日负荷曲线离线训练 LSTM 模型，并选取精度最高的模型预测明日的充电负荷，并将其作为日前功率计划申报给市场。

在实时控制部分，聚合商负责大规模电动汽车的实际控制，需要保证执行功率偏差在市场考核误差内才有对应的调峰收益，因此需要对电动汽车集群进行精准控制。在本章中，不涉及电力市场出清模型，近似认为申报的功率计划等于控制目标功率，实时控制部分对其进行跟踪，达到市场考核的要求。在实时控制中，每个时段分别进行信息读取与预测、实时需求预测、可调容量预测、滚动优化控制环节。

(1) 信息读取与预测

在实时控制过程中,读取当前时刻入网的车辆信息并编号,读取车辆初始 SOC、充电需求、所属集群,根据历史充电时长,预测离网时间,剔除已离网车辆的相关记录,更新在网车辆信息。

(2) 实时需求预测

针对刚性需求和弹性需求的不同充电方式,对电动汽车的功率和 SOC 进行预测,得到当前时段之后的预测功率和预测 SOC,作为控制优化的基础。

(3) 可调容量预测

针对弹性需求,采用鲁棒的多时间尺度可调节容量评估方法,在滚动优化的时段区间内和实时需求预测部分的基础上,分别对上备用可调功率和下备用可调功率进行预测,得到执行功率的上下区间,便于下一步的控制优化。

(4) 滚动优化控制

根据实时需求预测得到的预测 SOC、当前时间和预计离网时间,构建电动汽车优先级的计算模型。将执行功率与目标功率的偏差最小化和优先级作为双重优化目标,对滚动优化时段区间内的执行功率进行二次型规划,得到当前时段的充电执行功率。

以上全部执行完毕后,更新下一时段各车辆的 SOC 和车辆信息,再循环重复上述四个环节,直至时段结束。

4.2 电动汽车参与调峰辅助日前计划策略

4.2.1 基于 LSTM 的日前功率申报模型建立

基于 LSTM 的日前功率申报模型框架如图 4-2 所示。首先,读取系统中历史车辆入离网信息和用户需求,经过数据清洗剔除不完整数据。根据这些数据,基于优化模型制定每日收益最大的功率曲线,将其作为预测模型的输入,分别经 RNN、LSTM 等多种神经网络训练后,对比计算精度,可得下一日的功率预测曲线。由于目前并没有相关的数据集,因此采用蒙特卡洛的方法,生成 30 日的电动汽车充电行为数据,作为输入数据。

1. 聚合商收益最大的日前功率计划制定

本书将用户充电需求分成两类,即刚性需求和弹性需求,分别考虑了部分用户的紧急出行需求和部分用户的参与调峰辅助服务市场获取收益需求。在实际应用过程中,用户可在接入充电桩后选择充电需求,因此用户需求属于已知量。

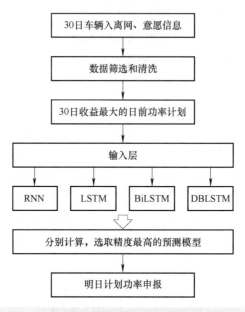

图 4-2 基于 LSTM 的日前功率申报模型框架

刚性需求车辆在接入充电桩后,立即按最大功率进行充电,实现"即插即充",使用户能在最短时间内达到预计电量。由于目前充电桩功率控制技术已较成熟,整个充电过程近似为恒功率。

设每辆车的预期 SOC 为 $S^{\exp}$,接入的充电桩最大充电功率为 $P^{\max}$,充电效率为 η;第 i 辆车的容量为 E_i,入网 SOC 为 S_i^{ini},入网时间点为 t_i^{arr},离网时间点为 t_i^{dep},这些都为模型的已知数据。电动汽车在入网时间点及其以后开始充电,离网时间及离网时间后都不充电,即实际可充电时间在 $[t_i^{\text{arr}}, t_i^{\text{dep}})$ 之间。第 i 辆刚性需求车辆在网时段内的充电功率曲线 $P_i(t)$,计算公式如下所示:

$$\Delta t_i^{\text{need}} = \left\lceil \frac{(S^{\exp} - S_i^{\text{ini}}) E_i}{\eta P^{\max}} \right\rceil \quad (4-1)$$

$$P_i(t) = \begin{cases} P^{\max}, & t \in [t_i^{\text{arr}}, t_i^{\text{arr}} + \Delta t_i^{\text{need}}) \\ 0, & t \notin [t_i^{\text{arr}}, t_i^{\text{arr}} + \Delta t_i^{\text{need}}) \end{cases} \quad (4-2)$$

$$S_i^{\text{dep}} = S_i^{\text{ini}} + \frac{\eta P^{\max} \Delta t_i^{\text{need}}}{E_i} \quad (4-3)$$

$$P_i(t_i^{\text{arr}} + \Delta t_i^{\text{need}} - 1) = \begin{cases} \dfrac{(1 - S_i^{\text{ini}}) E_i}{\eta \cdot (\Delta t_i^{\text{need}} - 1)}, & S_i^{\text{dep}} > 1 \\ P^{\max}, & S_i^{\text{dep}} \leqslant 1 \end{cases} \quad (4-4)$$

式中，Δt_i^{need} 为保证电动汽车能够达到预期 SOC 的最短充电时间段；S_i^{dep} 为第 i 辆车充电后的离网 SOC。

式（4-1）计算最短充电时间段时使用向上取整的运算，既能满足用户充电的刚性需求，又便于之后功率曲线的运算和修正。当电动汽车入网后，立即按充电桩的最大功率进行充电，达到计算时间段后，停止充电。通过式（4-2）计算，可以得到此电动汽车的充电功率曲线。若第 i 辆车存在离网 SOC 超过 1 的情况，则需要对最后时刻的充电功率进行修正，如式（4-3）~式（4-4）所示，减少充电功率，使最后离网 SOC 不超过 1，保证电动汽车的充电安全。

弹性需求车辆可以通过聚合商参与调峰辅助服务市场，获得调峰收益。相较于刚性需求车辆来说，弹性需求车辆停放时间更长，可以随时充电并接受电网调控有序充电，以达成调峰目标。

需要注意的是，在实际充电桩充电过程中还涉及最小充电功率。由于充电桩的限制，插上待充电的电动汽车后，按不低于最小功率的功率值进行充电；充电过程中下发功率低于最小充电功率，充电桩将暂停工作，无法继续充电。

假设弹性需求的电动汽车默认在网时段内可以接受调控，以聚合商调峰收益最大为目标建立优化模型：

$$\max f^{ahead}(t) = \sum_i \sum_{t=t_i^{arr}}^{t_i^{dep}} P_i(t) c^{peak}(t) \tag{4-5}$$

式中，$f^{ahead}(t)$ 为所有弹性需求车辆在网时间内的调峰收益；$P_i(t)$ 为第 i 辆弹性需求车辆 t 时段的充电功率，为决策变量；$c^{peak}(t)$ 为第 t 时段内的调峰收益价格，单位为元/kWh。调峰收益价格在实际过程中由聚合商参与调峰辅助服务市场的出清价格而定，且每日均变化，但本章不考虑市场出清过程，因此采用已知常量代替。

优化过程中需要考虑电动汽车的功率和离网 SOC 约束条件，既保障电动汽车在功率范围内和在网时间内进行充电，又满足用户充电电量的需求。电动汽车功率的约束如式（4-6）所示，离网 SOC 约束如式（4-7）所示，单辆电动汽车前后相邻时段功率约束如式（4-8）所示。

$$\begin{cases} 0 \leq P_i(t) \leq P^{max} \\ P_i(t) = 0, \quad t \notin [t_i^{arr}, t_i^{dep}] \end{cases} \tag{4-6}$$

$$\begin{cases} S_i^{dep} = S_i^{ini} + \sum_{t=t_i^{arr}}^{t_i^{dep}} \eta P_i(t) \frac{\Delta t}{E_i} \\ S^{exp} \leq S_i^{dep} \leq 1 \end{cases} \tag{4-7}$$

$$\begin{cases} -\Delta P^{\max} \leq P_i(t+1) - P_i(t) \leq \Delta P^{\max}, t \in [t_i^{\text{arr}}, t_i^{\text{dep}}] \\ 0 \leq P_i(t_i^{\text{arr}}) \leq \Delta P^{\max} \end{cases} \quad (4-8)$$

式中，Δt 为每个计算时段所占用的时长，若取 15min 为一个时段，则 Δt 取值为 1/4；$\Delta P^{\max}$ 为电动汽车两个时段间功率变化的最大值。

然后考虑充电桩最小充电功率的限制，引入充电停止时刻 t_i^{stop}，在此时刻之前，功率在 $P^{\min}$ 和 $P^{\max}$ 之间；在此时刻之后，充电功率为 0，如图 4-3 所示。

由于 t_i^{stop} 未知，需要经过规划后才能计算，为了表示停止充电时刻，构建 0-1 变量 $x_i(t)$，引入整数变量后，原线性规划变成混合整数线性规划，决策变量为连续变量 $P_i(t)$ 和整数变量 $x_i(t)$。关于 0-1 整数变量的基础约束如式（4-9）所示，表示电动汽车未入网时或已离网时的 $x_i(t)$ 均为 0，且入网后立刻充电。根据充电桩功率小于最小充电功率后无法继续充电的特性，构建的 $x_i(t)$ 具有由 1 降为 0 后，无法再变为 1 的特性，因此需要排除 $x_i(t) = 0$，$x_i(t+1) = 1$ 的情况，建立如式（4-10）的约束。

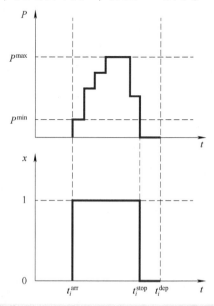

图 4-3 构建停止充电时刻和 x 变量示意图

$$\begin{cases} x_i(t) \text{是整数变量} \\ 0 \leq x_i(t) \leq 1 \\ x_i(t) = 0, \quad t \notin [t_i^{\text{arr}}, t_i^{\text{dep}}] \\ x_i(t_i^{\text{arr}}) = 1 \end{cases} \quad (4-9)$$

$$0 \leq x_i(t) - x_i(t+1) \leq 1 \quad (4-10)$$

考虑 $x_i(t)$ 与最小功率约束修正式（4-6），如下所示。

$$\begin{cases} P^{\min} x_i(t) \leq P_i(t) \leq P^{\max} x_i(t) \\ P_i(t) = 0, \quad t \notin [t_i^{\text{arr}}, t_i^{\text{dep}}] \end{cases} \quad (4-11)$$

将式（4-5）作为目标函数，式（4-7）~式（4-11）作为约束条件，得到考虑最小充电功率的弹性需求电动汽车日前充电功率的混合整数线性规划模型。在优化得到 $x_i(t)$ 变量前提下，可以计算充电停止时间，如式（4-12）所示：

第4章 电动汽车参与电网调峰辅助服务机制与方法

$$t_i^{\text{stop}} = \min[\arg\min x_i(t)], \quad t \in [t_i^{\text{arr}}, t_i^{\text{dep}}] \tag{4-12}$$

则全部电动汽车日前充电功率 $P^{\text{ahead}}(t)$ 如下式所示：

$$P^{\text{ahead}}(t) = \sum_{i \in U_r} P_i(t) + \sum_{i \in U_e} P_i(t) \tag{4-13}$$

式中，U_r 为刚性车辆所属集合；U_e 为弹性车辆所属集合。

在实际中，运营商需要将此充电功率上报至电力市场，经市场出清和安全校核后再下发至各运营商，近似将此功率曲线作为实时跟踪的目标。

2. 多种神经网络预测模型

循环神经网络（RNN）是一种特殊的神经网络结构，适用于处理序列数据，如时间序列数据或自然语言文本。RNN 的独特之处在于它能够通过在网络中引入循环连接来捕捉序列数据中的时间依赖关系。

RNN 的基本结构包括一个输入层、一个隐藏层和一个输出层。隐藏层的输出会被反馈到自身的输入，形成循环连接，使得网络能够对序列中的每个时间步进行处理。RNN 模型对输入序列的每个时间步都有一个对应的输出，因此在进行序列预测时，预测结果可能会受到之前预测结果的影响，从而增加了预测的不确定性。在负荷预测中，RNN 可以用于处理历史负荷数据序列，利用序列数据的时间依赖性，通过循环连接和记忆机制来捕捉序列中的模式和趋势，以便预测未来的负荷需求。

虽然 RNN 方法在处理序列数据方面具有很多优势，但也存在一些问题。RNN 在训练过程中容易出现梯度消失或梯度爆炸的问题。由于循环连接的存在，梯度在反向传播中可以通过时间步长不断地传递，导致梯度指数级增长或指数级衰减。这会导致模型难以训练或难以收敛，影响预测性能。为了克服这些问题，研究者提出了一些改进的 RNN 模型，如长短期记忆网络（Long Short-Term Memory，LSTM），引入了门控机制来解决梯度消失、长期依赖等问题。

LSTM 是一种 RNN 变体，具有长期记忆能力和抑制梯度消失的特性。它在处理长期依赖性问题上表现出色，并且能够较好地捕捉时间序列数据中的长期模式。LSTM 控制结构如图 4-4 所示。

LSTM 的基本单元包括一个细胞状态和三个门：输入门、遗忘门和输出门。这些门控制着信息的流动，通过学习的方式选择性地存储和遗忘信息，以及控制信息的输出。

输入门决定了输入信息中的哪些部分将被更新到细胞状态，描述了每个输入值的重要性。遗忘门决定了前一时刻细胞状态中的哪些信息将被遗忘，描述了细胞状态中每个值的保留程度。细胞状态通过将输入门的输出与候选细胞状态相乘，然后将遗忘门的输出与前一时刻细胞状态相乘再相加，得到更新后的细胞状态。输出门决定了细胞状态的哪些部分将被输出，描述了细胞状态中每个值的输出程度。隐藏状态是 LSTM 的输出，它通过将更新后的细胞状态与输出门的输出相乘，经过一个 tanh 激活函数进行处理后得到。

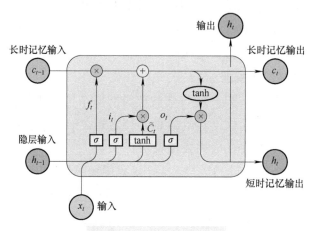

图 4-4　LSTM 控制结构

LSTM 的门控机制使其能够有选择性地存储和遗忘信息，从而有效地处理长期依赖关系。通过学习参数，LSTM 可以自适应地调整门的行为，使得网络能够更好地适应不同的序列数据特征。在负荷预测中，LSTM 可以通过处理历史负荷数据序列来预测未来的负荷需求。LSTM 能够记忆和捕捉序列中的长期依赖关系，提供更准确的负荷预测结果。

双向长短期记忆网络（Bidirectional LSTM，BiLSTM）是在 LSTM 基础上的一种扩展模型，能够同时考虑过去和未来的上下文信息。

BiLSTM 的结构由两个独立的 LSTM 组成，一个按时间顺序处理输入序列，另一个按时间逆序处理输入序列。这样，在每个时间步上，BiLSTM 的隐藏状态由前向 LSTM 和后向 LSTM 的隐藏状态拼接而成。这种前向和后向的双向结构使得 BiLSTM 能够同时获取到当前时间步之前和之后的上下文信息。

BiLSTM 能够利用过去和未来的上下文信息，更全面地捕捉序列数据中的特征和模式。在负荷预测中，BiLSTM 可以通过双向处理历史负荷数据序列来提取更丰富的特征表示，进而改进负荷预测的准确性。需要注意的是，BiLSTM 的计算量较大，由于需要同时处理正向和逆向的序列数据，因此在处理长序列时可能会增加计算时间和资源消耗。

深度双向长短期记忆网络（Deep Bidirectional LSTM，DBLSTM）是一种进一步扩展的双向 LSTM 模型，通过堆叠多个 LSTM 层来增加模型的深度和表达能力。DBLSTM 的结构类似于多层神经网络，每一层都是一个独立的双向 LSTM。每个 LSTM 层都会在前向和后向两个方向上处理输入序列，形成前向和后向的隐藏状态。

在负荷预测中，DBLSTM 可以通过多层深度的双向处理历史负荷数据序列，提取更丰富的特征表示，从而进一步改善负荷预测的准确性。需要注意的是，DBLSTM 的计算量和模型参数数量会随着层数的增加而增加，因此在设计模型时需要权衡计算资源和性能要求。

综上所述，对于负荷预测问题，LSTM、BiLSTM 和 DBLSTM 都是有效的模型。因此此节尝试不同的模型，并根据预测性能和需求进行评估和比较。

4.2.2 算例分析

1. 基础参数设置

为验证功率预测模型的高效性和准确性，选用 300 辆车、两天 192 个时段（每 15min 为 1 个时段）的算例，使用 Python 编程进行验证，使用其中的 sklearn 和 keras 库进行计算。预测模型的基础参数见表 4-2。

表 4-2 预测模型的基础参数

变量	符号	取值
预计 SOC	S^{exp}	0.95
最大充电功率差	ΔP^{max}	4kW
充电效率	η	0.95

考虑电动汽车会接入不同种类的充电桩进行充电，因此假设充电桩种类分为有序桩、公共桩、私人桩。为尽可能覆盖不同种类车型，选取市场销量最高的三种具有代表性的纯电动汽车车型，电动汽车仿真电池容量参数见表 4-3。

表 4-3 电动汽车仿真电池容量参数

编号	车型	快充	电池容量/kWh	占比（%）
1	Model Y 长续航款	支持	78.4	20
2	Model 3 标准续航款	支持	55	50
3	五菱宏光 miniEV 悦享款	不支持	13.8	30

预测模型中电动汽车充电行为相关参数见表 4-4。电动汽车充电行为通过基于概率分布的蒙特卡洛方法模拟得到。

表 4-4　预测模型中电动汽车充电行为相关参数

种类	充电场景	数量	入网时间	在网时间	离网时间	初始SOC
有序	夜间充电	200	$N(19:00, 2.5h)$	—	$N(8:00, 1.25h)$	$N(0.3, 0.08)$
有序	白天充电	25	$N(10:00, 1h)$	—	$N(18:00, 1h)$	
公共	白天充电	25	$N(10:00, 2h)$	广义极值分布	—	
私人	下午充电	25	$N(16:00, 3h)$	Weibull 分布	—	

有序桩和私人桩由于经常建设在小区附近，因此假设这两类桩仅支持 7kW 慢充，公共桩支持 60kW 快充。充电桩相关参数见表 4-5。

表 4-5　充电桩相关参数

种　类	接入车辆	充电属性	最小功率/kW	最大功率/kW
有序	90%弹性+10%刚性	慢充	1.5	7
公共	100%刚性	快充	6	60
私人	100%刚性	慢充	1.5	7

经过上述参数设计，预测模型中的初始参数示意图如图 4-5 所示。

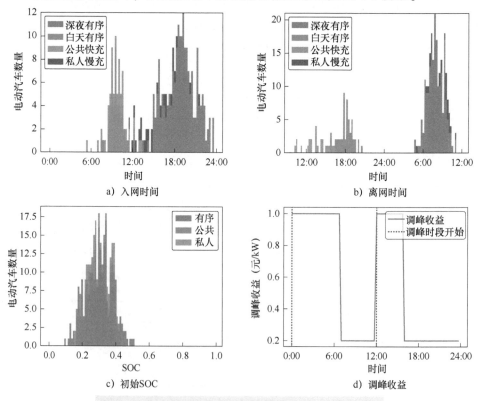

图 4-5　预测模型中的初始参数示意图（见彩色插页）

2. 收益最大的日前功率计划

由于有部分有序车辆趋向于夜间充电,因此为了完整模拟该类电动汽车的充电过程,需要对两天的功率计划进行模拟。调峰时段为 00:00—7:00 和 12:00—16:00(参考华北电网调峰市场规则),在后续建模分析时,需着重关注此时段的功率变化,如图 4-6 所示。

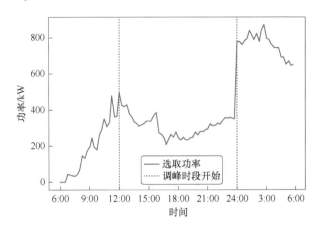

图 4-6　6:00 至第二天 6:00 时段的日前功率曲线

目标功率具有三个峰值,第一个峰值在 11:00—12:00 附近,主要是公共桩接入车辆,刚性需求车辆立即充电,并且 12:00 也是调峰收益开始的时刻,白天接入有序桩的电动趋向于在调峰收益高的时段进行充电。

第二个峰值在 15:00 左右,此时私人桩接入车辆,开始充电。但是此峰值较小,这是由于私人桩为慢充桩,充电功率较小,且此时刻参与调峰的有序桩也几乎充电完毕。

第三个峰值在夜晚 24:00 至凌晨 3:00 左右,此时功率相较于 24:00 之前功率有较大的提升,主要由于夜晚入网的有序车辆在调峰时段开始大量充电,在 3:00 后,电动汽车大多已经充满电,功率有所下降。需要注意的是,24:00 的功率快速提升对电网可能有些影响,但是在夜晚负荷低谷且风电高发时段,电动汽车的功率提升反而有助于新能源的消纳。

3. 预测模型结果

将模拟得到 30 日日前功率曲线分别输入 RNN、LSTM、BiLSTM、DBLSTM 四类预测模型后,迭代次数均设置为 100 次,得到的各预测模型每次迭代的误差如图 4-7 所示。

从图中可以看出,BiLSTM 的迭代误差最小,且经过不到 10 次的迭代就已经收敛。LSTM 和 DBLSTM 模型的迭代误差比较接近，也快速收敛。而 RNN 模型需要经过接近 40 次的迭代才近似收敛，且误差有所波动出现过拟合的情况。当模型在训练集上的表现开始改善时，它可能会过拟合训练数据，导致模型对训练集之外的数据表现较差，从而使误差升高。这种情况下，模型会继续学习并调整权重，以减少过拟合并改善泛化性能，因此训练误差可能会再次降低。各模型的训练误差见表 4-6。

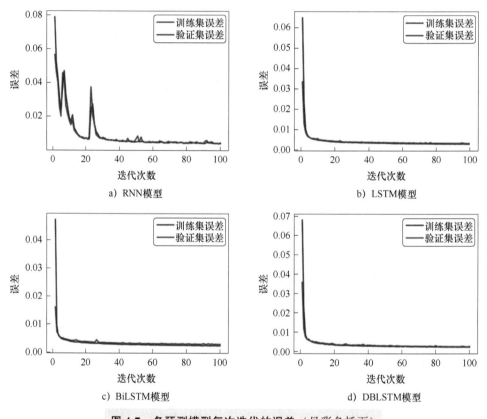

图 4-7　各预测模型每次迭代的误差（见彩色插页）

表 4-6　各模型的训练误差

	RNN	LSTM	BiLSTM	DBLSTM
MAE	38.103236	27.559237	26.333156	27.696652
MSE	3427.662801	2056.2512797	1937.019914	2140.831274
RMSE	58.546245	45.345907	44.011588	46.269118
R-squared	0.948332	0.9690047	0.970802	0.967729

平均绝对误差（MAE）衡量了预测值与真实值之间的平均绝对差异，数值越

小表示模型的预测越准确。方均误差（MSE）衡量了预测值与真实值之间的平均平方差异，数值越小表示模型的预测越准确。方均根误差（RMSE）是 MSE 的平方根。R-squared 衡量了模型对观测数据方差的解释能力，数值越接近 1 表示模型的拟合效果越好。

综合来看，BiLSTM 在这些评估指标下表现较好，相对于普通的 RNN 模型，具有更小的平均绝对误差、方均误差、方均根误差，并且拥有更接近 1 的决定系数，而 LSTM 和 DBLSTM 表现结果比较接近。

为了直观地看出各模型的预测效果，选取某日 6:00 至第二日 6:00 的信息，绘出各模型预测值和实际值的对比曲线，如图 4-8 所示。

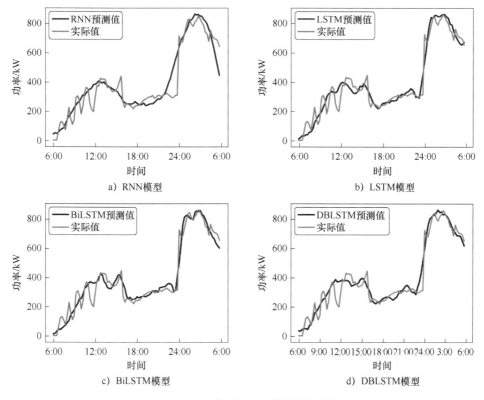

图 4-8　各模型在某日的拟合效果

由图可见，BiLSTM 模型拟合效果最好，可以模拟出收益最大的日前功率计划的三个峰值，但是其针对 12:00 之前的功率波动没有很好的拟合效果，这是由于白天接入公交桩的车辆具有随机性，预测模型仅能表达功率上升的特征。RNN 模型仅能模拟出 12:00 和凌晨 1:00 附近的峰值，不能精细地提取白天的功率特征,具有一定的局限性。LSTM 针对 24:00 后的拟合效果较好,DBLSTM 模型没有模拟出 12:00 左右的峰值,反而在 21:00 的峰值较明显。

综上所述,BiLSTM 的预测效果最好,因此可以使用该模型进行日前功率的预测,将其作为实时跟踪的目标。

4.3 电动汽车参与调峰辅助实时控制策略

电动汽车聚合商申报调峰辅助服务市场后,市场运营机构下发出清结果,电动汽车聚合商需实时控制电动汽车充电功率,跟踪市场出清后下发的目标功率曲线,若执行功率曲线误差符合市场考核要求,则可以获取对应时段的调峰收益。然而,目前的聚合商实时功率存在控制精度不高、控制功率分配不合理的问题。本节首先基于电动汽车实时充电需求计算不对电动汽车集群进行控制的功率曲线;然后,对比待跟踪计划功率,生成电动汽车总功率偏差;最后,将功率偏差分解至单台充电桩进行控制。

为了能更准确地控制功率,设计了多层滚动优化控制框架,下面将从滚动优化、多层级控制逐渐深入介绍。滚动优化过程图如图 4-9 所示。

每个优化区间由四个时步(每个时步 15min,共 1h)组成,滚动优化时对优化区间整体取最优结果,优化结果中包含了当前时段与预测时段的最优值,但只有当前时段的控制功率会被执行。即计算过程中考虑了未来 1h 的功率变化,但只执行当前时段的控制功率。

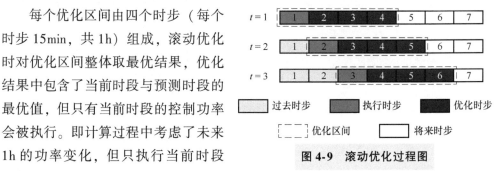

图 4-9 滚动优化过程图

相对于全局优化而言,滚动优化在一定时域内不断进行动态滚动求解,并逐步向后推进,不考虑优化区间外的时步对当前执行时步的影响。模型预测控制下的滚动优化在开环控制的情况下得到了一个全局次优解,与最优控制下的全局优化相比,虽然具有一定的局限性,但它可以做到实时在线控制和较短的运行时间。

由于控制规模大,需采用双层控制结构,第一层将功率偏差,即目标功率和预测功率之差,分解给各充电桩集群,第二层由各集群分配至各充电桩。多层级控制流程如图 4-10 所示。在实际控制过程中,最优的情况是将功率尽可能分配给调控精度高的充电桩集群。

第4章 电动汽车参与电网调峰辅助服务机制与方法

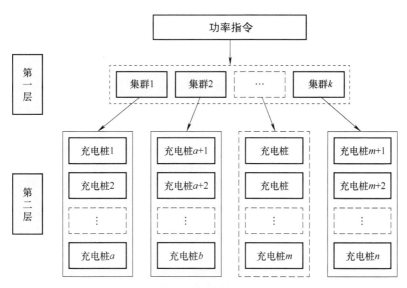

图 4-10 多层级控制流程

4.3.1 实时需求模型

基于前文实时控制环节的介绍，根据当前时刻电动汽车信息对实时功率需求进行预测，制定每辆车接下来时段的充电功率计划。继续采用前述章节中对电动汽车场景的构建方法，按用户充电需求分为刚性和弹性。其中刚性需求的变化主要来自于新接入电网中的车辆。弹性需求车辆接入电网后，功率计划由聚合商制定，目前弹性需求的预测以调峰收益最大化为目标，其中弹性需求的变化主要来自于备用容量的调度。

在实时需求预测中，进入新的时刻点均需要重新计算从当前时刻 t_{now} 之后的功率曲线；当前时刻的刚性需求车辆充电功率计划曲线 $P_i^{\text{pre}}(t)$ 计算方式如式（4-14）~式（4-15）所示：

$$\Delta t_i^{\text{need}} = \left\lceil \frac{(S^{\text{exp}} - S_i(t_{\text{now}}))E_i}{\eta P^{\text{max}}} \right\rceil \tag{4-14}$$

$$P_i^{\text{pre}}(t) = \begin{cases} P^{\text{max}}, & t \in [t_{\text{now}}, t_{\text{now}} + \Delta t_i^{\text{need}}) \\ 0, & t \notin [t_{\text{now}}, t_{\text{now}} + \Delta t_i^{\text{need}}) \end{cases} \tag{4-15}$$

$$S_i^{\text{dep}} = S_i(t_{\text{now}}) + \frac{\eta P^{\text{max}} \Delta t_i^{\text{need}}}{E_i} \tag{4-16}$$

$$P_i^{\text{need}} = \left[1 - S_i(t_{\text{now}}) - \frac{\eta P^{\max}(\Delta t_i^{\text{need}} - 1)}{E_i}\right]\frac{E_i}{\eta} \quad (4\text{-}17)$$

$$P_i(t_{\text{now}} + \Delta t_i^{\text{need}} - 1) = \begin{cases} \max(P^{\min}, P_i^{\text{need}}), & S_i^{\text{dep}} > 1 \\ P^{\max}, & S_i^{\text{dep}} \leq 1 \end{cases} \quad (4\text{-}18)$$

式中，P_i^{need} 为满足第 i 辆电动汽车离网 SOC 不超过 1 的条件下，最后时刻的最大充电功率。

将式（4-14）~式（4-18）结合，可以得到刚性需求电动汽车预测充电功率的计算公式。由于考虑了充电桩功率执行偏差，且获取电动汽车入网信息的限制性，即当前时刻仅能获取已入网车辆的信息，无法预判接下来时段的电动汽车入离网信息。为了控制的准确性，需要每次在控制流程的开始计算当前所有在网车辆的充电功率曲线。需要注意的是，刚性需求车辆由于按最大功率充电，不具有下备用；但功率可以适当下调，具有少量的上备用容量。

针对弹性需求，以参与市场收益最大化为目标建立实时功率预测模型，弹性需求车辆采用混合整数线性规划的方式进行计算，具体分析方式已做详细介绍，此处不再赘述。

构建优化目标如式（4-19）所示，表示该时段之后的所有弹性需求车辆的调峰收益。决策变量是功率计划曲线 $P_i^{\text{pre}}(t)$ 和构建的 0-1 变量 $x_i(t)$。

$$\max f^{\text{pre}}(t) = \sum_i \sum_{t=t_{\text{now}}}^{t_i^{\text{dep}}} P_i^{\text{pre}}(t) c^{\text{peak}}(t) \quad (4\text{-}19)$$

构建约束条件如式（4-20）~式（4-22）所示：

$$\begin{cases} P^{\min} x_i(t) \leq P_i^{\text{pre}}(t) \leq P^{\max} x_i(t) \\ P_i^{\text{pre}}(t) = 0, \quad t \notin [t_{\text{now}}, t_i^{\text{dep}}] \end{cases} \quad (4\text{-}20)$$

$$\begin{cases} S_i^{\text{dep}} = S_i(t_{\text{now}}) + \sum_{t=t_{\text{now}}}^{t_i^{\text{dep}}} \eta P_i^{\text{pre}}(t) \frac{\Delta t}{E_i} \\ S^{\text{exp}} \leq S_i^{\text{dep}} \leq 1 \end{cases} \quad (4\text{-}21)$$

$$\begin{cases} x_i(t) \text{是整数变量} \\ 0 \leq x_i(t) \leq 1 \\ x_i(t) = 0, \quad t \notin [t_{\text{now}}, t_i^{\text{dep}}] \\ 0 \leq x_i(t) - x_i(t+1) \leq 1 \end{cases} \quad (4\text{-}22)$$

经混合整数线性规划计算后，可得到每辆弹性需求车辆的功率计划曲线 $P_i^{\text{pre}}(t)$。

在刚性负荷与弹性负荷分别计算的基础上，计算所有电动汽车的总实时功率。分别计算不接受调控的电动汽车集群对应的刚性负荷与接受调控的电动汽车集群对应的弹性负荷，并将其相加，得到总预测功率，如式（4-23）所示。在后续控制的过程中，需要分解的是日前功率曲线与预测功率曲线的偏差，将偏差功率先分配至各充电桩集群，再分配至各充电桩。

$$P^{\text{pre}}(t) = \sum_{i \in U_r} P_i^{\text{pre}}(t) + \sum_{i \in U_e} P_i^{\text{pre}}(t) \tag{4-23}$$

式中，$P^{\text{pre}}(t)$ 为预测的电动汽车充电站的总实时功率。

经过预测功率计算后，可以计算当前时刻后的每辆电动汽车的预测 SOC，如式（4-24）所示。在后续计算过程中，会用到预测 SOC 进行电动汽车电量的估算。

$$S_i^{\text{pre}}(t) = \begin{cases} S_i(t-1) + \eta P_i^{\text{pre}}(t) \dfrac{\Delta t}{E_i}, & t \in (t_i^{\text{arr}}, t_i^{\text{dep}}) \\ S_i^{\text{ini}}, & t = t_i^{\text{arr}} \\ 0, & t \notin [t_i^{\text{arr}}, t_i^{\text{dep}}] \end{cases} \tag{4-24}$$

式中，$S_i^{\text{pre}}(t)$ 为第 i 辆电动汽车的第 t 时刻预测 SOC。

针对不同时间段的功率，预测 SOC 计算方式不同。当 $t \in (t_i^{\text{arr}}, t_i^{\text{dep}})$ 时，按电量与功率耦合方式计算 SOC；当 $t = t_i^{\text{arr}}$ 时，电动汽车刚入网，当前 SOC 突变为初始 SOC；其他时段，电动汽车未接入充电桩，不再充电，SOC 为 0。

4.3.2 考虑鲁棒性的可调容量预测模型

对于弹性需求的电动汽车来说，功率调节的范围很大，经上节计算得到的预测功率作为基准功率，在执行过程中，功率变化具有上下限。功率的可调空间是电动汽车参与电网调控的所有可能的充电负荷曲线集合。

引入系统上下备用的概念，此处介绍电动汽车最大可调节功率计算方法。考虑可调节容量评估的鲁棒性，计算最大可下调功率（上备用）时最恶劣的场景为前一时刻的可下调功率被全部调度，保证在离网之前能充到预计的电。电动汽车最大可下调功率计算示意图如图 4-11 所示。

在电动汽车入网时间和离网时间之间，原本的充电计划为在 $t_1 \sim t_3$ 时段内充电，但是由于各种原因，在 $t_1 \sim t_2$ 时段内，无法达到预计充电功率，只能按较小功率进行充电，为了完成充电计划，需要在 $t_3 \sim t_4$ 时段内继续充电。

此计算过程可以采用线性规划求解，决策变量为第 i 辆车在第 t 时段内的最大可下调功率 $\Delta P_i^{\text{d,max}}(t)$。优化目标如式（4-25）所示，考虑鲁棒性，优化目标取滚动优化计算时段区间 $[t_{\text{now}}, t_{\text{now}}+H)$ 内，所有弹性需求电动汽车的可下调功率的最大值 H 为优化时段数，一般取 4。

$$\max f^{d,\max}(t) = \sum_i \sum_{t=t_{\text{now}}}^{t_{\text{now}}+H} \Delta P_i^{d,\max}(t) \quad (4\text{-}25)$$

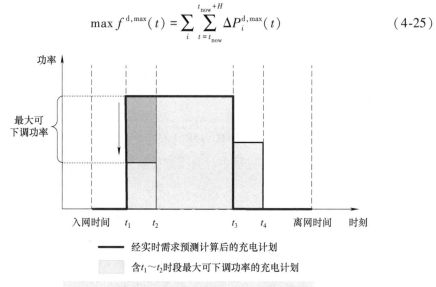

图 4-11　电动汽车最大可下调功率计算示意图

为了保证电动汽车能正常充电，此规划的约束条件包含功率约束和电量约束，分别如式（4-26）和式（4-27）所示：

$$\begin{cases} 0 \leqslant \Delta P_i^{d,\max}(t) \leqslant P_i^{\text{pre}}(t) - P^{\min} \\ \Delta P_i^{d,\max}(t) = 0, \quad t \notin [t_{\text{now}}, t_i^{\text{stop}}) \end{cases} \quad (4\text{-}26)$$

$$\sum_{t=t_{\text{now}}+\Delta t_{\text{roll}}}^{t_i^{\text{stop}}} P^{\max} - \sum_{t=t_{\text{now}}+\Delta t_{\text{roll}}}^{t_i^{\text{stop}}} P_i^{\text{pre}}(t) \geqslant \sum_{t=t_{\text{now}}}^{t_{\text{now}}+\Delta t_{\text{roll}}} \Delta P_i^{d,\max}(t), \quad 0 \leqslant \Delta t_{\text{roll}} < H \quad (4\text{-}27)$$

式中，Δt_{roll} 为从当前时段后需滚动优化计算的时段，即优化时段。

式（4-26）表示最大可下调的功率差。为了保证电动汽车能正常充电，当前功率最大能下降至维持充电的最小充电功率，此处的充电功率按预测功率计算。式（4-27）表示满足电动汽车电量需求的最大下调量。可以将某时段的充电容量移入之后时段进行充电，此举措不会导致车辆在这优化时段内的容量变化，从而保证车辆 SOC 的需求。因此可以将对车辆 SOC 的约束转换成对优化时段内车辆容量的约束，由于容量是功率的累计求和，因此又可以转换成对优化时段内车辆功率的约束，即在计算区间范围内的每一时段，都需要保证剩下的功率满足电动汽车接下来时段的充电功率需求。不等式左边表示计算时段内最大可多充的电量,右边表示最大可下调的电量。

与最大可下调功率相对应,计算最大可上调功率(下备用)时需要保证电动汽车充电的 SOC 不越限,最大可上调功率计算示意图如图 4-12 所示。

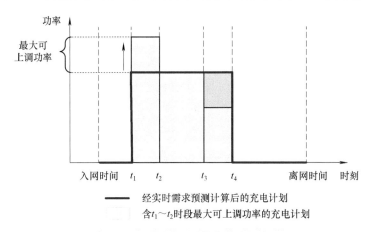

图 4-12 最大可上调功率计算示意图

在电动汽车入网时间和离网时间之间,原本的充电计划为 $t_1 \sim t_4$ 时段内充电,但是由于各种原因,在 $t_1 \sim t_2$ 时段内,可以按比预计充电功率高的充电功率充电,即按最大可上调功率充电,为了保证电动汽车 SOC 不越限,需要在 $t_3 \sim t_4$ 时段内减少充电功率。

同样,采用线性规划的方式对最大可上调功率进行计算,决策变量为第 i 辆车在第 t 时段内的最大可上调功率 $\Delta P_i^{u,\max}(t)$。优化目标如式(4-28)所示,取滚动优化计算时段区间 $[t_{\text{now}}, t_{\text{now}}+H]$ 内,所有弹性需求电动汽车的下备用可调功率的最大值。此规划的约束条件包含功率约束和电量约束,分别如式(4-29)和式(4-30)所示:

$$\max f^{u,\max}(t) = \sum_i \sum_{t=t_{\text{now}}}^{t_{\text{now}}+H} \Delta P_i^{u,\max}(t) \tag{4-28}$$

$$\begin{cases} 0 \leqslant \Delta P_i^{u,\max}(t) \leqslant P^{\max} - P_i^{\text{pre}}(t) \\ \Delta P_i^{u,\max}(t) = 0, \quad t \notin [t_{\text{now}}, t_i^{\text{stop}}] \end{cases} \tag{4-29}$$

$$S_i(t_{\text{now}}) + \sum_{t=t_{\text{now}}}^{t_{\text{now}}+H} \left[\eta (P_i^{\text{pre}}(t) + \Delta P_i^{u,\max}(t)) \frac{\Delta t}{E_i} \right] \leqslant 1 \tag{4-30}$$

式(4-29)表示最大可下调的功率差。式(4-30)表示满足电动汽车电量需求的最大上调量。由于功率上调,可能导致车辆的 SOC 超过 1 的情况,因此需要加入对车辆 SOC 的约束。可以将某时段的充电容量移入之前时段进行充电,因此需要保证在优化时段内所有时刻的 SOC 不越限。不等式左边表示按最大上调量进行充电的 SOC,右边表示最大可下调的电量。

4.3.3 采用滚动优化的双层控制模型

采用双层结构进行充电功率偏差的分解。第一层分解将功率偏差分配至各集群,第二层分解在各集群内部进行,将功率偏差分配至各所属在网充电桩。在优化时段 $[t_{\text{now}}, t_{\text{now}}+H]$ 之间进行优化结果,其中包含了当前时段与 H 时段内的最优充放电功率值,但只有当前时段的充放电安排会被执行,考虑了系统在未来时段上的状态,故滚动优化使优化结果具有较高的精度。

1. 第一层功率分解

出于调控经济性的考虑,进行第一层功率分解时考虑充电桩集群的响应精度和调控成本,基于实时功率偏差评估建立偏差分解模型,该模型以指令分解获得最大效益为优化目标建立目标函数。

对于集群而言,则需将该集群所涵盖的所有在网充电桩进行聚合,此处采用最朴素的方式进行聚合,通过计算平均值来衡量该集群的响应精度,如下所示:

$$K_k^{\text{acc}} = \frac{1}{n_k} \sum_{i \in U_k} K_i^{\text{acc}} \tag{4-31}$$

式中,K_k^{acc} 为第 k 个集群的响应精度;n_k 为所属第 k 个集群的充电桩数量,U_k 为第 k 个充电桩集群的集合。

集群调控成本指标并不具有实际物理意义,仅代表运营商调控该集群所付出的代价。假设单位功率调控成本是关于调控功率的一次函数,不同集群的充电桩线性函数的参数不同,调控成本指标计算如下所示:

$$K_k^{\text{cost}}(t) = b_{k,0} + b_{k,1} \Delta P_k(t) \tag{4-32}$$

式中,$K_k^{\text{cost}}(t)$ 为第 k 个集群的单位调控成本系数,会随调控功率的变化而变化;$\Delta P_k(t)$ 为第 k 个集群的调控偏差功率;$b_{k,0}$ 与 $b_{k,1}$ 分别为线性函数的参数。

待分解的功率偏差应为总预测功率与待跟踪功率的偏差功率 $\Delta P(t)$,其值可能有正负,如下所示:

$$\Delta P(t) = P^{\text{set}}(t) - P^{\text{pre}}(t) \tag{4-33}$$

式中,$P^{\text{set}}(t)$ 为经市场出清后的待跟踪功率,与式(4-13)中的 $P^{\text{ahead}}(t)$ 近似相等。

由于偏差功率可能存在正负,分解时各集群的偏差功率正负应与总偏差功率正负一致。先假设总偏差功率为正进行分析,后续再通过约束条件进行修正。该模型的决策变量是每个集群的偏差功率 $\Delta P_k(t)$。目标函数分为响应精度和调控成本两部分，分别如式（4-34）和式（4-35）所示：

$$\max f^{\mathrm{acc}}(t) = \sum_k K_k^{\mathrm{acc}} \Delta P_k(t) \tag{4-34}$$

$$\min f^{\mathrm{cost}}(t) = \sum_k K_k^{\mathrm{cost}}(t) \Delta P_k(t)$$
$$= \sum_k b_{k,0} \Delta P_k(t) + \sum_k b_{k,1} \Delta P_k(t)^2 \tag{4-35}$$

式（4-34）表示将功率偏差尽可能多地分配给响应精度高的集群。式（4-35）表示最小化总调控成本，使用式（4-32）将调控成本系数展开后，可得含二次项的目标函数。使用权重系数将两个目标函数进行组合，整体目标函数取最大化，则需要将式（4-35）的表达式取负，又由于目标函数含有一次项与二次项混合的形式，需要将功率差的一次、二次分别进行归一化，如式（4-36）~式（4-39）所示：

$$\Delta P_1 = \sum_{t=t_{\mathrm{now}}}^{t_{\mathrm{now}}+H} |\Delta P(t)|, \quad \Delta P_2 = \sum_{t=t_{\mathrm{now}}}^{t_{\mathrm{now}}+H} \Delta P(t)^2 \tag{4-36}$$

$$f^{\mathrm{acc}}(t) = \sum_k K_k^{\mathrm{acc}} \frac{\Delta P_k(t)}{\Delta P_1} \tag{4-37}$$

$$f^{\mathrm{cost}}(t) = \sum_k b_{k,0} \frac{\Delta P_k(t)}{\Delta P_1} + \sum_k b_{k,1} \frac{\Delta P_k(t)^2}{\Delta P_2} \tag{4-38}$$

$$\max \sum_{t=t_{\mathrm{now}}}^{t_{\mathrm{now}}+H} \lambda^{\mathrm{acc}} f^{\mathrm{acc}}(t) - \lambda^{\mathrm{cost}} f^{\mathrm{cost}}(t) \tag{4-39}$$

式中，ΔP_1、ΔP_2 分别为优化时段内偏差功率的一次项、二次项之和；λ^{acc}、λ^{cost} 分别为响应精度、调控成本所对应的权重系数。

相关集群的约束包含功率约束和电量约束，但在计算备用容量时已经考虑了单个电动汽车的电量约束条件，因此直接取用集群上下备用容量 $\Delta P_k^{\mathrm{d,max}}$ 和 $\Delta P_k^{\mathrm{u,max}}$ 约束进行电量约束，所对应的约束条件如式（4-40）和式（4-41）所示：

$$-\Delta P_k^{\mathrm{d,max}}(t) \leqslant \Delta P_k(t) \leqslant \Delta P_k^{\mathrm{u,max}}(t) \tag{4-40}$$

$$\sum_k \Delta P_k(t) = \Delta P(t) \tag{4-41}$$

但是在实际执行的过程中，允许一定范围内的偏差。考虑调控的偏差 γ，为提升分解速度，避免由于备用容量不够的无解情况出现，将式（4-41）的约束条件可松弛放宽。同时，为了解决分解过程中 $\Delta P(t)$ 存在正负不确定的问题，还约束了分解的决策变量必须为正，在最后提取集群的分解功率时再根据 $\Delta P(t)$ 的正负进行还原。经过修正的约束条件如式（4-42）和式（4-43）所示：

$$\begin{cases} 0 \leqslant \Delta P_k(t) \leqslant \Delta P_k^{u,\max}(t), & \Delta P(t) \geqslant 0 \\ 0 \leqslant \Delta P_k(t) \leqslant \Delta P_k^{d,\max}(t), & \Delta P(t) < 0 \end{cases} \quad (4\text{-}42)$$

$$(1-\gamma)|\Delta P(t)| \leqslant \sum_k \Delta P_k(t) \leqslant (1+\gamma)|\Delta P(t)| \quad (4\text{-}43)$$

构建以式（4-36）~式（4-39）为目标函数、式（4-42）~式（4-43）为约束条件的二次凸优化模型，可求解得到分配至每个集群的功率偏差，并按式（4-44）进行正负性的还原，最后可求得每个集群的功率偏差 $\Delta P'_k(t)$。

$$\Delta P'_k(t) = \begin{cases} \Delta P_k(t), & \Delta P(t) \geqslant 0 \\ -\Delta P_k(t), & \Delta P(t) < 0 \end{cases}, \quad t \in [t_{\text{now}}, t_{\text{now}} + H] \quad (4\text{-}44)$$

需要说明的是，规划模型可能存在无解的情况，这是由于集群可调容量不足够支撑总功率偏差。因此出现某时段无解时，直接将功率偏差根据总偏差功率的正负性，赋值为备用容量，如下所示：

$$\Delta P'_k(t) = \begin{cases} \Delta P_k^{u,\max}(t), & \Delta P(t) \geqslant 0 \\ -\Delta P_k^{d,\max}(t), & \Delta P(t) < 0 \end{cases}, \quad t = t_{\text{DNE}} \quad (4\text{-}45)$$

式中，t_{DNE} 为求解不成功的时刻。

2. 第二层功率分解

针对各集群的充电桩，采用二次规划的方式优化电动汽车的功率调整量，优化变量是每个电动汽车的偏差功率 $\Delta P_i(t)$。此层分解需考虑该充电桩连接的每辆电动汽车调控的优先级和单车前后功率差值，从而达到目标功率的跟踪。

在此控制流程中，最重要的控制目标应该是将该集群内的电动汽车总功率与分配至集群的功率偏差最小。因此构建如式（4-46）所示的二次项目标函数，由于两者做差需要考虑正负性的影响，因此将功率偏差的平方项作为目标函数。

$$\min f_k^{\text{err}}(t) = \left(\Delta P'_k(t) - \sum_{i \in U_k} \Delta P_i(t)\right)^2 \quad (4\text{-}46)$$

在规划弹性需求的电动汽车实时充电功率时，不仅需要跟踪整体功率，对于每辆电动汽车而言，当前的 SOC 和离网时间都不同，当 SOC 越低或当前时间越接近离网时间时，都需要增大此辆车的充电功率，以保证其能以预期 SOC 离网，完成充电。

在本模型中，优先级系数越小，充电优先级越高，功率调整量的绝对值越大，优先分配功率。优先级系数分为两部分，分别为 SOC 评估和当前时间评估，并将其按一定系数进行聚合，如式（4-47）~式（4-49）所示：

$$\omega_i(t) = \beta^{\text{SOC}} \omega_i^{\text{SOC}}(t) + \beta^{\text{Time}} \omega_i^{\text{Time}}(t) \quad (4\text{-}47)$$

$$\omega_i^{\text{SOC}}(t) = \begin{cases} \min\left(\dfrac{1}{S_i^{\text{pre}}(t)}, \dfrac{1}{\beta^{\text{SOC}}}\right), & \Delta P_k'(t) \leq 0 \\ \min\left(\dfrac{1}{1.1 - S_i^{\text{pre}}(t)}, \dfrac{1}{\beta^{\text{SOC}}}\right), & \Delta P_k'(t) > 0 \end{cases} \quad (4\text{-}48)$$

$$\omega_i^{\text{Time}}(t) = \min\left(\dfrac{1}{t_i^{\text{dep}} - t}, \dfrac{1}{\beta^{\text{Time}}}\right) \quad (4\text{-}49)$$

式中，$\omega_i(t)$ 为第 i 辆车调控的优先级系数；$\omega_i^{\text{SOC}}(t)$ 为 SOC 优先级系数；$\omega_i^{\text{Time}}(t)$ 为时间优先级系数；β^{SOC} 与 β^{Time} 分别为 SOC 和时间优先级的权重系数，设置为常数。

式（4-47）表示优先级系数均与 SOC 和时间优先级系数有关，可通过改变参量设置两个变量对优先级系数的影响程度。

式（4-48）表示 SOC 优先级的构建方法。由于在规划的过程中，需要考虑未来时刻的影响。当 $\Delta P_k'(t) \leq 0$ 时，表示电动汽车需要在预测功率基础上减小充电功率，优先使 SOC 大的电动汽车少充电，分配更多的充电功率减少量，即功率调整量的绝对值越大。若此时 SOC 越多，充电优先级越高，优先级系数越低，因此构建 $S_i^{\text{pre}}(t)$ 倒数的函数。当 $\Delta P_k'(t) > 0$ 时，则相反，优先使 SOC 小的电动汽车分配更多的充电功率增加量。若此时 SOC 越少，充电优先级越高，优先级系数越低，构建 $1.1 - S_i^{\text{pre}}(t)$ 的倒数作为此时优先级系数的函数。若分母为 $1 - S_i^{\text{pre}}(t)$ 则会存在分母为 0 的情况，因此留有 10% 裕度，将 1 放大到 1.1。限制优先级系数的最大值为 $1/\beta^{\text{SOC}}$，避免出现过大的情况。

式（4-49）表示采用当前时间和离网时间对优先级系数评估。当前时间越接近电动汽车离网时间时，电动汽车的不确定性更大，为了更好地实现控制，则降低这类电动汽车控制的优先级，其优先级系数越大。同样，也限制优先级系数的最大值为 $1/\beta^{\text{Time}}$，则 $\omega_i(t)$ 的取值范围为 [0，2]。

以优先调控 SOC 不足和当前时间距离网稍远的车辆为优化目标，加入优先级系数，构建如式（4-50）的目标函数，考虑功率偏差的正负性和整个目标函数的统一，仍然选用平方项。

$$\min f_k^{\text{pry}}(t) = \sum_{i \in U_e \cap U_k} (\omega_i(t) \Delta P_i(t))^2 \quad (4\text{-}50)$$

考虑每辆车前后功率差值不宜过大，因此构建相应的目标函数，如式（4-51）所示。其中，$P_i^{\text{pre}}(t) + \Delta P_i(t)$ 表示 t 时段应执行的功率，尽可能保证其与上一时刻的充电功率接近。

$$\min f_k^{\text{res}}(t) = \sum_{i \in U_k} (P_i^{\text{pre}}(t) + \Delta P_i(t) - P_i^{\text{res}}(t-1))^2 \quad (4\text{-}51)$$

滚动优化部分优化电动汽车的功率调整量，从而达到目标功率的跟踪，同时优化的过程需考虑调度的优先级。优化的结果不仅有当前时段的控制指令，还包含未来的控制指令，但仅仅执行当前的控制指令。

将式（4-46）、式（4-50）和式（4-51）表示的目标函数按一定系数相结合，即可得到总目标函数，如下所示：

$$\min \sum_{t=t_{\text{now}}}^{t_{\text{now}}+H} (\alpha^{\text{err}} f_k^{\text{err}}(t) + \alpha^{\text{pry}} f_k^{\text{pry}}(t) + \alpha^{\text{res}} f_k^{\text{res}}(t)) \quad (4\text{-}52)$$

式中，α^{err} 为对功率偏差目标函数的系数；α^{pry} 为对电动汽车调控优先级目标函数的系数；α^{res} 为对电动汽车前后执行偏差目标函数的系数。

约束条件如式（4-53）所示，功率调整量在可调备用容量之间。在实时需求预测和可调容量预测中，都对当前 SOC 进行了约束，反映在了预测功率和下备用容量中，因此在此处规划中，无需对 SOC 进行约束，提高了模型的求解速度。

$$-P_i^{\text{d,max}}(t) \leq \Delta P_i(t) \leq P_i^{\text{u,max}}(t) \quad (4\text{-}53)$$

根据以式（4-52）为目标函数、以式（4-53）为约束条件二次规划模型的求解结果，求得每辆车的功率偏差，则每辆电动汽车下发功率计算如下所示：

$$P_i^{\text{tar}}(t_{\text{now}}) = P_i^{\text{pre}}(t_{\text{now}}) + \Delta P_i(t_{\text{now}}) \quad (4\text{-}54)$$

由于充电桩的个体差异，无法保证实际执行的功率与模型输出的下发功率完全相同，导致功率存在偏差，因此需要加入反馈校正的环节。当执行功率偏差超过误差允许范围时，进行下一时间尺度的优化，继续分配该功率偏差。

充电计划下发后，需要对下一时段的电动汽车 SOC 进行更新。SOC 更新公式如下所示：

$$S_i(t_{\text{now}}+1) = \begin{cases} S_i(t_{\text{now}}) + \eta P_i^{\text{res}}(t) \dfrac{\Delta t}{E_i}, & t_{\text{now}}+1 \in (t_i^{\text{arr}}, t_i^{\text{dep}}) \\ S_i^{\text{ini}}, & t_{\text{now}}+1 = t_i^{\text{arr}} \\ 0, & t_{\text{now}}+1 \notin [t_i^{\text{arr}}, t_i^{\text{dep}}] \end{cases} \quad (4\text{-}55)$$

至此，已经完成当前时段的优化过程，并且更新了下一时段的 SOC；将 $t_{\text{now}}+1$ 作为下一时段的 t_{now}，继续重复 4.3.1~4.3.3 节的算法，便可实现每个时段的实时滚动优化，不断循环，直至达到最末时段，循环终止。

4.3.4 算例分析

1. 基础参数设置

为了验证控制算法的准确性且使用适用大规模集群的调控，选用 1000 辆车、

第4章 电动汽车参与电网调峰辅助服务机制与方法

12个集群、两天的算例,时间尺度设置为15min,滚动优化时段为1h。使用Python编程进行验证,线性规划部分使用ortools的SCIP求解器求解,二次规划部分使用GUROBI求解器求解。控制模型的基本参数见表4-7。需要注意的是设置控制误差应该比考核要求误差略低,这样就能顾及求解速度和调控精度。例如要求误差为15%,则设置误差为10%。

表4-7 控制模型的基本参数

变 量	符 号	取 值
预计SOC	S^{exp}	0.95
充电效率	η	0.95
第一层分解目标函数系数	$[\lambda^{acc}, \lambda^{cost}]$	[1, 0.5]
优先级系数构建系数	$[\beta^{SOC}, \beta^{Time}]$	[0.05, 0.05]
第二层分解目标函数系数	$[\alpha^{err}, \alpha^{pry}, \alpha^{res}]$	[1, 0.1, 0.5]
设置控制误差	γ	10%

假设电动汽车接入有序桩、公共桩、私人桩进行充电,控制模型中电动汽车充电行为相关参数见表4-8。

表4-8 控制模型中电动汽车充电行为相关参数

种 类	充电场景	数 量	入网时间	离网时间	初始SOC
有序	夜间充电	560	N(19:00, 2.5h)	N(8:00, 1.25h)	N(0.3, 0.08)
	白天充电	140	N(10:00, 1h)	N(18:00, 1h)	
公共	白天充电	150	N(10:00, 2h)	N(14:00, 1h)	
私人	下午充电	150	N(16:00, 3h)	N(9:00, 1.25h)	

由于目前缺失大规模集群的相关数据,无法进行聚类,因此通过正态分布和一定范围内的随机数构建集群相关参数,并给每个集群赋予id。为了方便控制每个集群均仅属于一种充电桩,在该算例中,控制模型中的集群设置参数见表4-9。

表4-9 控制模型中的集群设置参数

参 数	变 量	取 值
集群内车辆数量	n_k	N(90, 20)
响应精度	K_k^{acc}	[0.9, 1.3]范围随机数
内部充电桩能否线性拟合	0-1	能拟合集群占集群数的2/3
调控成本参数1	$b_{k,0}$	[1, 1.5]范围随机数
调控成本参数2	$b_{k,1}$	[1, 1.5]范围随机数

经过上述参数设计，控制模型算例中的电动汽车入离网信息参数示意图如图 4-13 所示。

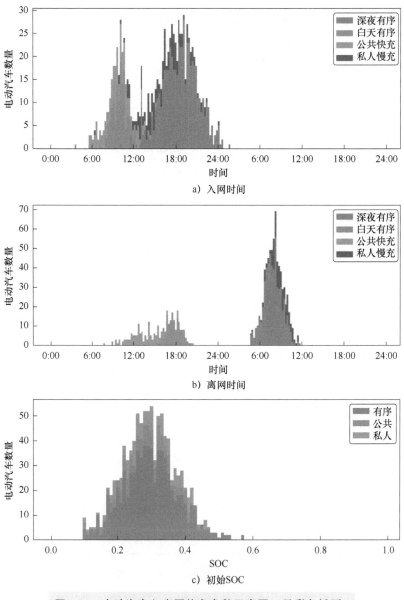

图 4-13 电动汽车入离网信息参数示意图（见彩色插页）

2. 整体功率跟踪情况

根据 4.2 节中对四种神经网络预测模型的结果分析，BiLSTM 模型的预测效果最佳，因此使用该模型的预测结果作为实时功率控制的跟踪目标。同时，为了侧面验证日前功率计划制定对控制效果的影响，且检验控制模型对不同日前功率目标的跟踪效果，也选取使用日内电动汽车相关入离网信息进行日前计划的制定，得到该日的跟踪目标。

以这两种功率曲线分别作为跟踪目标，进行实时滚动优化控制，调控考核误差为 15%，可得到控制曲线分别如图 4-14 和图 4-15 所示。

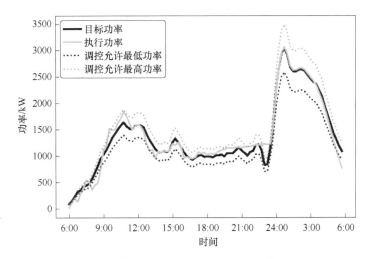

图 4-14 以预测模型制定的功率曲线为目标的控制曲线

由图 4-14 可见，执行功率在下午时段和夜晚时段对目标功率的拟合效果最佳，尤其是夜晚调峰时段，几乎接近目标功率。由于预测模型针对 10:00 之前的功率曲线精度较差，且该时段入网的车辆大多数为公共桩刚性车辆，充电功率大且可调范围小，无法达到目标功率，但是此时段不属于调峰时段，因此对收益影响不大。

由图 4-15 可见，使用以调峰收益最大化制定的功率曲线为目标的跟踪效果更好。执行功率与目标功率较接近，在下午时段功率有所波动，这是由于充电桩执行功率有所偏差，经过控制后在后续时段平抑了这些波动。

为了分析针对预测功率的滚动优化控制效果，绘制含预测功率和功率可调上下限的功率曲线如图 4-16 和图 4-17 所示。

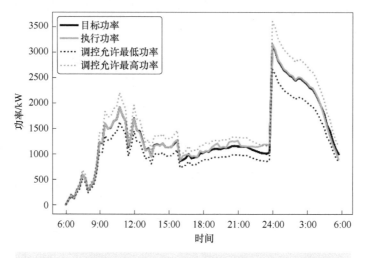

图 4-15 以调峰收益最大化制定的功率曲线为目标的控制曲线

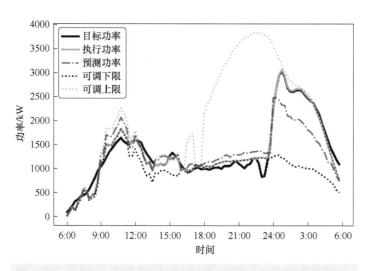

图 4-16 含可调上下限的以预测模型功率曲线为目标的跟踪情况

由图 4-16 可见，在 24:00 后，预测功率与目标功率有较大的偏差，但是执行功率贴近目标功率，体现出备用容量和滚动优化对功率的修正作用。其中，可调上下限会出现接近预测功率的情况，这是由于预测功率达到调控精度后，不进行后续控制，不计算可调上下限。在 10:00 前，由于大多数为刚性需求车辆，受备用容量的限制，执行功率无法跟踪目标功率。在 12:00—14:00 中，受可调上限限制，在 16:00—23:00，受可调下限限制，仅按可调容量范围进行控制。

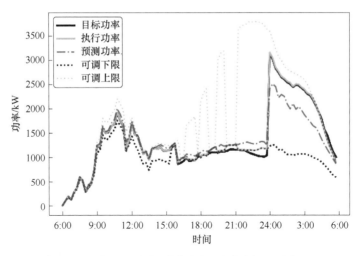

图 4-17　含上下备用的以调峰收益最大化功率曲线为目标的跟踪情况

由图 4-17 可见，在 24:00—6:00，滚动优化控制过程对预测结果的修正是显著的。在 18:00—21:00 的部分时段，由于预测功率已符合调控精度，不对其进行控制，因此备用容量为 0，功率有小幅度的波动。在 21:00—24:00，受可调下限的影响，执行功率无法降低至目标功率。

为清晰展示功率误差情况，绘制误差曲线如图 4-18 和图 4-19 所示。图中分别展示了预测功率与目标功率的偏差和经控制后执行功率与目标功率的偏差。

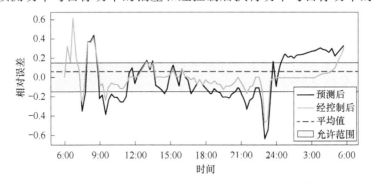

图 4-18　以预测模型功率曲线为目标的误差曲线

由图 4-18 可得，控制过程对误差的减少有显著影响，在检测滚动优化预测时段有误差时，立即提前开始控制过程，尽可能减少误差。但是受备用容量的影响，有些时段的误差还是超过了允许范围，这是不可避免的。

由图 4-19 可得，大部分的时段均达到考核目标，小部分时段受备用容量的限制，无法跟踪目标曲线。在两种目标功率下控制模型的误差见表 4-10。

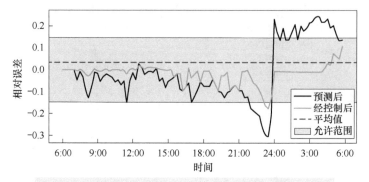

图 4-19 以调峰收益最大化功率曲线为目标的误差曲线

表 4-10 在两种目标功率下控制模型的误差

误差	预测模型为目标	收益最大化为目标
预测相对误差（%）	19.864399	10.524247
执行相对误差（%）	9.086137	2.751086
控制精度（%）	90.913863	97.248914
相对误差小于5%的时段占比（%）	48.958333	80.208333
相对误差小于10%的时段占比（%）	71.875	94.791667
相对误差小于15%的时段占比（%）	82.291667	97.916667

由表可见，两种情况下的功率控制精度均达到90%以上，符合控制要求，在调峰收益时段内，控制精度均符合要求。以调峰收益最大化为控制目标的控制精度甚至达到了97%以上，跟踪效果较好。

为检验大规模电动汽车的控制效果，1万辆电动汽车功率跟踪曲线如图4-20所示。

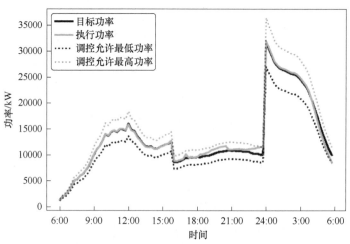

图 4-20 1万辆电动汽车功率跟踪曲线

在控制过程中，预测的误差为10.749376%，经控制后的误差为2.948188%，可见控制过程对功率偏差起了重要的矫正作用，所有时段均符合市场考核要求，调控精度为97.051812%。1万辆电动汽车的控制误差如图4-21所示。

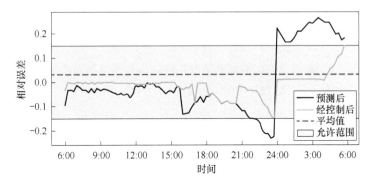

图4-21　1万辆电动汽车的控制误差

4.4　思考题

1. 请简述电动汽车虚拟电厂参与调峰辅助服务基本策略及运行机制。
2. 多类型电动汽车参与电网调峰辅助服务的特点及优势是什么？请简述建模流程。
3. 模型预测控制算法的优势在哪里？

参考文献

[1] 齐彩娟，张泽龙，吕干云，等．计及用户行为决策的电动汽车负荷时空分布建模［J］．南方电网技术，2023（10）：170-177．

[2] 关于印发《江苏电力市场用户可调负荷参与辅助服务市场交易规则（试行）》的通知［EB/OL］．（2020-12-01）［2023-06-07］．http：//jsb.nea.gov.cn/news/2020-11/20201110100742.htm．

[3] 浙江能源监管办关于浙江省第三方独立主体参与电力辅助服务有关事项的通知-国家能源局浙江监管办公室［EB/OL］．［2023-06-07］．https：//zjb.nea.gov.cn/scjg1/8970.jhtml．

[4] 国家能源局华北监管局［EB/OL］．［2023-06-07］．http：//hbj.nea.gov.cn/adminContent/initViewContent.do？pk=00000000764722690l764c4e28ae0011．

[5] 房宇轩，胡俊杰，马文帅．计及用户意愿的电动汽车聚合商主从博弈优化调度策略［J/OL］．电工技术学报，（2023-09-14）［2024-04-13］．https：//doi.org/10.19595/j.cnki.1000-

6753. tces. 230923.

[6] 马文帅，胡俊杰，房宇轩，等．电动汽车用户参与调控意愿的多代理表征与可信容量量化［J］．电力系统自动化，2023，47（18）：122-131.

[7] ZHOU H，ZHOU Y，HU J，et al. LSTM-based energy management for electric vehicle charging in commercial-building prosumers［J］. Journal of Modern Power Systems and Clean Energy，2021，9（05）：1205-1216.

[8] 胡寰宇，艾欣，胡俊杰，等．考虑电动汽车移动储能特性的智能楼宇群能量管理方法［J］．电力自动化设备，2022，42（10）：227-235.

[9] WU Z，HU J，AI X，et al. Data-driven approaches for optimizing EV aggregator power profile in energy and reserve market［J］. International Journal of Electrical Power & Energy Systems，2021，129：106808.

[10] 胡俊杰，马文帅，薛禹胜，等．基于 CPSSE 框架的电动汽车聚合商备用容量量化［J］．电力系统自动化，2022，46（18）：46-54.

第 5 章 电动汽车参与调频辅助服务机制与方法

电力系统频率调整是指为了使电力系统频率的变动保持在允许偏差范围内而对发电机组有功出力进行的调整，是保证供电质量的一项重要措施。随着国内辅助服务市场规则的日渐完善，储能装置、电动汽车（充电桩）、负荷侧调节资源、负荷聚合商、虚拟电厂、抽水蓄能电站等第三方独立主体应满足相应的准入条件，在交易机构完成注册后，可参与电力辅助市场交易，提供调频辅助服务。调频包括一次调频和二次调频，一次调频是指电力系统频率偏离目标频率时，第三方独立主体通过自动控制装置，调整有功出力减少频率偏差所提供的服务；二次调频是指第三方独立主体跟踪电力调度指令，按照一定的调节速率实时调整用电功率，以满足电力系统频率和联络线功率控制要求的服务。

本章将重点介绍在调频辅助服务市场规则下，电动汽车聚合商参与电网二次调频辅助服务的系统框架及运行机制，优化调度模型构建及算例仿真。

5.1 电动汽车参与调频辅助服务市场政策

随着我国电力市场建设的快速推进，以中长期市场、电力现货市场和辅助服务市场为构架的电力市场体系逐步形成，江苏、广东等多地先后出台了调频辅助服务市场交易实施细则，允许第三方主体汇集总量达到一定规模的需求侧响应资源参与调频市场交易[1]。2018 年，山西调频辅助服务市场进入正式运行[2]；山东、福建、广东调频辅助服务市场启动试运行[3]。2019 年，甘肃、四川调频辅助服务市场进入试运行。2020 年 4 月，福建调频辅助服务市场转入正式运行，7 月江苏调频辅助服务市场启动试运行，蒙西完成现货电能量市场与调频辅助服务市场联合调电试运行，8月南方（以广东起步）电力现货市场启动全月结算试运行，10月云南调频辅助服务市场模拟试运行。2021年1月，全国首个区域调频辅助服务市场——南方区域调频辅助服务市场正式启动试运行，4月南方区域调频辅助服务市场开启结算试运行，5月南方区域调频辅助服务市场出具了首份结算依据，标志着首月结算试运行圆满完成。2022年1月，国家发展改革委、国家能源局发布《关于加快建设全国统一电力市场体系的指导意见》，推动建立健全调频、备用等辅助服务市场。国内部分地区调频市场规则见表5-1。

表5-1 国内部分地区调频市场规则

地区	交易模式	出清规则	计量与结算
广东	以调频里程和调频容量为交易标的。调频市场交易组织采用日前报价、日内集中统一出清的模式。发电企业在日前对发电单元进行运行日的调频容量和里程价格申报，并将申报信息封存到实际运行日，实际运行日以小时为周期集中统一出清	1. 根据各发电单元的调频里程排序价格，从低到高依次进行出清，直至中标发电单元调频容量总和满足控制区及分布区调频容量需求值 2. 当发电单元排序价格相同时，优先出清综合调频性能指标高的发电单元	以最近8个中标小时为考核统计周期对发电单元进行考核，计算综合调频性能指标；调频里程和调频容量采用按日统计、按月进行结算，其中调频里程以1h为一个计费周期
湖北	调频辅助服务市场采用"日前报价预出清、日内滚动出清"的组织方式开展，日前申报信息封存到运行日，运行日以1h为一个交易时段，每个交易时段集中出清	当调频资源的排序价格相同时，优先出清综合调频性能指标高的调频资源；当调频资源的排序价格与综合调频性能指标均相同时，优先出清标准调频容量大的调频资源；当边际调频资源不止一个时，按标准调频容量大小比例确定每个调频资源的中标容量	以天为考核统计周期对发电单元进行考核，计算综合调频性能指标；调频里程和调频容量采用按日统计、按月进行结算，其中调频里程以15min为一个计费周期
江苏	电力调频辅助服务市场原则上采用按周组织报价、日前预出清、日内调用方式。储能电站、辅助服务提供商只申报是否参与市场，若参与市场，参照市场最高成交（PM），按照KM*PM价格予以出清。补偿标准KM值由江苏能源监管办会同省发展改革委（能源局）确定后通过调度机构发布	日前预出清根据"七日综合调频性能指标/调频报价"由高到低进行排序（同等条件调节范围大、申报时间早者优先），按照"按需调用、按序调用"原则预出清，直至中标机组调频容量总和满足次日最大调频需求容量	以天为考核统计周期对发电单元进行考核，计算综合调频性能指标；调频里程和调频容量采用按日统计、按月进行结算，其中调频里程以1h为一个计费周期

（续）

地区	交易模式	出清规则	计量与结算
蒙西	调频辅助服务市场采用"日前报价、日内集中出清"的组织方式开展，日前申报信息封存到运行日，运行日4h为一个交易时段，每个交易时段集中出清	当调频资源的排序价格相同时，优先出清综合调频性能指标高的调频资源；当调频资源的排序价格与综合调频性能指标均相同时，优先出清标准调频容量大的调频资源；当边际调频资源不止一个时，按标准调频容量大小比例确定每个调频资源的中标容量	以最近7个在网运行日为考核统计周期对发电单元进行考核，计算综合调频性能指标；调频里程和调频容量采用按日统计、按月进行结算，其中调频里程以4h为一个计费周期
市场规则总结	采用"日前报价、日内集中出清"的组织方式开展，日前申报信息封存到运行日，交易时段时长各市场存在差异，存在1h、4h等多种情况	多先采用价格由高到低进行排序，当排序价格相同时，优先出清综合调频性能指标高的调频资源，当排序价格与综合调频性能指标均相同时，优先出清标准调频容量大的调频资源，直至中标机组调频容量总和满足次日最大调频需求容量	各市场采用不同的考核统计周期对发电单元进行考核，计算综合调频性能指标；调频里程和调频容量多采用按日统计、按月进行结算，其中调频里程多以对应的交易时段时长作为计费周期

国外方面，1998年4月，美国加利福尼亚州开始实行电力市场，由加州独立系统运营商（California Independent System Operator，CAISO）负责辅助服务市场的运行，提供包括调频备用在内的四种产品[4]。2009年，加利福尼亚州将日前市场与辅助服务市场等集合成一个统一优化的市场。2016年，加利福尼亚州CAISO在实时市场引入了一种新的辅助服务产品"灵活爬坡产品"，以应对新能源发电出力的不确定性，至此，加利福尼亚州的电力市场趋于成熟。2020年10月，英国国家电网出台DC（Dynamic Containment，动态遏制）服务。2022年4月，英国国家电网又推出了两项新的类似DC的辅助服务市场[5]：DR（Dynamic Regulation，动态调节）服务和DM（Dynamic Moderation，动态稳定）服务，DC、DR和DM服务市场同时竞拍，同时出清。同一机组无法同时提供这三个服务，但可在不同时段申报不同服务类型。

基于调频辅助服务市场规则，本节构建的电动汽车聚合商参与能量市场与调频辅助服务市场系统框架如图5-1所示。该框架主要由电网、电动汽车聚合商、电动汽车用户三部分组成，三者利用信息技术实现分层管理。在该框架中，电动汽车与电网通过充电桩进行功率交换，接入充电桩后电动汽车实时状态数据将自动采集并上传。同时，电动汽车用户可通过充电程序上报用车需求（预计充电时长、期望离网电量等），并在与运营商签订的充电合约等多重因素影响下决定是否接受运营商调控参与电网互动。聚合商汇聚其代理区域内电动汽车车辆以及用户参与调控意愿信息，并根据参与调控意愿可将电动汽车分为接受调控集群与不接受调控集群。聚合商根据不同集群签署的合约，结合电网运行需求与自身利益对电动汽车进行充放电计划优化，向电网提供调频辅助服务。电网调度中心通过计算机数据通信协调确定电网之间的联络线潮流和运行方式，监视、统计和分析电网的运营状况，负责整个系统的调度运行[6]。

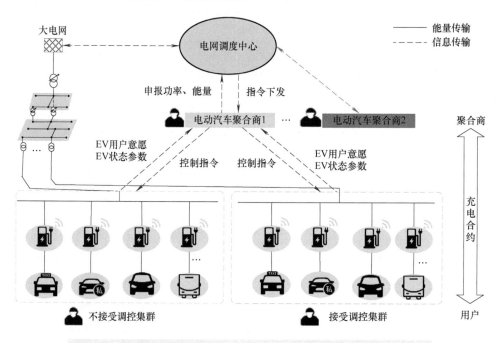

图 5-1　电动汽车聚合商参与能量市场与调频辅助服务市场系统框架

电动汽车聚合商参与能量市场与调频辅助服务市场的运行机制与基本策略如图 5-2 所示。在日前阶段，电网调度中心公布次日各时段的电网调频需求及报价范围，聚合商根据历史参与调控的集群电动汽车规模及市场价格信息，更新其每 1h 的调频容量，以聚合商利益最大化为目标，进行日前能量、调频辅助服务市场容量和调频里程价格申报，电网调度中心经过安全校核后进行日前预出清[7]。在实时阶段，电网调度中心根据日前预出清结果和电力系统的实际功率偏差进行日内正式出清，将各时段的调频中标容量下发给各聚合商，聚合商实时响应调频指令。聚合商每 5min 对其代理区域内的电动汽车运行状态等信息进行整合，计算调频里程和历史性能指标并反馈给电网调度中心,调度中心根据机组运行实际情况以 2~10s 为间隔实时修正下发给聚合商的调频功率指令。同时,在实际运行时,聚合商根据收到的调频功率指令,结合电动汽车信息状态以及用户意愿情况分配调控需求,在满足用户充电需求的前提下,将调频指令分解至各充电桩,对单辆电动汽车进行直接控制和管理完成调频响应过程。

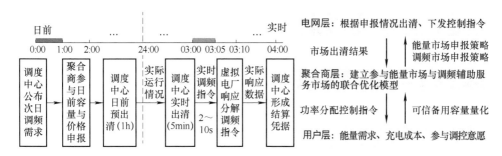

图 5-2 电动汽车聚合商参与能量市场与调频辅助服务市场的运行机制与基本策略

5.2 计及不确定性的电动汽车联合优化调度模型

5.2.1 不确定性分析

电力市场的不确定性因素包括市场价格、调频需求等[8]。聚合商参与能量市场与调频辅助服务市场时,市场电价包括能量市场的能量电价、调频辅助服务市场调频容量价格和里程价格。调频需求的不确定性,在电力调度中心下发的调频信号中体现,在美国 PJM 调频辅助服务市场中,调频辅助服务按照资源响应时间的快慢可以分为传统的调频响应类型以及能够快速响应并达到指定出力的动态调频响应类型。据统计分析,PJM 市场中下发的调频信号(Dynamic regulation signal,RegD)具有一定的稳定性,其均值、方差及概率密度函数分布不随季节变化。对于市场价格的不确定性,本节基于 2022 年全年 PJM-RTO 市场真实市场数据,通过手肘法与轮廓系数法确定最佳聚类数,采用 K-means 算法进行场景削减,构成电力市场价格场景合集。

EV 用户的不确定性因素有 EV 入网与离网时间、入网初始 SOC、离网 SOC 以及用户参与调控的意愿等。本书在第 2 章中对不同类型的电动汽车出行规律以及充电特性进行了分析,本节根据出行规律采用蒙特卡洛模拟 EV 出行行为。在聚合商对 EV 集中管理的运营模式下，EV 用户向聚合商上报自身需求，两者通过签订固定合约达成充电协议。EV 用户充电时间不受聚合商限制，聚合商在电量充满前的每个调控周期都至少冲入预先约定的保底电量，防止功率的持续调整而造成离网电量不足问题。同时，以入网 SOC、离网期望 SOC、在网时长、调控补偿为特征因素，构建 EV 用户心理行为集合 $F_j = \{S_j^{arr}, S_j^{dep}, T_j, \beta\}$，采用式（5-1）对 EV 用户参与调控意愿模拟判定，当实际情况下所有条件均能符合用户心理预期时，则判定该用户愿意接受聚合商调控。考虑到用户参与调控意愿的不同，本节对不接受调控的用户采用无序充电方式，对于接受调控的用户在满足保底电量的基础上采用有序充放电模式进行调控。

$$w_j = \begin{cases} 1, & M_j \geq F_j \\ 0, & 其他 \end{cases} \quad (5-1)$$

式中，w_j 为用户意愿状态，$w_j = 1$ 则表示用户愿意接受调控，$w_j = 0$ 则表示用户不愿意接受调控；M_j 为各项特征因素实际值集合；$M_j \geq F_j$ 表示 EV 各项特征因素实际值均满足该用户接受调控的各项因素心理阈值，此时该 EV 用户愿意接受调控。

5.2.2 联合优化调度模型

1. 目标函数

考虑到市场价格、调频信号与 EV 用户行为的不确定性，本节以不同场景下电动汽车聚合商的收益期望最大为目标[9]，建立目标函数为

$$\max \sum_{s=1}^{S} \sum_{t=1}^{T} \lambda_s (I_{s,t}^{rev} + I_{s,t}^{eng,s} - I_{s,t}^{eng}) \quad (5-2)$$

式中，s 为场景编号，共有 S 种随机场景；λ_s 为第 s 个场景发生的概率；t 为时段编号，每 1h 为一个时段；T 为时段总数，全天共 24 个时段；$I_{s,t}^{rev}$、$I_{s,t}^{eng,s}$、$I_{s,t}^{eng}$ 分别为第 s 个场景下第 t 个时段的聚合商参与调频辅助服务市场收益、聚合商售电收益以及聚合商购电成本，计算方式如下所述。

（1）调频市场收益

聚合商参与调频辅助服务市场的收益仅由接受调控的电动汽车集群提供，收益包括调频市场容量收益和调频里程收益，如下所示：

$$I_{s,t}^{rev} = I_{s,t}^{rev,cap} + I_{s,t}^{rev,mil} \quad (5-3)$$

$$I_{s,t}^{rev,cap} = \sum_{m=1}^{N_m} \pi_{s,t}^{reg,cap}(R_{s,m,t}^{up} + R_{s,m,t}^{dn})\eta_{s,m,t}^{r} \quad (5-4)$$

$$I_{s,t}^{\text{rev,mil}} = \sum_{m=1}^{N_m} \pi_{s,t}^{\text{reg,mil}} M_{s,m,t} \eta_{s,m,t}^{\text{r}} \tag{5-5}$$

式中，$I_{s,t}^{\text{rev,cap}}$、$I_{s,t}^{\text{rev,mil}}$分别为第 s 个场景下第 t 个时段的调频市场容量收益、调频里程收益；N_m 为愿意参与聚合商调控的电动汽车集群；$\pi_{s,t}^{\text{reg,cap}}$、$\pi_{s,t}^{\text{reg,mil}}$分别为调频市场容量价格、里程价格；$R_{s,m,t}^{\text{up}}$、$R_{s,m,t}^{\text{dn}}$分别为车辆 m 在第 t 个时段提供的上、下调频容量，为待优化变量；$M_{s,m,t}$ 为第 t 个时段调频里程，计算公式为

$$M_{s,m,t} = \sum_{\tau \in \Gamma_t} |P_{s,m,t,\tau}^{\text{req}} - P_{s,m,t,\tau-1}^{\text{req}}| \tag{5-6}$$

$$= \sum_{\tau \in \Gamma_t} |R_{s,m,t}^{\text{up}}(\delta_{s,\tau}^{\text{up}} - \delta_{s,\tau-1}^{\text{up}}) + R_{s,m,t}^{\text{dn}}(\delta_{s,\tau}^{\text{dn}} - \delta_{s,\tau-1}^{\text{dn}})|$$

$$0 \leqslant \delta_\tau^{\text{up}} \leqslant 1, -1 \leqslant \delta_\tau^{\text{dn}} < 0 \tag{5-7}$$

$$\delta_\tau^{\text{up}} \delta_\tau^{\text{dn}} = 0 \tag{5-8}$$

式中，τ 为实时运行中的时间点，记时段 t 内的全部时刻构成集合为 Γ_t；$P_{s,m,t,\tau}^{\text{req}}$ 为需要响应的调整功率；δ_τ^{up} 和 δ_τ^{dn} 分别为上、下调频信号，具有互斥性。

$\eta_{s,m,t}^{\text{r}}$ 为时段 t 内的运行准确度，表现了参与调频市场的聚合商对调频指令的响应能力，计算公式为

$$\eta_{s,m,t}^{\text{r}} = 1 - \frac{\sum_{\tau \in \Gamma_t} |P_{s,m,t,\tau}^{\text{req}} - P_{s,m,t,\tau}^{\text{res}}|}{\sum_{\tau \in \Gamma_t} |P_{s,m,t,\tau}^{\text{req}}|} \tag{5-9}$$

式中，$P_{s,m,t,\tau}^{\text{res}}$ 为实际响应的调整功率，响应功率 $P_{s,m,t,\tau}^{\text{res}}$ 与需求功率 $P_{s,m,t,\tau}^{\text{req}}$ 越接近，调频准确度越高，当完全响应系统调频需求时，准确度为1。

（2）售电收益

聚合商收取的电动汽车集群的充电服务费用为

$$I_{s,t}^{\text{eng,s}} = \sum_{m=1}^{N_m} (1-\beta) \pi_{s,t}^{\text{eng,sell}} P_{s,m,t} \Delta t + \sum_{n=1}^{N_n} \pi_{s,t}^{\text{eng,sell}} P_{s,n,t} \Delta t \tag{5-10}$$

式中，N_m 为愿意接受调控的集群；N_n 为不愿意接受调控的集群，不接受调控的集群将直接进行无序充电；β 为聚合商调控补偿系数；$\pi_{s,t}^{\text{eng,sell}}$ 为第 s 个场景下第 t 个时段的聚合商充电服务费；$P_{s,m,t}$ 为电动汽车 m 在第 t 个时段的功率；$P_{s,n,t}$ 为电动汽车 n 在第 t 个时段的功率。

（3）购电成本

聚合商向电网支付的购电费用为

$$I_{s,t}^{\text{eng}} = \pi_{s,t}^{\text{eng}} P_{s,t}^{\text{eng,eva}} \Delta t \tag{5-11}$$

$$P_{s,t}^{\text{eng,eva}} = \sum_{m=1}^{N_m} P_{s,m,t} + \sum_{n=1}^{N_n} P_{s,n,t} \tag{5-12}$$

式中，$\pi_{s,t}^{\text{eng}}$ 为第 s 个场景下第 t 个时段的能量市场价格；$P_{s,t}^{\text{eng,eva}}$ 为聚合商在第 t 个时段与电网交易功率。

2. 约束条件

聚合商参与能量市场与调频辅助服务市场运行还需要考虑的约束条件如下所述。

（1）充、放电功率约束

$$-P_t^{\max} \leq P_{s,t} \leq P_t^{\max} \tag{5-13}$$

$$P_t^{\max} = \sum_{j=1}^{N} P_{j,t}^{\max}, t \in [t_j^{\text{arr}}, t_j^{\text{dep}}] \tag{5-14}$$

式中，$P_t^{\max}$ 为聚合商在 t 时刻的最大功率，由此时管辖范围内的所有在网电动汽车集群提供。在本节中假设 EV 充、放电功率最大值一致。

（2）调频容量总约束

在第 t 个时段，聚合商申报的调频容量应小于聚合商可以提供的最大调频容量。

$$0 \leq R_{s,t}^{\text{up}} \leq P_t^{\text{up}} \tag{5-15}$$

$$0 \leq R_{s,t}^{\text{dn}} \leq P_t^{\text{dn}} \tag{5-16}$$

式中，$R_{s,t}^{\text{up}}$、$R_{s,t}^{\text{dn}}$ 分别为第 t 个时段聚合商申报的上、下调频容量；P_t^{up}、P_t^{dn} 分别为聚合商最大可提供上、下调频容量。

（3）EV 容量约束

对于集群中的每辆 EV，在任意时刻其电池容量都需要满足容量约束，同时为了满足用户临时取车等不确定性要求，聚合商必须保证参与调控 EV 的电量始终大于保底电量，且离网时达到其期望电量，其约束如下所示：

$$S_{s,j,t,\tau} = S_{s,j,t,\tau-1} + \left(\eta_j^c + \frac{1}{\eta_j^d}\right)\frac{P_{s,j,t,\tau-1}}{2}\Delta\tau + \left(\eta_j^c - \frac{1}{\eta_j^d}\right)\left|\frac{P_{s,j,t,\tau-1}}{2}\right|\Delta\tau \tag{5-17}$$

$$P_{s,j,t,\tau} = P_{s,j,t}^{\text{eng}} - (\delta_\tau^{\text{up}} R_{s,j,t}^{\text{up}} + \delta_\tau^{\text{dn}} R_{s,j,t}^{\text{dn}}) w_j, \quad \tau \in \Gamma_t \tag{5-18}$$

$$S_j^{\text{base}} \leq S_{s,j,t} \leq S_j^{\max} \tag{5-19}$$

$$S_{s,j,t}^{\text{dep}} \geq S_j^{\text{exp}} \tag{5-20}$$

式中，$S_{s,j,t,\tau}$ 为第 s 个场景下第 τ 个时刻第 j 辆车的荷电状态；$P_{s,j,t,\tau}$ 为第 s 个场景下第 τ 个时刻第 j 辆车的功率；$P_{s,j,t}^{\text{eng}}$ 为 EV 在第 t 时段的功率基点，对于无序充电

车辆即为标准充电功率,对于参与调控车辆则为能量市场申报量,为待优化量;w_j 为用户 j 参与调控的意愿;$R_{s,j,t}^{\text{up}}$、$R_{s,j,t}^{\text{dn}}$ 分别为第 s 个场景下第 t 个时刻第 j 辆车的上调频容量、下调频容量;S_j^{base}、S_j^{exp}、$S_{s,j,t}^{\text{dep}}$ 分别为第 j 辆车的保底荷电状态、期望离网荷电状态以及离网荷电状态。

5.2.3 算例仿真与结果分析

1. 参数设置

本节使用的市场价格及调频信号数据均来自美国 PJM 市场,使用 K-means 方法对 2022 年全年的市场价格数据进行场景聚类,采用手肘法及轮廓系数法对聚类数目进行评估,确定最佳聚类数目为 4,聚类削减后的场景如图 5-3 所示,图 5-3d 所示为 RegD 调频信号。来自特斯拉充电站的充电服务费见表 5-2。采用蒙特卡洛模拟法生成 EV 集群数据,假设私家车电池容量为 50kWh,最大充、放电功率为 7kW,公交车电池容量为 240kWh,最大充、放电功率为 60kW,EV 仿真具体参数见表 5-3。

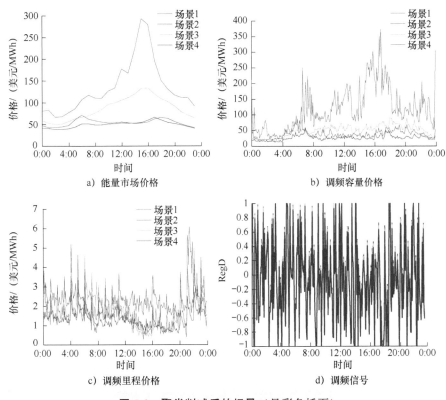

图 5-3 聚类削减后的场景(见彩色插页)

表 5-2 充电服务费

时 段	价格/（美元/kWh）
0:00—11:00	0.29
11:00—21:00	0.58
21:00—0:00	0.29

表 5-3 EV 仿真具体参数

EV 类别	到达时间	离开时间	初始 SOC 分布
私人 EV	$N(19, 1^2)$	$N(8, 1^2)$	$N(0.5, 0.03^2)$
公交车	$N(23, 0.5^2)$	$N(7, 1^2)$	$N(0.4, 0.03^2)$

2. 模型优化调度结果分析

EV 具有快速调节特性，是一种稀缺的优质调频资源。为了探索不同类型 EV 参与日前能量与调频辅助服务市场的优势和特点，本节假设电动汽车完全响应调控指令，在确定电价下，以聚合商单独管理 200 辆私人 EV（方案 1）、单独管理 200 辆公交车（方案 2）、各管理 100 辆车（方案 3）为例，进行聚合商日前申报容量优化结果分析。需要指出的是本节设定的上、下调频申报量均为正数，为了方便实验结果对比与展示，将优化后的下调频申报量表示为负数制图。聚合单种类型 EV 的聚合商优化调度结果如图 5-4 所示。

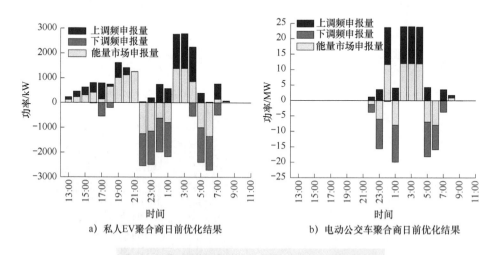

a) 私人 EV 聚合商日前优化结果　　b) 电动公交车聚合商日前优化结果

图 5-4 聚合单种类型 EV 的聚合商优化调度结果

通过图 5-3a 及图 5-4 可以看出，在能量市场申报方面，私人 EV 入网后因为电量较低，聚合商会优先安排电动汽车充电，以满足保底电量的需求后。随着能量市场价格升高,聚合商调整车辆进行放电,以此获得最大利益。当价格再次达到相对低点的 2:00—4:00,聚合商会开启第二次充电计划,以保证 EV 用户离网时满足期望离网电量,本节优化模型可以通过价格引导聚合商日前申报计划的制定,实现"削峰填谷"效果。对于调频容量申报方面,本节采用的是非对称式容量申报,即上报的上调频容量与下调频容量大小不对称相等。因为 EV 功率的限制以及离网电量的约束,聚合商会在能量市场功率基点基础上尽可能上报上、下调频容量,以实现利润最大化。同时,通过图 5-4a 和 b 对比可知,公交车因电池容量大,其可调能力明显大于私人 EV,相比于聚合私人 EV,公交车参与辅助服务市场更具有优势。又因本节假设公交车中午回场后优先满足下午出行需求,入网后快充不参与调控,若公交车参与多时段市场其优势将进一步体现。

图 5-5a 展示了含私人 EV 和公交车的聚合商日前投标优化结果,相较单类型 EV 申报,由两者联合申报可实现多时段、高容量申报。由图 5-5b 可以看出,方案 3 的调频需求量由公交车和私人 EV 共同提供,私人 EV 所提供的调频容量远小于公交车,但由于公交车的可调时间限制,公交车仅能在晚上 22:00 至早上 8:00 左右提供服务,存在一定的局限性。

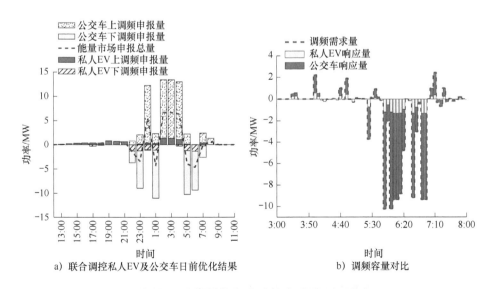

a) 联合调控私人EV及公交车日前优化结果　　b) 调频容量对比

图 5-5　含多类型 EV 的聚合商优化调度结果

总的来说,私人 EV 的入网、离网时间随机性强,可调时间范围广,但其可调容量较小,需要聚合大量资源才能达到市场交易规定容量。电动公交车入网、离网时间相对固定，可调时间较为集中，可调容量大，但无法满足可调时段外的调频需求。聚合商为了获得更大收益，因此考虑多类型灵活资源联合投标。

为了分析用户意愿对优化结果的影响，通过调整调控补偿系数影响用户参与调控意愿，图 5-6 展示了考虑用户意愿前后聚合商上报的私家车集群上调频容量、下调频容量及能量市场申报量结果。假设所有车辆都响应调控的申报结果为图中深色图例所示，通过意愿判断划分调控集群后，聚合商内可提供调频容量的车辆明显减少，若以未计及用户意愿所得结果进行容量上报有可能出现实时调频容量不足，造成无法完全响应从而减少收益的风险。

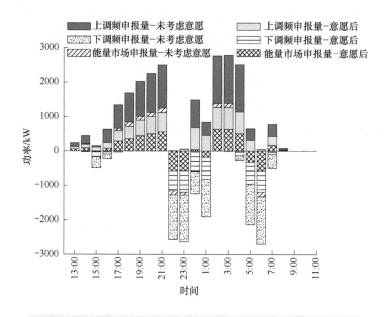

图 5-6　电价场景 1 下考虑用户意愿前后聚合商优化调度结果

不同电价场景下聚合商优化调度结果如图 5-7 所示。聚合商日前优化决策结果与电力市场价格息息相关，因为四个电价场景的趋势大体相同，所以场景下优化申报量的趋势也大体相同，聚合商都是在电价差价最大的时刻申报最大的容量。以场景 1 为例，12:00—16:00 场景 1 的能量市场价格在四个场景里最高，因此它会尽可能减少此时的充电量，在 21:00—23:00 时刻调频市场的收益明显出现涨幅，聚合商会尽可能参与调频市场进行容量申报。

不同调控补偿力度下聚合商参与日前能量市场与调频辅助服务市场的经济效益见表 5-4。随着补偿系数的增加聚合商收益呈现先增后减的趋势，并且在 0.5 时聚合商期望收益最大。由此可知，聚合商通过提供一定的充电服务费折扣可以有效地激励用户参与调控,由此提高聚合商可以调控的备用容量。当补偿系数继续增加时,用户参与调控的意愿达到饱和,聚合商参与调频辅助服务市场的收益已不能覆盖用户充电服务费降低而损失的费用,因此聚合商的期望总收益又呈现下降趋势,所以,聚合商应根据市场实际情况与调频需求设置合理的调控补偿。

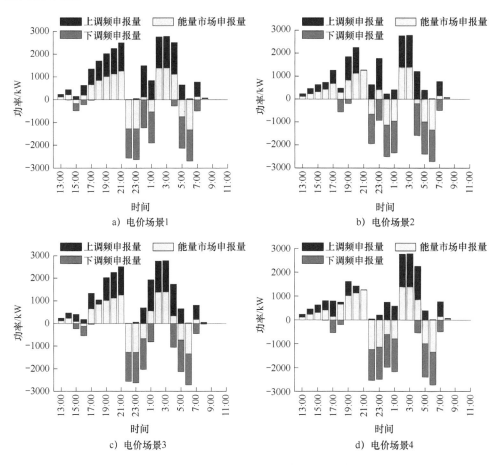

图 5-7 不同电价场景下聚合商优化调度结果

表 5-4 不同调控补偿力度下聚合商参与日前参量市场与调频辅助服务市场的经济效益

补偿系数	期望充电收益/美元	期望购电成本/美元	期望调频收益/美元	期望总收益/美元
0.1	350.53	51.18	31.05	330.40
0.2	900.20	157.57	661.50	1404.13
0.3	1068.50	170.20	692.42	1590.72

(续)

补偿系数	期望充电收益/美元	期望购电成本/美元	期望调频收益/美元	期望总收益/美元
0.4	962.74	198.11	913.74	1678.37
0.5	1100.63	276.70	1440.62	2264.55
0.6	856.23	260.92	1386.75	1982.06
0.7	649.22	261.74	1411.18	1798.66
0.8	406.17	215.81	1425.57	1615.93

5.3 基于深度强化学习的调频功率实时分解方法

在聚合商参与系统调频 AGC 功率实时分配调度方面，目前往往基于优先级排序、凸优化等传统的运筹学方法。优先级排序算法仅考虑当前状态变量，往往导致决策短视问题，同时在具有调频容量补偿机制的电力市场中，聚合商的响应速度与调频性能指标挂钩，从而影响聚合商参与调频的收益结算，这对聚合商功率分配调度模型的求解速度提出了更高的要求。考虑到凸优化方法求解规模随着聚合电动汽车数量的增加而显著提高，若进一步考虑多时间步数序列决策问题，其模型求解规模会进一步上升，难以满足秒级的调频需求，从而影响聚合商参与调频所得收益。针对聚合商面临的目标非线性、决策速度难以满足调频需求、决策易短视等问题，可以将深度强化学习（Deep Reinforcement Learning，DRL）技术引入。

5.3.1 强化学习概述

强化学习是和监督学习、非监督学习并列的第三种机器学习方法，其核心概念如图 5-8 所示。其中的主要角色是智能体（Agent）和环境（Environment），环境是智能体存在和交互的世界。智能体在每一步的交互中，都会获得对于所处环境状态（State）的观测（观测是状态的一个子集），然后依靠某个策略决定下一步要执行的动作（Action）。环境会因为智能体对它的动作而改变，也可能自己改变。智能体也会从环境中感知到奖励（Reward）信号，一个表明当前状态好坏的数字。智

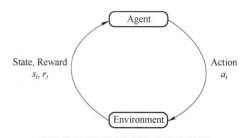

图 5-8 强化学习中的核心概念

能体的目标是最大化累计奖励，即

$$\max R(\tau) = \sum_{t=0}^{\infty} \gamma^t r_t \qquad (5-21)$$

式中，r_t 为每一步获得的奖励；$\gamma \in (0,1)$ 称为折扣因子，表示奖励随时间步数增长衰减的速率；$R(\tau)$ 指代所有可能的情况下奖励的集合。强化学习就是智能体通过学习行为不断修正自身策略来实现目标的方法。

强化学习问题的求解可以理解为如何在每一个状态选择合适的动作从而使个体与环境交互过程中获得的累积奖励最大化。当环境状态是完全可观测时，个体可以通过构建马尔可夫决策过程（Markov Decision Process，MDP）对整个强化学习问题进行描述。但并不是所有的环境状态都是完全可观测的，可以通过个体与环境交互过程中得到的历史数据构建近似的完全可观测环境描述，因此，几乎所有的强化学习问题都可以通过转化作为马尔可夫决策过程进行训练决策。

在一个时序的过程中，若 $t+1$ 时刻个体的状态仅受 t 时刻的状态 S_t 的影响，而与之前的状态都无关联时，则可认为 t 时刻的状态 S_t 存在马尔可夫性。若在一个完整的随机过程中，每个状态都存在马尔可夫性，则可认为该随机过程存在马尔可夫性，进一步地，可将该随机过程称为马尔可夫过程，又可称为马尔可夫链。显然，电动汽车参与调频的过程是一个典型的马尔可夫决策过程，故可采用强化学习的思路构建相关模型实现集群电动汽车参与系统调频功率实时分配的目标。马尔可夫决策过程是由 $\langle S, A, \boldsymbol{P}, \boldsymbol{R}, \gamma \rangle$ 组成的一个元组，其中：

1）S 是一个有限状态集。
2）A 是一个有限动作集。
3）$\boldsymbol{P}$ 是集合中基于行为的状态转移概率矩阵：$\boldsymbol{P}_{ss'}^{a} = E[S_{t+1} | S_t = s, A_t = a]$。
4）$\boldsymbol{R}$ 是基于状态和行为的奖励函数：$\boldsymbol{R}_s^a = E[R_t | S_t = s, A_t = a]$。
5）γ 是一个衰减因子：$\gamma \in [0,1]$。

5.3.2 电动汽车参与调频的马尔可夫决策过程

基于上述内容，建立电动汽车参与调频的马尔可夫决策过程。

（1）状态

状态 s_t 要求为智能体提供足够的环境信息作为决策的参考，同时也要尽可能减少冗余信息对决策的干扰，对任意时刻 τ 的包含 n^2 辆电动汽车的集群，选择每

一辆车的变量 $[\mathrm{SOC}_{\tau,n}, C_n, \Delta t_{\tau,n}, P_{\tau,n}^{\mathrm{up}}, P_{\tau,n}^{\mathrm{dn}}, P_{\tau,n}^{\mathrm{wid}}]$ 和调频功率信号 P_τ^{AGC} 组成集群的状态 s_τ，即

$$s_\tau = \begin{bmatrix} \begin{bmatrix} \mathrm{SOC}_{\tau,1\times1} & \cdots & \mathrm{SOC}_{\tau,1\times n} \\ \vdots & \ddots & \vdots \\ \mathrm{SOC}_{\tau,n\times1} & \cdots & \mathrm{SOC}_{\tau,n\times n} \end{bmatrix} \\ \begin{bmatrix} C_{1\times1} & \cdots & C_{1\times n} \\ \vdots & \ddots & \vdots \\ C_{n\times1} & \cdots & C_{n\times n} \end{bmatrix} \\ \begin{bmatrix} \Delta t_{\tau,1\times1} & \cdots & \Delta t_{\tau,1\times n} \\ \vdots & \ddots & \vdots \\ \Delta t_{\tau,n\times1} & \cdots & \Delta t_{\tau,n\times n} \end{bmatrix} \\ \begin{bmatrix} P_{\tau,1\times1}^{\mathrm{up}} & \cdots & P_{\tau,1\times n}^{\mathrm{up}} \\ \vdots & \ddots & \vdots \\ P_{\tau,n\times1}^{\mathrm{up}} & \cdots & P_{\tau,n\times n}^{\mathrm{up}} \end{bmatrix} \\ \begin{bmatrix} P_{\tau,1\times1}^{\mathrm{dn}} & \cdots & P_{\tau,1\times n}^{\mathrm{dn}} \\ \vdots & \ddots & \vdots \\ P_{\tau,n\times1}^{\mathrm{dn}} & \cdots & P_{\tau,n\times n}^{\mathrm{dn}} \end{bmatrix} \\ \begin{bmatrix} P_{\tau,1\times1}^{\mathrm{wid}} & \cdots & P_{\tau,1\times n}^{\mathrm{wid}} \\ \vdots & \ddots & \vdots \\ P_{\tau,n\times1}^{\mathrm{wid}} & \cdots & P_{\tau,n\times n}^{\mathrm{wid}} \end{bmatrix} \\ \begin{bmatrix} P_\tau^{\mathrm{AGC}} & \cdots & P_\tau^{\mathrm{AGC}} \\ \vdots & \ddots & \vdots \\ P_\tau^{\mathrm{AGC}} & \cdots & P_\tau^{\mathrm{AGC}} \end{bmatrix} \end{bmatrix} \quad (5\text{-}22)$$

式中，$\Delta t_{\tau,n}$ 为第 n 辆电动汽车离开时间的倒计时；$P_{\tau,n}^{\mathrm{wid}}$ 为第 n 辆电动汽车调频区间宽度，为 $P_{\tau,n}^{\mathrm{up}}$ 和 $P_{\tau,n}^{\mathrm{dn}}$ 的差值。故 τ 时刻的状态 s_τ 为 $(n,n,7)$ 的一个矩阵。

（2）动作

动作 a_t 为智能体在状态 s_t 下根据某个策略 $\pi(a_t|s_t)$ 向环境做出的反应，对任意时刻 τ 的包含 n^2 辆电动汽车的集群，选择每一辆车的充电功率 $P_{\tau,n}$ 组成集群

的动作 a_τ，即

$$a_\tau = [P_{\tau,1}, \cdots, P_{\tau,n}, \cdots P_{\tau,n\times n}] \quad (5\text{-}23)$$

式中，若电动汽车处于充电状态则 $P_{\tau,n}>0$，处于放电状态则 $P_{\tau,n}<0$。

（3）策略

本书设置的动作 a_τ 由多个连续的变量组成，这使得难以用一个固定的动作集 A 包含所有可能的动作。这种情况下，策略 $\pi(a_t|s_t)$ 无法直接量化各个动作的价值，因此需要采用基于策略的方法，对策略进行近似表示，此时策略 π 可以被描述为一个包含参数 θ 的函数，即

$$\pi_\theta(a_t|s_t) = P(a_t|s_t,\theta) \approx \pi(a_t|s_t) \quad (5\text{-}24)$$

但这还不足以实现连续动作的决策，还需要引入确定性策略梯度（Deterministic Policy Gradient，DPG）的方法来确定具体的动作。虽然对于同一个状态采取的动作概率不尽相同，但是最大概率最后只会选择一个动作，若不考虑动作的概率分布，直接选择最大概率的动作，就能很简单地找到最优选择，即作为确定性策略，采取相同的策略，处于同一个状态，动作将是唯一确定的，此时策略变成

$$\pi_\theta(s_t) = a_t \quad (5\text{-}25)$$

（4）奖励

由于智能体以价值期望最大为目标进行优化，而价值又是由每一步的奖励累加而成的，故需根据环境特性设置合适的奖励函数，从而引导智能体给出合理的动作。由上节可知，动作直接由策略函数 $\pi_\theta(a_t|s_t)$ 生成，但每辆电动汽车的充放电功率需满足限制条件：

$$P_{\tau,n\times n}^{\text{dn}} \leq P_{\tau,n\times n} \leq P_{\tau,n\times n}^{\text{up}} \quad (5\text{-}26)$$

为保证集群电动汽车跟踪调频功率信号的效果，设计奖励函数 r_τ 为

$$r_\tau = \frac{2}{(\Delta P_\tau+1)^2} - 1 \quad (5\text{-}27)$$

$$\Delta P_\tau = \frac{\left|\sum_i^{n\times n} P_{\tau,i} - P_\tau^{\text{AGC}}\right|}{P_\tau^{\text{AGC}}} \quad (5\text{-}28)$$

式中，ΔP_τ 为 τ 时刻集群电动汽车的充放电功率总和与调频功率信号的误差率，其奖励函数图像如图 5-9 所示，误差率越接近于 0，其奖励越接近于 1。

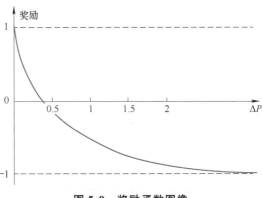

图 5-9　奖励函数图像

5.3.3 基于 CNN 和 DDPG 的调频功率实时分配模型

由于状态 s_t 为高维矩阵和动作 a_t 具有连续性,本书基于"表演家-评论家"（Actor-Critic，AC）思想构建模型。AC 分别由两个神经网络部分构成,策略网络（Actor）基于状态选择动作,估值网络（Critic）基于 Actor 的动作进行量化评估,上述过程可描述为

$$s_t \xrightarrow{Actor} a_t \tag{5-29}$$

$$[s_t, a_t] \xrightarrow{Critic} Q(s_t, a_t) \tag{5-30}$$

式中, $Q(s_t, a_t)$ 为 Critic 评估的价值函数,反映状态 s_t 下动作 a_t 的价值。神经网络结构使得处理高维度特征的状态 s_t 成为可能,Actor 则能够直接构建由状态 s_t 到动作 a_t 的映射,化解了连续性动作在选择上的困难,Actor 完整的工作流程如图 5-10 所示。同时,AC 能够进行单步更新,具有更快的更新速度,更加符合电动汽车参与调频的要求。

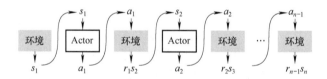

图 5-10 Actor 完整的工作流程

接下来将详细阐述模型的神经网络结构和基于 AC 思想的深度确定性策略梯度结构。

1. CNN 模型

在基于 AC 的模型中,神经网络部分多由全连接网络组成。考虑状态 s_t 的高维特征,可将其看作大尺寸图像数据,若直接用全连接神经网络对其进行处理,将会产生三个明显的缺点:首先将图像数据直接展开为向量将会丢失数据具有的空间信息;其次参数过多效率低下,且训练难度较大;最后大量的参数也容易导致网络过拟合,使模型在其他数据集上表现较差。而 CNN[10] 则能够很好地解决上述三个问题。

CNN 结构如图 5-11 所示,主要包括输入层、卷积层、激活层、池化层、全连接层和输出层,其中卷积层和池化层决定了 CNN 具有区别于其他神经网络结构的功能。卷积层的配置由四个参数确定,分别是滤波器个数、感受野、零填补

和步长。卷积具有局部连接、参数共享这两大特征，其过程实质上就是卷积核中的所有权重参数与其在输入图像数据上对应的元素数值之和。而池化层则能够缓解卷积层对位置的过度敏感性，增加特征平移不变性，同时减小特征图大小。输入层和输出层只需保证数据输入和数据输出时前后网络间的数据维度一一对应，全连接层则和任何常规人工神经网络完全相同，起到反向传播更新参数的作用。

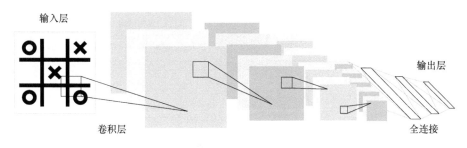

图 5-11 CNN 结构

2. 深度确定性策略梯度算法（Deep Deterministic Policy Gradient，DDPG）

DDPG[11] 是 AC 框架下的一种确定性深度强化学习算法，使用双重神经网络架构，对于策略函数和价值函数均使用双重神经网络模型架构，使得算法的学习过程更加稳定，收敛的速度加快。同时该算法引入经验回放机制，Actor 与环境交互产生的经验数据样本存储到经验池中，抽取批量数据样本进行训练，去除样本的相关性和依赖性，使得算法更加容易收敛。

DDPG 共由四个网络组成，分别是 Actor 当前网络、Actor 目标网络、Critic 当前网络和 Critic 目标网络，其结构如图 5-12 所示。

四个网络的功能可概括为：

1）Actor 当前网络：负责策略网络参数 θ 的迭代更新，由当前状态 s 选择当前动作 a，动作 a 和环境交互得到下一状态 s' 和奖励 r。

2）Actor 目标网络：负责根据经验回放池中采样的下一状态 s' 选择最优下一动作 a'，网络参数 θ' 定期从 θ 复制。

3）Critic 当前网络：负责价值网络参数 ω 的迭代更新，计算当前 Q 值 $Q(s, a, \omega)$，目标 Q 值 $y = r + \gamma Q'(s', a', \omega')$，其中 γ 为折扣因子。

4）Critic 目标网络：负责计算目标 Q 值中的 $Q'(s', a', \omega')$ 部分，网络参数 ω' 定期从 ω 复制。

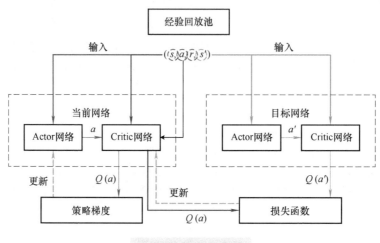

图 5-12　DDPG 结构

此外，当前网络到目标网络的网络参数复制并不是采用直接复制，而是采用软更新的方式，即

$$\omega' = \tau\omega + (1-\tau)\omega' \tag{5-31}$$

$$\theta' = \tau\theta + (1-\tau)\theta' \tag{5-32}$$

式中，τ 为更新系数，一般采用 0.1 或 0.01 这样较小的值，从而降低网络参数更新速度。同时，为了学习过程可以增加一些随机性，增加学习的覆盖，提高模型的鲁棒性，对 Actor 当前网络的决策结果增加一定的噪声 ε，即最终和环境交互的动作 a 的表达式为

$$a = \pi_\theta(s) + \varepsilon \tag{5-33}$$

3. CNN-DDPG 网络结构

本书基于卷积神经网络和 DDPG 实现对调频功率的实时分配。模型中的 Actor 当前网络和 Critic 当前网络的结构和参数如图 5-13 所示。

其中，值得注意的是，在与环境进行交互时，该模型中 Actor 直接输出的矩阵 a 需要与调频功率信号 P^{AGC} 相乘才是电动汽车的功率，即

$$P = aP^{AGC} \tag{5-34}$$

综上，在实时决策过程中，聚合商只需输入电动汽车集群状态 s_t，即式（5-22）包含的内容，决策模型即可输出每一辆电动汽车的充放电功率 P，如图 5-14 所示。

第 5 章　电动汽车参与调频辅助服务机制与方法

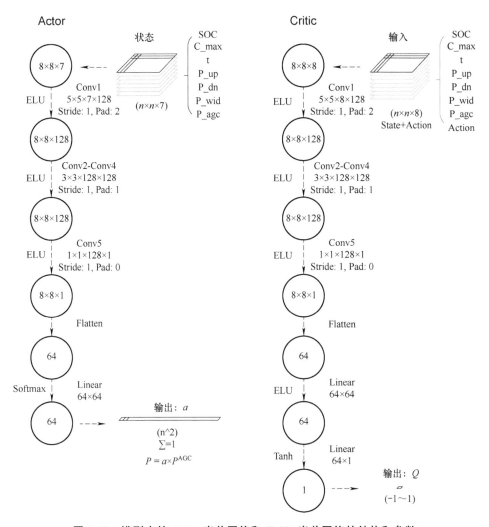

图 5-13　模型中的 Actor 当前网络和 Critic 当前网络的结构和参数

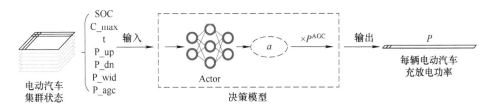

图 5-14　基于模型的聚合商决策过程

Actor 的主体部分由五层卷积层构成，第一层的卷积核大小设置为 5，第二到四层的卷积核大小设置为 3，最后一层的卷积核大小设置为 1，且都采用 Elu 激活函数，卷积结束后由 Flatten 层将多维输入一维化，作为卷积层到全连接层的过渡，最后通过全连接层将结果输出，激活函数选择 Softmax，实现输出矩阵所有元素和为 1。Critic 的输入张量由状态 s 和动作 a 在第三个维度上组合后得到，故第一层卷积层的 in_channels 参数存在变化，其他卷积层设置与 Actor 无异，在 Flatten 层后 Critic 设置了两层全连接层，分别采用 Elu 和 Tanh 激活函数，保证输出的 Q 值在 $-1 \sim 1$ 之间。

5.3.4 CNN-DDPG 模型训练

神经网络采用反向传播对参数进行更新，该方法本质为一种局部搜索的优化方法，当解决的问题为求解复杂非线性函数的全局极值时，容易陷入局部最优，使训练失败。本书研究的问题要求 Actor 同时输出所有电动汽车的充放电功率，若直接对模型进行随机初始化和智能体训练，容易导致模型陷入死区，难以向更大 Q 值方向优化。故参考 Alpha-Go 的模式训练方式，首先采用监督学习初始化 Actor 的网络参数，使模型具备初步的智能性，能够进行基本的调频功率信号分解，再采用策略梯度算法训练整个模型，提升模型的智能性，兼顾调频过程中前后状态的变化，能够更加出色地完成任务。

1. 监督学习初始化 Actor

首先使用监督学习方法对 Actor 进行预训练，将每个时刻的集群电动汽车状态 s_τ 编码为一个张量，而训练所使用的标签是对应时刻集群电动汽车的充放电功率 P_τ 与调频功率信号 P_τ^{AGC} 的比值，训练结束后储存 Actor 的网络参数 θ_0。

2. 策略梯度算法训练模型

监督学习结束后，采用策略梯度算法对模型进行训练：

1）分别随机初始化 Critic 当前网络、Critic 目标网络的参数 ω、ω'，将监督学习后的参数分别导入 Actor 当前网络和 Actor 目标网络，即令 $\theta = \theta_0$、$\theta' = \theta_0$。

2）初始化第一个状态 s，由 Actor 当前网络得到动作：

$$a = \pi_\theta(s) + \rho\varepsilon \tag{5-35}$$

式中，ρ 为噪声衰减系数，随着训练批次的增加，ρ 的数值逐渐减小，最后趋近于 0。

3）执行动作 a，得到新状态 s'，奖励 r 和是否终止状态 is_end，将五元组数据 $\{s, a, r, s', \text{is\_end}\}$ 存入经验回放集合 D 中。

4）当经验回放集合 D 中的数据量足够后，从中采样 m 个样本 $\{s_j, a_j, r_j, s'_j,$

is_end$_j$}，$j=1,2,\cdots,m$，计算当前目标 Q 值 y_j：

$$y_j = \begin{cases} r_j & \text{is\_end}_j \text{ 是 true} \\ r_j+\gamma Q'(s'_j,\pi_{\theta'}(s'_j)+\rho'\varepsilon,\omega'_j) & \text{is\_end}_j \text{ 是 false} \end{cases} \quad (5\text{-}36)$$

5）使用方均差损失函数 $L_{\text{critic}}(\omega)$，通过神经网络的反向传播来更新 Critic 当前网络的所有参数 ω，$L_{\text{critic}}(\omega)$ 的表达式为

$$L_{\text{critic}}(\omega) = \frac{1}{m}\sum_{j=1}^{m}[y_j - Q(s_j,a_j,\omega)]^2 \quad (5\text{-}37)$$

6）使用 Critic 当前网络评估的期望 Q 值的负值 $J_{\text{actor}}(\theta)$，通过神经网络的反向传播来更新 Actor 当前网络的所有参数 θ，$J_{\text{actor}}(\theta)$ 的表达式为

$$J_{\text{actor}}(\theta) = -\frac{1}{m}\sum_{j=1}^{m} Q(s_j,\pi_\theta(s_j),\theta) \quad (5\text{-}38)$$

7）更新 Critic 目标网络和 Actor 目标网络参数 ω' 和 θ'：

$$\omega' = \tau\omega + (1-\tau)\omega' \quad (5\text{-}39)$$
$$\theta' = \tau\theta + (1-\tau)\theta' \quad (5\text{-}40)$$

功率分配模型训练流程如图 5-15 所示。

5.3.5 算例仿真与结果分析

1. 参数设置

参考 5.2.3 节的算例设置方法。在调频信号层面，同样采用 PJM 市场真实数据，将 RegD 信号按电动汽车集群调频容量等比例折算，且信号时间间隔为 2s，故每个调频时段可划分为 1800 个时步。在电动汽车层面，

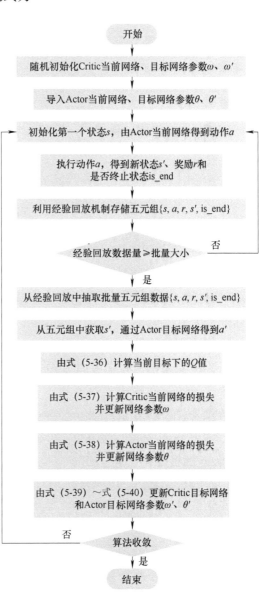

图 5-15 功率分配模型训练流程

设置1024辆工作区私家车为调频对象,并将其分为两类,第一类私家车的电池容量为60kWh,最大充放电功率为10kW,第二类私家车的电池容量为50kWh,最大充放电功率为7kW。电动汽车仿真参数设置见表5-5。在设置基础上,生成500000电动汽车状态数据集和对应的动作标签集,用于初始化Actor网络的训练。

表5-5 电动汽车仿真参数设置

电动汽车类别	到达时间	离开时间	初始SOC	最大功率/kW	电池容量/kWh
私家车1	$N(8, 1^2)$	$N(18, 1^2)$	$N(0.4, 0.03^2)$	10	60
私家车2	$N(8, 1^2)$	$N(18, 1^2)$	$N(0.4, 0.03^2)$	7	50

在神经网络层面,设置式(5-33)中的噪声 $\varepsilon = \dfrac{1}{1024}$,设置式(5-35)中的噪声衰减系数计算式为

$$\rho = 1 - \frac{e_{\mathrm{ps}}}{e_{\mathrm{mps}}} \tag{5-41}$$

式中,e_{ps} 为当前训练批次;e_{mps} 为训练总批次。当 $e_{\mathrm{ps}} \to e_{\mathrm{mps}}$ 时,噪声衰减系数 ρ 趋向于0。设置折扣因子 $\gamma = 0.99$,设置式(5-39)~式(5-40)中的更新系数 $\tau = 0.001$。选择Pytorch框架搭建基于卷积神经网络的Actor网络和Critic网络,选择Adam优化器,设置学习率为 10^{-4}。设置经验回放总长度为 10^5,批量大小为8,总训练批次为200。

2. 模型训练结果

图5-16给出了监督学习训练Actor网络的效果,可以看到卷积神经网络在处理高维度的输入和输出上具有较好的效果,当训练批次大于40时,误差趋于平缓,此时可认为Actor网络已经具备一定的能力,能够根据输入的电动汽车集群状态进行调频功率的初步分配。

接下来将监督学习后的参数导入Actor网络进行策略梯度算法训练,并记录每一百步(200s)的平均奖励情况,训

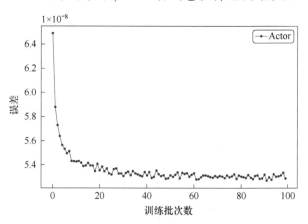

图5-16 监督学习训练Actor网络的效果

练效果如图 5-17 所示。可以看到,由于对输出的动作设置了噪声干扰,平均奖励存在波动,但随着训练批次的不断增加,获得的奖励也不断提升,当训练批次大于 125 时,奖励趋于平缓,可认为模型近似收敛。

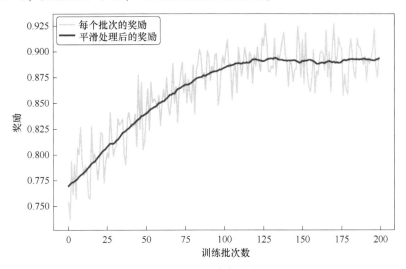

图 5-17 策略梯度算法训练效果

为验证监督学习的必要性,在相同的场景设置下直接对 CNN-DDPG 模型进行策略梯度算法训练,训练效果如图 5-18 所示,可以看到,由于模型需要同时输出 1024 个动作,若未在初始化阶段使模型具备一定智能,很容易陷入死区,随着训练批次的增加,平均奖励变化不大。

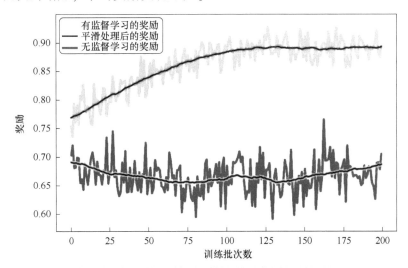

图 5-18 有无监督学习情况下策略梯度算法训练效果

3. 不同模型效果比较

在准确度层面，比较了相同场景下一百个时步内 CNN-DDPG 模型和按比例分解法的调频信号响应准确度。值得注意的是，由于电动汽车的能量可行域受到用户出行电量需求的限制，按比例分解的方法并不能保证电动汽车集群的实际功率之和一定与调频功率信号相同。不同模型调频信号响应准确度如图 5-19 所示，可以看到，相较于按比例分解法，本章提出的 CNN-DDPG 模型在跟踪调频功率信号上有着更好的表现。在多个场景下分别测试按比例分配模型和本章模型在 200s、1800s 和 3600s 内的累计相对误差，结果见表 5-6。

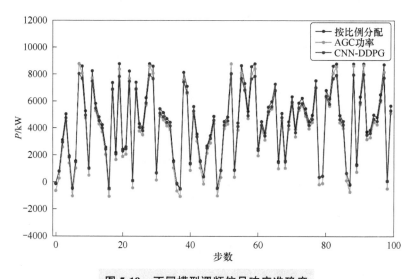

图 5-19 不同模型调频信号响应准确度

表 5-6 多个场景下不同模型调频信号响应准确度

场景	200s 累计相对误差（%）		1800s 累计相对误差（%）		3600s 累计相对误差（%）	
	按比例分解	CNN-DDPG	按比例分解	CNN-DDPG	按比例分解	CNN-DDPG
场景 1	1.28	1.86	1.67	2.54	1.75	2.88
场景 2	10.30	6.47	14.29	8.94	15.86	9.75
场景 3	13.10	7.97	15.47	9.99	17.24	10.48
场景 4	10.35	7.03	14.38	9.26	16.21	10.02
平均误差	8.76	5.83	11.45	7.68	12.76	8.28

在功率分配速度层面，比较了相同场景下本章提出的 CNN-DDPG 模型和优先级排序法、按比例分解法执行单次决策所花的时间，其中优先级排序法采用电动汽车 SOC 越小优先级越高，越先分配调频功率信号的方法，结果见表 5-7。可以

看到，本章提出模型的决策速度远快于其他两种算法。

表 5-7　不同模型功率分配花费时间

算　　法	单次决策所花时间/ms
CNN-DDPG 模型	1.206
按比例分解法	9.764
优先级排序法	15.738

5.4　思考题

1. 请简述电动汽车聚合商参与调频辅助服务的基本策略及运行机制。
2. 为什么采用按比例分解法和优先级排序法响应调频功率信号会存在误差？
3. 请简述应用深度强化学习分解调频功率的基本流程。

参考文献

[1] 国家能源局华中监管局. 新型市场主体参与华中电力调峰辅助服务市场规则（试行）[EB/OL].（2021-11-23）[2023-02-11]. http：//hzj. nea. gov. cn/adminContent/initViewContent. do？pk=D17348CC26307C8AE050A8C0C1C816AB.

[2] 国家能源局山西能源监管办公室. 山西能源监管办印发《山西电力调频辅助服务市场运营细则》[EB/OL].（2017-10-26）[2023-03-03]. http：//sxb. nea. gov. cn/adminContent/initViewContent. do？pk=402880ec5f299d32015f5665b79e0010.

[3] 国家能源局南方监管局. 南方能源监管局发布《广东调频辅助服务市场交易规则（试行）》[EB/OL].（2018-08-09）[2023-03-03]. http：//nfj. nea. gov. cn/adminContent/initViewContent. do？pk=402881e564f399bb01651c8a97dd0024.

[4] LIU H, HUANG K, WANG N, et al. Optimal dispatch for participation of electric vehicles in frequency regulation based on area control error and area regulation requirement [J]. Applied Energy, 2019, 240：46-55.

[5] ZHENG Y, YU H, SHAO Z, et al. Day-ahead bidding strategy for electric vehicle aggregator enabling multiple agent modes in uncertain electricity markets [J]. Applied Energy, 2020, 280：115977.

[6] 胡俊杰，马文帅，薛禹胜，等. 基于CPSSE框架的电动汽车聚合商备用容量量化 [J]. 电力系统自动化，2022, 46（18）：46-54.

[7] 袁桂丽，苏伟芳. 计及电动汽车不确定性的虚拟电厂参与AGC调频服务研究 [J]. 电网技术，2020, 44（07）：2538-2548.

［8］ 胡俊杰，赖信辉，郭伟，等. 考虑电动汽车灵活性与风电消纳的区域电网多时间尺度调度［J］. 电力系统自动化，2022，46（16）：52-60.

［9］ 姚丽，胡俊杰，马文帅，等. 电动汽车参与电网调频优化策略建模与仿真［J］. 系统仿真学报，2022，34（07）：1417-1429.

［10］ LECUN Y，BOTTOU L，BENGIO Y，et al. Gradient-based learning applied to document recognition［J］. Proceedings of the IEEE. 1998，86（11）：2278-2323.

［11］ LILLICRAP T P，HUNT J J，PRITZEL A，et al. Continuous control with deep reinforcement learning［J］. arXiv. 1509.02971（2015）.

Chapter 6 第 6 章

电动汽车聚合商的功率自动控制技术

传统的基于优化模型的电动汽车自动控制在实际应用上面临模型参数难以准确获得和计算压力大的挑战，机器学习技术为电动汽车充放电自动控制提供了新的思路。本章首先提出基于强化学习的电动汽车功率自动控制方法，通过双延迟深度确定性策略梯度（Twin Delayed Deep Deterministic Policy Gradient，TD3）算法对单辆电动汽车充电过程进行建模，将训练的智能体部署到分散的充电桩上实现集群电动汽车充电行为的快速实时优化。然后，基于 K-means 聚类算法与长短期记忆网络（LSTM）提出了一种集群电动汽车实时调度策略，充分考虑电动汽车出行的不确定性，直接从电动汽车的基础数据和电价生成满足约束的最优充放电计划。

6.1 基于强化学习的电动汽车功率自动控制方法

随着用电信息采集系统的推广，数据驱动的机器学习方法在用户侧用电行为优化领域的应用已引起广泛关注。本节将利用深度强化学习（Deep Reinforcement Learning，DRL）方法，基于充电监测系统实时反馈的数据与分时电价信号，从电动汽车聚合商层面实现电动汽车（Electric Vehicle，EV）充电行为自动控制。基于 TD3 算法[1]对单辆电动汽车充电过程进行建模，通过在训练智能体时向其状态中引入随机噪声，该模型获得了对不同状态下的电动汽车充电行为的泛化控制能力。通过将训练得到的智能体进行分布式部署，实现了对集群电动汽车充电行为的快速实时优化。

6.1.1 场景构建

为了更好地对问题进行建模，本节构建了一个大型商务区附近的电动汽车集群充电站场景（见图6-1），并假设充电桩功率连续可调。为了方便研究，本节假设泊车的 EV 用户为商务区中的上班族，在早晨上班时将 EV 驶入充电站，在傍晚下班时驶离充电站，从而保证充电站中的 EV 具有足够的调度灵活性；在此过程中，EV 与充电桩构成一一对应关系，不考虑一辆 EV 驶离充电桩后另一辆 EV 又接入充电桩的情况。作为该场景的控制主体，聚合商响应分时电价，调节充电站中电动汽车的充电行为，整合充电监测系统反馈的 SOC 信息与用户的预计取车时间等信息，分布式地部署智能体优化该时段的电动汽车充电桩集群的充电行为，在满足用户出行充电需求的同时，尽可能地减少用户的用电开销，有效避免电网尖峰时段因电动汽车集群充电造成的"峰上加峰"的情况发生。

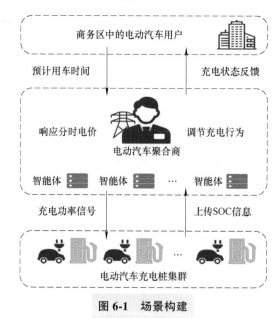

图 6-1 场景构建

6.1.2 控制目标

作为电网与用户的中间环节，电动汽车聚合商的利润来自于向电动汽车用户收取的充电管理服务费与从电网购买电量开销的差额。在充电管理服务费固定时，通过响应分时电价优化电动汽车集群的充电行为，降低从电网购买电量的开销，聚合商可以获得更大的利润空间。故电动汽车集群的充电行为的优化目标为

第6章 电动汽车聚合商的功率自动控制技术

$$\min f = \sum_{t=\min_{i} t_i^{\text{arr}}}^{\max_{i} t_i^{\text{dep}}} \sum_{i=1}^{N_t} \lambda_t P_{i,t} \quad (6\text{-}1)$$

式中，$P_{i,t}$ 为第 i 辆车在时刻 t 时的充电功率；λ_t 为时刻 t 时的分时电价；N_t 为 t 时刻接入电网的 EV 数目；t_i^{arr} 与 t_i^{dep} 分别为第 i 辆车到达充电站与驶离充电站的时刻；f 为全时段下集群电动汽车充电的总电费开销。

电动汽车电池的 SOC 更新过程是该优化问题的主要约束条件之一。参考文献［2］指出，对于功率连续可调的充电桩，平均充电效率 $\bar{\eta}$ 与充电功率 P 具有较强的相关性，其关系见表 6-1。

表 6-1 平均充电效率 $\bar{\eta}$ 随充电功率 P 范围变化

P 范围/kW	0~1	1~2	2~3	3~4	4~5
$\bar{\eta}$/pu	0.15	0.43	0.64	0.74	0.78
P 范围/kW	5~6	6~7	7~8	8~9	9~10
$\bar{\eta}$/pu	0.81	0.83	0.85	0.85	0.88

通过对表内数据做多项式拟合，得到平均充电效率 $\bar{\eta}$ 关于充电功率 P 函数关系的近似表达式为

$$\bar{\eta}(P) = 0.37P - 0.05P^2 + 0.0028P^3 \quad (6\text{-}2)$$

充电效率与充电功率关系近似表达式拟合情况如图 6-2 所示。

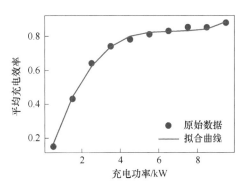

图 6-2 充电效率与充电功率关系近似表达式拟合情况

同时，为满足用户的出行需求，合理规避过充与欠充的情况，在取车离开时，EV 电池的 SOC 应该在用户期望的区间内，综上所述，对任意第 i 辆 EV，该问题的约束条件为

$$S_{i,t+\Delta t}^{\text{SOC}} = S_{i,t}^{\text{SOC}} + \overline{\eta}(P_{i,t}) P_{i,t} \frac{\Delta t}{E_i^{\text{cap}}} \quad (6\text{-}3)$$

$$|S_{i,t}^{\text{SOC}} - S_i^{\text{des}}| \leq \delta, t = t_i^{\text{dep}} \quad (6\text{-}4)$$

$$0 \leq P_{i,t}^{\text{c}} \leq P_i^{\text{c,r}} \quad (6\text{-}5)$$

$$S_i^{\min} \leq S_{i,t}^{\text{SOC}} \leq S_i^{\max} \quad (6\text{-}6)$$

$$t \in [t_i^{\text{arr}}, t_i^{\text{dep}}] \quad (6\text{-}7)$$

式中：$S_{i,t}^{\text{SOC}}$ 为第 i 辆车在时刻 t 的 SOC 大小；S_i^{des} 为第 i 辆电动汽车用户驶离时期望的电量状态；E_i^{cap} 为第 i 辆车的电池容量大小；$\overline{\eta}(P_{i,t})$ 为第 i 辆车在时刻 t、充电功率 $P_{i,t}$ 下由式（6-2）对应的充电效率；δ 为离开取车时的 SOC 与期望的 SOC 之间可以允许的差值；Δt 为输出功率改变时刻间的间隔。

考虑到式（6-2）中引入的非线性因子，当大量电动汽车接入构建的场景中时，该模型的求解会消耗大量的时间与算力资源；同时，EV 用户的取车行为具有不确定性，例如：当第 i 辆车的车主临时改变取车计划时，即 t_i^{dep} 改变时，$N_{t_i^{\text{dep}}}$ 也会随之变化，这意味着需要对上述模型重新进行求解；在大量 EV 接入的场景下，改变充电计划的可能性随接入 EV 数目按指数关系激增，这无疑又增大了求解的难度。

面对这样一个大规模、动态的优化问题，本节提出一种基于分布式部署与深度强化学习的解决方案。首先，由于电动汽车集群中不同 EV 主体间的区别仅仅存在于当前电池 SOC、预计驶离时间、当前充电功率等方面，利用不同 EV 主体间的结构相似性，本节对电动汽车集群进行解耦。接下来，将解耦后的第 i 辆 EV 的充电行为构造为序列决策过程，并利用深度强化学习方法进行求解，训练神经网络获得每一个时刻从 $[\lambda_t, S_{i,t}^{\text{SOC}}, t, t_i^{\text{dep}}]$ 到待优化变量 $P_{i,t}$ 的映射关系。考虑不同的 EV 主体 $[S_{i,t_i^{\text{arr}}}^{\text{SOC}}, t_i^{\text{arr}}, t_i^{\text{dep}}]$ 存在差异，本节在强化学习求解序列决策时对 $[S_{i,t_i^{\text{arr}}}^{\text{SOC}}, t_i^{\text{arr}}, t_i^{\text{dep}}]$ 分别加上随机噪声，获得适用于不同 EV 主体的智能体，其决策更具有鲁棒性。最后，本节采用分布式部署策略，在 EV 接入时，通过智能体优化单体行为，从而实现对 EV 集群的分布式优化。

6.1.3 强化学习模型构建

强化学习基础概念在第 5 章已有表述，本节不再进行赘述，下面将详细介绍本节对应的参数设置。状态 s_t 是对当前时刻 t 下情景的描述，所选取的 s_t 应为智能体的决策提供足够的参考，同时也要减少冗余的信息对决策的干扰。对任意选

取的第 i 辆车，选择变量 $[\lambda_t, S_{i,t}^{\text{SOC}}, t, t_i^{\text{dep}}]$ 构成 s_t，即

$$s_t = [\lambda_t, S_{i,t}^{\text{SOC}}, t, t_i^{\text{dep}}] \tag{6-8}$$

动作 a_t 是当前时刻 t 下智能体在从环境中观测到状态 s_t 后，向环境做出的反应，对任意选取的第 i 辆车，选择充电功率作为 a_t，即

$$a_t = P_{i,t} \tag{6-9}$$

智能体的目标是最大化累计奖励，通过人为设计合适的奖励函数，可以引导智能体做出合理的充电行为。

由式（6-1）可知，模型的优化目标为最小化 EV 集群的充电开销，故对任意选取的第 i 辆车，设计奖励函数 $r_{i,t}^{\text{cos}}$ 为

$$r_{i,t}^{\text{cos}} = -\lambda_t \frac{P_{i,t}}{P_{\max}} \tag{6-10}$$

式中，$r_{i,t}^{\text{cos}}$ 为一个负奖励，在时刻 t 下，充电开销越大，$r_{i,t}^{\text{cos}}$ 的值越小，反之，充电开销越小，$r_{i,t}^{\text{cos}}$ 的值越大，故 $r_{i,t}^{\text{cos}}$ 鼓励节约充电开销的充电行为。

对任意第 i 辆 EV，为满足式（6-11）表示的取车时 SOC 区间约束条件，设置 SOC 区间奖励 $r_{i,t}^{\text{bound}}$：

$$r_{i,t}^{\text{bound}} = \begin{cases} 1 & t = t_i^{\text{dep}} \text{ 和 } |S_{i,t}^{\text{soc}} - S_i^{\text{des}}| \leq \delta \\ 0 & t \neq t_i^{\text{dep}} \text{ 或 } |S_{i,t}^{\text{soc}} - S_i^{\text{des}}| > \delta \end{cases} \tag{6-11}$$

式中，$r_{i,t}^{\text{bound}}$ 仅在取车时刻 t_i^{dep} 且满足 $|S_{i,t}^{\text{soc}} - S_i^{\text{des}}| \leq \delta$ 时为 1，其余情况下均为 0。考虑到智能体在探索阶段不易获得使 $r_{i,t}^{\text{bound}} = 1$ 的样本，难以学到有效经验，给算法的收敛带来了困难。为解决该问题，提出一种奖励塑形技术[3]，通过松弛约束条件，逐步引导算法向目标方向收敛，奖励塑形后 SOC 区间 $r_{i,t}^{\text{bound}}$ 重新定义为

$$r_t^{\text{bound}} = \begin{cases} \left(\dfrac{t - t_i^{\text{arr}}}{t_i^{\text{dep}} - t_i^{\text{arr}}}\right)^2 & |S_{i,t}^{\text{soc}} - S_i^{\text{des}}| \leq \delta \\ 0 & |S_{i,t}^{\text{soc}} - S_i^{\text{des}}| > \delta \end{cases} \tag{6-12}$$

最终，定义 r_t 为 r_t^{cos} 和 r_t^{bound} 的加权线性组合：

$$r_t = \alpha r_t^{\text{cos}} + \beta r_t^{\text{bound}} \tag{6-13}$$

6.1.4 模型训练与部署

由于假设充电桩功率连续可调，动作 a_t 具有连续的取值，因此本节选用一种能够解决连续动作空间问题的强化学习算法，即 TD3 算法作为充电控制器，该算法是目前最先进的深度强化学习算法之一，相较于传统的常规强化学习算法，如

Q-learning 等，TD3 算法可以处理连续状态空间下的连续动作空间决策问题，且具有训练过程收敛速度快、稳定性好的优势。

TD3 算法基于"表演者-评论家"（actor-critic）框架，由估值网络（critic）和策略网络（actor）两个部分组成。策略网络建立由状态 s_t 到动作 a_t 的映射，而估值网络对策略网络建立的映射做出的量化评估，称为价值函数 Q，以上映射关系描述为

$$s_t \xrightarrow{actor} a_t \tag{6-14}$$

$$[s_t, a_t] \xrightarrow{critic} Q \tag{6-15}$$

由式（6-15），将 $[s_t, a_t]$ 下的价值函数用 $Q(s_t, a_t)$ 表示。$Q(s_t, a_t)$ 越大，表示在状态 s_t 下选择 a_t 更有可能获得高收益，故可以向增大 $Q(s_t, a_t)$ 的梯度方向更新策略网络，改善策略网络性能；而价值函数 $Q(s_t, a_t)$ 的估计值与真实值的误差可以通过动态规划（Dynamic Programming，DP）中的策略迭代方法，基于 $Q(s_t, a_t)$ 的时间差分误差迭代修正。

在策略迭代过程中，策略网络是始终向着增大价值函数 $Q(s_t, a_t)$ 的方向进行更新的，这一性质会导致在训练智能体时 $Q(s_t, a_t)$ 的估计值远大于真实值，为算法的收敛带来困难；TD3 算法为解决价值函数的高估问题，采用了以下手段：

1）将估值网络分解为两个通道输出一对价值函数 $Q_1(s_t, a_t)$ 与 $Q_2(s_t, a_t)$，取两者的最小值作为估值网络结果。

2）构造目标估值网络与目标策略网络，其结构同估值网络与策略网络完全一致，通过软更新从原先的策略网络与估值网络向目标网络传递参数，延缓目标网络的更新速度。

TD3 算法使用经验回放技术，对探索过程中智能体获得的经验，即 $[s_t, a_t, r_t, s_{t+1}]$ 组成的四元组数据进行存储；经验回放中的数据为队列结构，当经验回放数据存满后，按照"先进先出"的规则对存储数据进行替换；在更新网络参数时从经验回放中随机按批量抽取四元组数据用于梯度更新。

TD3 算法训练智能体的具体步骤如下：

1）分别初始化估值网络、目标估值网络、策略网络、目标策略网络的参数 θ、θ'、φ、φ'。

2）与环境交互获取当前状态 s_t，利用策略网络得到该状态下对应的动作 a_t。

3）为对环境进行探索，在动作 a_t 上叠加动作噪声 σ 得到随机动作 $\hat{a}_t$，即

$$\hat{a}_t = a_t + \rho \cdot \epsilon, \epsilon \sim N(0, \sigma) \tag{6-16}$$

式中，ρ 为噪声衰减因子，训练刚开始时，为全面探索环境，ρ 较大；随着训练过程的进行，ρ 逐渐衰减，使 $\hat{a}_t \to a_t$，减少动作 a_t 因噪声 ϵ 带来的误差。

4）利用随机动作 $\hat{a}_t$ 与环境进行交互，得到下一时刻的状态 s_{t+1} 与奖励 r_t，利用经验回放技术将交互获得四元组数据 $[s_t, \hat{a}_t, r_t, s_{t+1}]$。当经验回放中的数据量足够时，从经验回放中按批量随机抽取四元组 $[s_{t'}, \hat{a}_{t'}, r_{t'}, s_{t'+1}]$。

5）通过目标策略网络获得状态 $s_{t'+1}$ 下的目标动作 $a'_{t'+1}$，这里以及下文以 t' 和 $t'+1$ 为下标的变量都是对批量进行操作，之后不再赘述。

6）为提高训练过程的鲁棒性，在目标动作 $a'_{t'+1}$ 上叠加动作噪声 σ' 得到随机目标动作 $\hat{a}'_{t'+1}$：

$$\hat{a}'_{t'+1} = a'_{t'+1} + \epsilon, \epsilon \sim N(0, \sigma) \tag{6-17}$$

7）通过估值网络，计算状态 $s_{t'}$ 下动作 $\hat{a}_{t'}$ 对应的价值函数 $Q_1(s_{t'}, \hat{a}_{t'})$ 与 $Q_2(s_{t'}, \hat{a}_{t'})$。

8）用目标估值网络，得到状态 $s_{t'+1}$ 下随机目标动作 $\hat{a}'_{t'+1}$ 对应的目标价值函数 $Q_1^{\text{target}}(s_{t'+1}, \hat{a}'_{t'+1})$ 与 $Q_2^{\text{target}}(s_{t'+1}, \hat{a}'_{t'+1})$，由贝曼方程，可以求得状态 $s_{t'}$ 下动作 $\hat{a}_{t'}$ 对应的目标价值函数 Q^{target}：

$$Q^{\text{target}} = r_{t'} + \gamma \min_{i=1,2} Q_i^{\text{target}}(s_{t'+1}, \hat{a}'_{t'+1}) \tag{6-18}$$

9）通过最小化损失函数对估值网络参数 θ 进行更新，关于参数 θ 的损失函数 $L_{\text{critic}}(\theta)$ 可以表示为

$$L_{\text{critic}}(\theta) = \sum_{i=1,2} [Q^{\text{target}} - Q_i(s_{t'}, \hat{a}_{t'}, \theta)]^2 \tag{6-19}$$

10）通过最小化损失函数对策略网络参数 φ 进行更新，关于参数 φ 的损失函数 $L_{\text{actor}}(\varphi)$ 可以表示为

$$L_{\text{actor}}(\varphi) = -Q_1(s_{t'}, a_{t'}(s_{t'}, \varphi), \theta) \tag{6-20}$$

11）目标网络的参数 θ'、φ'，由估值网络与策略网络参数通过软更新得到

$$\theta' = (1-\tau)\theta' + \tau\theta \tag{6-21}$$

$$\varphi' = (1-\tau)\varphi' + \tau\varphi \tag{6-22}$$

式中，τ 为软更新速率因子，当 τ 越大时，估值网络参数 θ 与策略网络参数 φ 向目标网络参数 θ'、φ' 的传递速度越快。TD3 算法训练过程中与环境交互的步骤如图 6-3 所示。

在训练收敛后，策略网络可以通过前向传播获得任意状态 s_t 下对应的最优动作 a_t，训练好的策略网络即 EV 充电控制的智能体。在本节假设的电动汽车集群充电站环境中，充电优化过程可以由智能体分布式部署实现，其具体技术方案为：

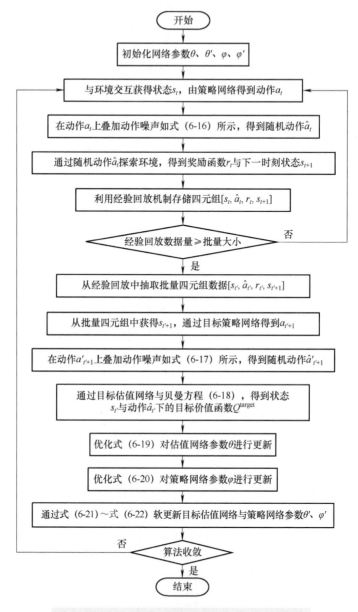

图 6-3　TD3 算法训练过程中与环境交互的步骤

1）设计微型充电控制器，具有存储、计算、通信的功能，将其加装在 EV 充电桩上，当充电桩接入 EV 时，充电控制器起动。

2）实现微型充电控制器与充电监测系统、用户反馈信息、充电功率控制电路间的通信。

3）将训练好的智能体存储到微型充电控制电路中，编写程序，实现模型的调用功能,与通信系统配合,优化充电行为。

与集中式优化求解方法相比较,分布式部署方案避免了维数灾难,通过前向传播就可得到当前时刻下的优化充电功率,节省海量算力,降低微型充电控制器的硬件成本,相较传统方案,该方案在经济性与灵活性方面优势明显。

6.1.5 算例分析

为了验证该方法在集群电动汽车充电优化问题上的效果,本节选取一座充电桩数 $N=200$ 的电动汽车充电站作为算例。该区域的商用分时电价按照北京市工商业分时电价设置(见表6-2)。分时电价可视化如图6-4所示。

表6-2 分时电价

时段	电价/(元/kWh)
11:00—13:00;16:00—17:00	1.5295
10:00—11:00;13:00—15:00;18:00—21:00	1.4002
7:00—10:00;15:00—16:00;17:00—18:00;21:00—23:00	0.8745
23:00—0:00;0:00—7:00	0.3748

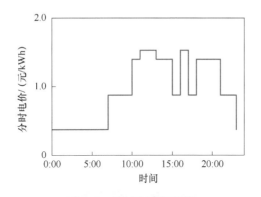

图6-4 分时电价可视化

在算法实地部署时,可以对电动汽车充电站的车辆出入时间与入站 SOC 历史数据进行采集,找到一个更为贴合的统计学分布,使得仿真环境与真实情况间的差异更小,从而使得仿真环境中训练得到的策略网络可以更好地移植到实际环境中。在算例中,为简化研究过程设置任意第 i 辆 EV 驶入充电站的时间 t_i^{arr} 满足正态分布:

$$t_i^{\text{arr}} \sim N(8,1) \tag{6-23}$$

设置任意第 i 辆 EV 驶离充电站的时间 t_i^{dep} 满足正态分布:

$$t_i^{\text{dep}} \sim N(18,1) \tag{6-24}$$

设置任意第 i 辆 EV 到达充电站时的初始 SOC 值 $S_{i,t_i^{\text{arr}}}^{\text{SOC}}$ 满足正态分布：

$$S_{i,t_i^{\text{arr}}}^{\text{SOC}} \sim N(0.4,0.1) \tag{6-25}$$

由于分时电价按小时变化，设置 $\Delta t = 1\text{h}$；为贴合市面上电动汽车的实际情况，设置 EV 电池容量 $E_i^{\text{cap}} = 50\text{kWh}$，设置充电桩的功率上限为 $P^{\max} = 10\text{kW}$；为确保用户的出行需求，设置 EV 驶离时的期望 SOC 值 $S^{\text{des}} = 0.875$，要求 EV 驶离时 SOC 相对期望值的偏差小于或等于容忍度因子 $\delta = 0.025$；同时，为了防止过充对电池造成损害，设置充电过程中允许的 SOC 上限 $S^{\max} = 0.95$。

在训练智能体时，经过反复调优，最终对参数进行如下设置：设置式（6-13）中的奖励权重 $\alpha = 1$，$\beta = 1$；设置式（6-16）中的噪声 $\sigma = 2$；设置式（6-16）中的衰减因子 ρ 为

$$\rho = 1 - \frac{e_{\text{ps}}}{e_{\text{mps}}} \tag{6-26}$$

式中，e_{ps} 为训练过程中当前的批次数；e_{mps} 为训练过程中的总批次数。当 $e_{\text{ps}} \to e_{\text{mps}}$，训练过程趋于完结，式（6-16）中的噪声项 $\rho \to 0$；设置式（6-17）中的噪声 $\sigma' = 0.2$；设置折扣因子 $\gamma = 0.99$；设置式（6-21）和式（6-22）中的软更新速率因子 $\tau = 0.005$；选取 MXNet-14.0 深度学习框架搭建策略网络与估值网络，网络都为四层结构，具有两个单元数为 128 的中间层，通过泽维尔（Xavier）初始化网络参数，复制到目标策略网络与目标估值网络中；对损失函数式（6-19）与式（6-20）进行更新时，选择 Adam 优化器并设置学习率 $l_r = 10^{-4}$；设置经验回放长度 $l = 10^6$；设置批量大小 $B = 128$；总训练批次 $e_{\text{mps}} = 3 \times 10^4$。

为加速算法的收敛速度，每与环境进行一轮交互，就对网络参数进行 20 次更新，即每一训练批次内进行 20 次对式（6-19）和式（6-20）的梯度更新过程以及与式（6-21）和式（6-22）的软更新过程。TD3 算法学习曲线如图 6-5 所示。

为方便训练过程的可视化，本节计算每 20 批次的平均奖励显示在图 6-5 中，并对奖励做了平滑处理。由图 6-5 可知，训练过程中奖励大小逐步提升，当训练批次数 $e_{\text{ps}} > 2.8 \times 10^4$ 时，后平均奖励的变化趋

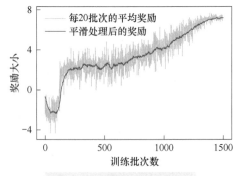

图 6-5 TD3 算法学习曲线

于平缓，此时可以认为训练过程近似收敛，平均奖励的波动由状态变量中引入的噪声造成。

抽取编号为 7、52、93、169、194 的 5 辆 EV 对集群电动汽车的 SOC 的优化结果进行展示，其结果如图 6-6 所示。同时，将 200 辆车驶离时的 SOC 分布进行展示，其结果如图 6-7 所示。

结合图 6-6 中原始 SOC 优化结果图线与图 6-4 中的分时电价图线可以看出，在不同的初始条件下，该方法训练出的智能体都选择在分时电价较高的尖峰时段减小充电功率，在分时电价较低的时段增大充电功率；分时电价是电网峰谷趋势的价格反映，该行为模式不但能节省充电电费开销，也能缓解电网的峰时负荷压力；同时，结合图 6-6 的实线与图 6-7a 可以得到，在不同的初始条件下，智能体最终都在 EV 即将驶离时将 SOC 控制在了 0.85~0.90 的目标范围内。由此可见，该方法训练的智能体鲁棒性好，泛化能力强，可以通过分布部署的方式，应用到集群 EV 的充电优化问题中。

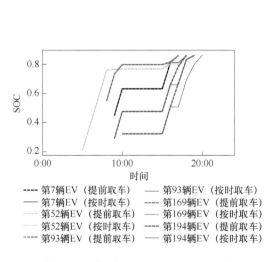

图 6-6 SOC 优化结果展示（见彩色插页）

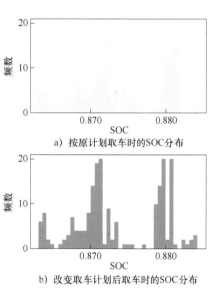

图 6-7 提前取车与按时取车情况下取车时的 SOC 分布直方图

考虑到在实际应用中可能遇到的用户临时改变取车计划，提前取车的情况，本节对训练得到智能体的应变能力进行测试，具体方法为在 12:00 时向 EV 对应的控制智能体发送提前取车时间 t_i^{dep} 一小时的控制信号。在接收控制信号后被抽样 EV 的 SOC 如图 6-6 中的虚线所示，所有 EV 驶离时的 SOC 分布如图 6-7b 所示，可以看出，智能体会在当前状态下灵活改变自身策略，以满足用户的出行需求为最优目标，兼顾节约电费开支，合理增大充电功率，在用户取车时将 SOC 控制在期望值区间。该实验说明，当用户需求发生改变时，智能体可以做出即时、有效的反应，而不需要重新训练和部署，具有高度的灵活性。

为展示智能体对充电开销的优化过程，本节采用随机模拟方法，与快速充电、均匀充电策略比较每日 200 车次的集群电动汽车充电站一周内的日开销情况，结果如图 6-8 所示。

快速充电策略即在 EV 接入后，以 $P_{i,t}=10\mathrm{kW}$ 的恒定功率对 EV 进行充电，当 $0.85 \leqslant S_{i,t}^{\mathrm{SOC}} \leqslant 0.90$ 时，停止充电；均匀充电策略的充电功率 $\overline{P}_i$ 通过求解方程

$$\overline{P}_i \overline{\eta}(\overline{P}_i) = (S_i^{\mathrm{des}} - S_{i,t_i^{\mathrm{arr}}}^{\mathrm{SOC}}) \frac{E_i^{\mathrm{cap}}}{t_i^{\mathrm{dep}} - t_i^{\mathrm{arr}}} \quad (6\text{-}27)$$

解出，该策略可以将充电功率在 EV 驶入时间 t_i^{arr} 与 EV 驶离时间 t_i^{dep} 之间进行平均分配。

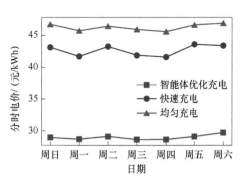

图 6-8　充电开销优化结果展示

由图 6-8 可得，相较于快速充电与均匀充电策略，智能体控制下的优化充电行为可以节约 30% 左右的充电开销。通过优化充电行为，聚合商获得了更大的盈利空间。

本节通过 MXNet-14.0 框架的 Python API 编写 TD3 算法，并将智能体网络部署在 NVIDIA GeForce RTX 2060 上；本节建立的集群电动汽车模拟环境运行在 Intel Core i7-9750H CPU @ 2.60GHz 和 8GB 的 RAM 上。在此计算平台上，一次训练任务需要 2h56min 左右，策略网络的一次前向传播仅仅需要 0.0015s。在分布式部署后，尽管计算用时会因计算平台算力的降低而延长，但相较于计算复杂度随车辆数按指数增长的传统方法，该方法在大规模的充电优化问题上计算速度仍然优势明显。由于该方法降低了对算力的要求，在分布式部署时也可以减少在硬件层面的经费投入，具有更好的经济性。

6.2　基于深度学习技术的电动汽车实时调度策略

6.1 节通过强化学习实现了电动汽车功率自动控制，而深度学习基于已有策略进行网络训练收敛性较好，可以有效提取输入数据的特征，因此本节基于 K-means 聚类算法与 LSTM 提出了一种集群电动汽车实时自动优化调度策略,直接基于电动汽车的基础数据和电价生成满足约束的最优充放电计划。本策略基于分布式 EV 调度架构,由离线模型训练阶段和实时优化调度阶段两部分构成。在离线阶段,首先由 K-means 算法对海量 EV 数据聚类,之后用 LSTM 学习不同类型数据下的优化调度模式,建立从 EV 基础数据到优化决策之间的映射,并针对 LSTM 的输出设计了策略增强环节提高 LSTM 的决策性能。在实时阶段,在对 EV 类型识别的基础上,LSTM 能够快速生成优化调度方案。仿真结果表明,与传统优化算法相比,所提策略能够在不依赖用户提供准确的出行时间的情况下,毫秒级地输出近似最优解,适用于规模化 EV 的实时优化调度。

6.2.1 问题引入

EV 充放电功率在时间与空间分布上具有天然的分散性,为调度规模化入网电动汽车的有序用电,通常可由电动汽车聚合商(Electric Vehicle Aggregator,EVA)聚合区域内分散的电动汽车,以电动汽车集群的形式参与需求侧响应。

本节考虑基于价格的需求响应模式,聚合商通过与用户签订双边充电合约获得调度控制权。合约的基本内容包括:聚合商从用户侧采集 EV 基础数据(包括出行计划、需求电量、初始电量等),并判断 EV 是否具有需求弹性(EV 在达到需求电量过程中是否有受调度的空间)。聚合商对具有需求弹性的 EV 进行响应分时电价的优化调度,从用户节省的充电费用中获取抽成,实现降低用户充电成本和区域负荷的削峰填谷。聚合商有责任满足用户的电量需求并帮助用户节省充电成本,但若用户上报信息错误或提前离开,将由用户承担违约责任。图 6-9 反映了 EV、电动汽车聚合商(EVA)以及电网之间的信息和能量交互关系。

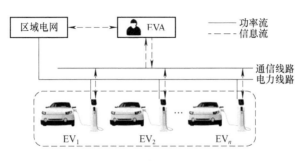

图 6-9 系统架构

在传统的 EV 优化调度方法中，聚合商从电网侧与终端 EV 采集信息，基于物理规律对具有需求弹性的电动汽车建立优化调度模型，求解模型并对各 EV 下达功率指令。常用的基于混合整数线性规划（Mixed Integer Linear Programming，MILP）模型可表示为

$$\min_{P_{i,t}^{c},P_{i,t}^{d}} \sum_{t=1}^{T} \sum_{i=1}^{N} (c_t^{\text{TOU}} P_{i,t}^{c} + c_t^{\text{F}} P_{i,t}^{d}) \quad (6\text{-}28)$$

$$0 \leq P_{i,t}^{c} \leq M_{i,t}^{c} \overline{P}^{c} \quad (6\text{-}29)$$

$$-M_{i,t}^{d} \overline{P}^{d} \leq P_{i,t}^{d} \leq 0 \quad (6\text{-}30)$$

$$M_{i,t}^{c} + M_{i,t}^{d} = 1 \quad (6\text{-}31)$$

$$M_{i,t}^{c}, M_{i,t}^{d} \in \{0,1\} \quad (6\text{-}32)$$

$$P_{i,t}^{c} = P_{i,t}^{d} = 0, t \notin [t_i^{\text{arr}}, t_i^{\text{dep}}] \quad (6\text{-}33)$$

$$-C^{\text{tc}} \leq \sum_{i=1}^{N} (P_{i,t}^{c} + P_{i,t}^{d}) \leq C^{\text{tc}} \quad (6\text{-}34)$$

$$S_{i,t} = S_{i,t-1} + \left(\eta_i^{c} P_{i,t}^{c} + \frac{P_{i,t}^{d}}{\eta_i^{d}}\right) \frac{\Delta t}{C_i} \quad (6\text{-}35)$$

$$\underline{S}_i \leq S_{i,t} \leq \overline{S}_i \quad (6\text{-}36)$$

$$S_{i,t} \geq S_i^{\text{des}}, t = t_i^{\text{dep}} \quad (6\text{-}37)$$

式中，$P_{i,t}^{c}$ 与 $P_{i,t}^{d}$ 分别为第 i 辆电动汽车在 t 调度时段的充电功率和放电功率；c_t^{TOU} 与 c_t^{F} 分别为 t 调度时段的充电分时电价和上网电价；$\overline{P}^{c}$ 与 $\overline{P}^{d}$ 分别为第 i 辆电动汽车额定充电功率与额定放电功率；$M_{i,t}^{c}$ 与 $M_{i,t}^{d}$ 分别为充电功率与放电功率所对应的 0~1 变量，以保证充放电功率在同一时段内互斥；t_i^{arr} 为第 i 辆电动汽车的入网时段；t_i^{dep} 为第 i 辆 EV 的离网时段；C^{tc} 为输配电容量；$S_{i,t}$ 为第 i 辆车在 t 时段的荷电状态（SOC）；C_i 为车辆 i 的电池容量；η_i^{c}，$\eta_i^{d} \in (0,1)$ 分别为电动汽车 i 的充放电效率；Δt 为优化调度的时间步长；$\overline{S}_i$ 与 $\underline{S}_i$ 分别为 EV 电池 SOC 上下限值；S_i^{des} 为第 i 辆 EV 在充电结束后期望达到的电量状态。

作为一种典型的电动汽车优化调度建模方式，MILP 模型在代入参数求解后能够获得各 EV 在目标函数（6-28）下的最优充放电安排。然而在实际应用中，这种基于模型的集中式控制方法存在以下两个主要问题：第一，随着所调度 EV 规模的增大，聚合商面临巨大的实时计算压力，决策效率较低，对设备要求较高。第二，对模型参数要求精确全面，依赖于 EV 用户提供准确的出行时刻，但在实际应用中，EV 车主可能并不愿意（有时也无法）提供具体的行驶计划。考

虑到实际调度的时间尺度通常为15min～1h,即使用户上报了具体的出行时间,也容易承担由于时间预判不准确带来的违约风险,或导致EV优化调度的空间受压缩。

6.2.2 集群电动汽车实时自动优化调度策略

为了克服传统基于模型优化方法在实际应用上面临的问题,本节应用K-means聚类算法与LSTM两种AI技术,构建集群电动汽车入网的实时优化调度策略。本策略基于分布式EV调度架构,由离线模型训练阶段和实时优化调度阶段两部分构成。

离线模型训练阶段在聚合商层面周期性开展,周期至少为1天(由于离线训练基于全局信息的MILP模型求解,依赖于在一天结束后获取该日所有EV接入情况的完整信息,因此最为频繁的离线计算更新频率为一天一次)。聚合商针对不同行驶行为特征的EV分别建立基于LSTM的优化调度模型。由于区域内电动汽车的行驶行为具有很大的分散性,为了充分地掌握不同行驶特征EV的优化调度模式,聚合商首先基于一定区域内电动汽车行驶行为历史数据的海量数据样本,根据EV的入网、离网时间对EV行驶特征采用K-means算法进行聚类。对于聚类结果中的每一类别,采用传统MILP优化算法生成该类各EV最优充放电调度方案,即在理论上能达到的最优调度结果。随后,以MILP最优调度为导向,周期性地针对各类EV分别训练LSTM,引导LSTM从训练数据中学习MILP对各类EV的优化调度决策模式,建立从输入(EV行驶特征等基础数据)到输出(优化EV调度决策)的映射。最终,得到各类LSTM的参数。通过离线训练阶段,LSTM从海量实际数据中学习了最优调度决策模式,具备了在实际优化调度中执行优化决策的能力,当有新数据输入时,LSTM能够快速提供优化决策结果。

实时优化调度阶段在EV充电桩层面以不超过15min的时间尺度实时进行。在离线训练的基础上,我们对各智能充电桩配置一个LSTM用于EV实时调度,所配置的LSTM结构与聚合商中训练的结构相同。新接入的EV用户只需要在一个宽泛的范围内选择其离网时间落入的区间,而不需要提供准确的离网时间。充电桩根据用户的选择结果将之匹配到某一类,并从聚合商中复制训练好的该类LSTM参数,通过该类LSTM快速输出优化调度策略。由于基于LSTM的EV优化调度策略基于数据驱动,可能导致LSTM的输出结果不在物理限制范围内,因此LSTM的输出结果将经过一个外置的策略增强环节后,对EV充放电优化进行控制。

通过采用 K-means 聚类与 LSTM 相结合的方式，对具有相似行为特征的 EV 充放电优化调度聚类学习，既保证了 LSTM 对大规模 EV 优化调度的学习效果与泛化能力，同时也能够在不依赖于 EV 用户提供准确出行时间的情况下实现调度效果。LSTM 的离线训练配合分布式的实时调度架构，将计算量从实时层面向离线层面转移，兼顾了优化结果的全局性和实时优化求解的快速性，适用于大规模的电动汽车集群调度。所提策略的实施流程示意如图 6-10 所示。注意到，虽然聚合商在离线模型训练阶段仍有较大的计算量，但考虑到离线计算最频繁的执行频率为一天一次，有至少一天的时间来缓和离线计算的计算压力。在接下来的6.2.3 节与 6.2.4 节中将分别对 K-means 聚类与基于 LSTM 的优化模型技术细节进行详细说明。

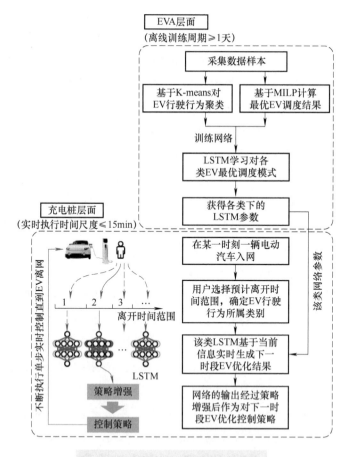

图 6-10　所提策略的实施流程示意

6.2.3 基于 K-means 聚类的 EV 行为分类

EV 行为具有较大的分散性与随机性，但对大量 EV 优化调度进行结果的分析可以发现，具有相似的在网时间分布的 EV 往往呈现出相似的充放电优化调度结果。为了具有针对性地学习这些相似的充放电优化调度模式，首先使用聚类收敛速度快、复杂度低且可扩展性好的 K-means 算法[4]对受调度 EV 按入网、离网时间进行聚类。

受调度 EV 与所选取的聚类指标、聚类结果之间的关系如图 6-11 所示。

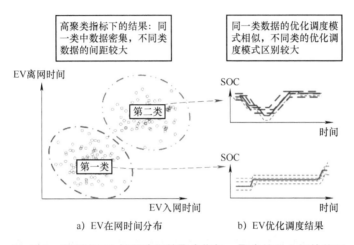

图 6-11 受调度 EV 与所选取的聚类指标、聚类结果之间的关系

聚合商首先需要收集电动汽车入网、离网时间的数据集 X，这个数据集要尽可能得大，才能使所划分的类别能够几乎覆盖所有可能的电动汽车的行为。我们将一个含有 M 组 EV 数据的数据集表示为 $X = \{x^1, x^2, \cdots, x^M\}$，其中 $x_m \in X$，即第 m 组 EV 的入网、离网时间，表示为 $x_m = (t_m^{arr}, t_m^{dep})$。在此之后，聚合商应用 K-means 算法对数据集 X 进行聚类，过程如下。

步骤 1：确定聚类数目 K。

步骤 2：从数据集 X 中随机抽取 K 个数据作为初始聚类中心，得到聚类中心集 $C = \{c^1, c^2, \cdots, c^K\}$。其中对于第 k 个聚类中心 c_k 有 $c_k \in X, c_k = (t_k^{arr}, t_k^{dep})$。

步骤 3：按照式（6-38）分别计算 X 中每个数据点 x_m 到 K 个聚类中心的欧式距离 $d(x_m, c_k)$，将 x_m 划分到距离最近的聚类中心中，得到 K 类数据，分别记作 $X^1, X^2, \cdots, X^K$。

$$d(x_m, c_k) = \sqrt{(t_m^{arr} - t_k^{arr})^2 + (t_m^{dep} - t_k^{dep})^2} \qquad (6-38)$$

步骤4：按照式（6-39）更新聚类中心，重复步骤3、4，直到聚类中心不再移动。最终得到 K 类聚类结果 $X^1, X^2, \cdots, X^K$。

$$c_k = \frac{1}{|X^K|} \sum_{x_m \in X^K} x_m \tag{6-39}$$

在使用 K-means 对 EV 数据集的入网、离网时间进行聚类之后，可以分别针对聚类结果中的每一类数据建立基于 LSTM 的优化调度模型，对规模化 EV 的优化调度提取出 K 个模式。这样，在实时阶段，基于已划分好的类别，只需要 EV 用户选择好其希望被分到的类别（各类都有一个对应的离开时间范围），而不需要 EV 用户提供准确出行时间即可对其进行优化调度。需要注意的是，对于一些在网时间位于两类聚类结果交界处的 EV，由于其优化调度模式往往兼具两类数据的特点，经过 LSTM 的拟合，也能得到近似最优的调度结果。

6.2.4 基于 LSTM 的电动汽车优化调度

本节采用 LSTM 对电动汽车充放电优化调度过程建立从 EV 行驶特征等基础数据到最优 EV 调度决策之间的映射，在实时调度时快速得到优化调度方案。

考虑到电动汽车的充放电优化调度需要满足时间耦合约束，是一个具有时间相关性的过程。本节将电动汽车实时优化调度问题建立成时间序列预测问题[5]的映射形式，即在每一时段基于系统当前及过去的状态、外部输入，输出系统在下一时段的最优状态，如式（6-40）所示。通过在每一调度时段更新并不断实施式（6-40），即可得到整个优化时间范围内的最优状态。

$$\hat{s}_{i,t+1} = f(s_{i,t}, s_{i,t-1}, \cdots, s_{i,t-l+1}, u_{i,t+1}, u_{i,t}, u_{i,t-1}, \cdots, u_{i,t-l+1}) \tag{6-40}$$

式中，$s_{i,t}$ 为第 i 辆电动汽车在第 t 个调度时段的状态；$u_{i,t}$ 为第 i 辆电动汽车在第 t 个调度时段系统的外部输入；我们用上标^来指示 LSTM 输出，即优化决策下的状态；f 为映射关系；l 为时间依赖性假设，即假设下一时段的输出状态和前 l 时段的状态与输入相关。

作为循环神经网络的一种更新变体，LSTM 是目前处理时间序列预测问题最先进的深度学习体系结构之一[6]。不同于传统的模型驱动方法，LSTM 能够在大数据基础上通过训练和拟合形成输入到输出的映射，当新的情况发生、新数据输入的时候，利用所建立的映射直接输出结果。基本的 LSTM 由输入层、LSTM 层（即隐含层）和输出层组成。通过 LSTM 层其内部节点的反馈连接，LSTM 能挖掘并建立时间序列中的时间相关性，其独特的内部结构，包括遗忘门、输入门和输出门，极大地提高了 LSTM 对数据的记忆能力。

LSTM 模型的建立基于对数据的训练。在训练之前，必须指定 LSTM 的输入输出变量、LSTM 层的数目、每层的内部节点数和训练停止条件。训练的第一步是将式（6-40）中先前状态和先前输入的数据呈现给输入层。然后根据网络输出与训练数据集输出值之间的误差不断调整网络的权值，直到算法收敛。经过训练，LSTM 能够拟合输入到输出的映射关系。一旦我们将一组新的数据输入到输入层，LSTM 就可以产生具有时间相关性的相应输出结果。

在对 EV 充电的入网、离网时间聚类的基础上，采用 LSTM 有针对性地对划分好的每一类数据分别进行训练，从而形成基于 LSTM 的 EV 优化调度模型。

1. 网络的输入输出

基于 6.1 节中的初步建模，为了建立式（6-40）所示的映射关系，首先需要确定 LSTM 的输入和输出变量。

对于集电动汽车充放电优化问题，通常以电动汽车的最优充放电功率作为决策变量输出，但考虑到基于 LSTM 的 EV 优化调度模型是通过对海量数据的训练和拟合建立的，如果采用最优功率作为网络的输出将会面临以下两方面问题：第一，在电动汽车接入电网的时间范围内，电动汽车的优化功率在时域上的取值稀疏，缺乏足够的信息量使 LSTM 充分地"捕捉"到其中的规律；第二，在对电动汽车的优化调度必须满足其车载动力电池的电量约束，这些约束间接地体现在充放电功率上，若以功率作为输出 LSTM 不易充分地学习到这些约束的规律。因此，我们考虑采用最优 SOC 作为网络输出，相比于功率，SOC 在时域上的取值密集，且能够直接反映出电池电量约束的作用效果。如果能够输出第 i 辆电动汽车在 $t+1$ 调度时段 SOC 的最优取值 $\hat{S}_{i,t+1}$，那么其在 $t+1$ 调度时段的优化充/放电功率 $\hat{P}_{i,t+1}$ 可由式（6-41）计算得到，从而实现对 EV 充放电功率进行优化控制。

$$\hat{P}_{i,t+1} = \begin{cases} \dfrac{\Delta S_{i,t+1}}{\Delta t \times \eta_i^c} C_i, & \text{若 } \Delta S_{i,t+1} \geq 0 \\ \dfrac{\Delta S_{i,t+1}}{\Delta t / \eta_i^d} C_i, & \text{若 } \Delta S_{i,t+1} < 0 \end{cases} \tag{6-41}$$

式中，$\Delta S_{i,t+1} = \hat{S}_{i,t+1} - S_{i,t}$。

由式（6-40）可知，LSTM 的输入应由系统当前及过去的状态 $S_{i,t}$ 与外部输入 $u_{i,t}$ 组成。在外部输入上，我们考虑电动汽车的充放电优化主要受两方面因素的影响：一方面，从使用的角度，车主往往希望尽快充满电以满足下一次用车；另一方面，从经济性、电网运行的角度，往往需要电动汽车响应调度信号，在某些时段延时充电甚至反向放电。因此，综合考虑这两方面因素，在本节的调度框架下，我们选择外部输入变量为充电分时电价 c^{TOU}、上网电价 c^{F}，以及反映电动汽车充电紧急程度的松弛率系数 L_i，加之当前及过去 EV 的 SOC S_i，共同构成网络的输入。

其中，对第 n 辆电动汽车在 t 调度时段的松弛率定义如下：

$$L_{i,t} = \begin{cases} \dfrac{\tau_{i,t}^{\text{remain}} - \tau_{i,t}^{\text{c}}}{\tau_{i,t}^{\text{remain}}}, & \text{若 } \tau_{i,t}^{\text{remain}} > 0 \\ 0, & \text{若 } \tau_{i,t}^{\text{remain}} \leq 0 \end{cases} \quad (6\text{-}42)$$

$$\tau_{i,t}^{\text{remain}} = t_k^{\text{dep}} - t, (t_i^{\text{arr}}, t_i^{\text{dep}}) \in X_k \quad (6\text{-}43)$$

$$t_{i,t}^{\text{c}} = \max\left(\dfrac{S_i^{\text{des}} - S_{i,t}}{\eta_i^{\text{c}} P_{i,t}^{\text{c}}}, 0\right) \quad (6\text{-}44)$$

式中，$\tau_{i,t}^{\text{remain}}$ 为第 i 辆电动汽车所属类的最小离网时间与当前时间的差值，如式（6-43）所示，之所以采用该类最小离网时间与当前时间的差值是为了避免在实时调度阶段 EV 的具体离网时间不确定为调度带来的影响；$t_{i,t}^{\text{c}}$ 为还未达到需求电量时，从当前电池电量充电到需求电量所需时间，如式（6-44）所示；t_k^{dep} 为第 k 类电动汽车的最小离网时间。

由式（6-42）可知，$L_{i,t}$ 的取值介于 0～1 之间这一固定范围内，有助于提升 LSTM 的表现。当 $L_{i,t}$ 越接近 1，意味着该类 EV 的充电时间相对充足，LSTM 倾向于做出有助于降低充电成本的决策。当 $L_{i,t}$ 越接近 0，意味着该类 EV 的充电时间可能不足，LSTM 倾向于做出有助于满足用户充电需求的决策。

综上所述，LSTM 的输入与输出的关系可表示为

$$\begin{aligned}\hat{s}_{i,t+1} = f(&s_{i,t}, s_{i,t-1}, \cdots, s_{i,t-l+1}, L_{i,t+1}, L_{i,t}, \cdots, L_{i,t-l+1}, \\ &c_{t+1}^{\text{TOU}}, c_t^{\text{TOU}}, \cdots, c_{t-l+1}^{\text{TOU}}, c_{t+1}^{\text{F}}, c_t^{\text{F}}, \cdots, c_{t-l+1}^{\text{F}})\end{aligned} \quad (6\text{-}45)$$

2. 训练数据集与数据预处理

训练数据集基于一定区域内电动汽车数据样本，以及由式（6-28）~式（6-37）所示的传统 MILP 算法求解得到的该样本最优 SOC 结果。尽管在实际调度过程中，由于存在不确定性，调度时无法获取到全面的信息，导致 MILP 的优化结果难以实现。但 LSTM 的训练是基于历史数据进行的，不含有不确定性，在掌握了历史数据的全面信息的情况下，我们利用 MILP 这一理论最优解为导向，引导 LSTM 学习最优的调度决策的模式。

我们将上述基础数据按前文中网络的输入、输出进行整理，将所有 s_i、L_i、

c^{TOU}、c^F 按时间顺序存储在训练数据集中，并根据 6.2.3 节的聚类结果，将训练数据集按类划分开，由此得到了 K 组训练集。

对每组训练集，通过式 (6-46) 所示的 min-max 归一化将输入 $u_{i,t}$ 映射到 $[0,1]$ 之间后，即可对网络进行训练。

$$u_{i,t} = \frac{u_{i,t} - \min(u_i)}{\max(u_i) - \min(u_i)} \quad (6\text{-}46)$$

3. 网络训练

针对 K 组训练基础数据，聚合商需要分别训练 K 个 LSTM，这 K 个 LSTM 具有相同的网络结构，不同的训练数据。在训练过程中，我们使用 Adam 优化器[7]进行训练，目标为使网络输出与标签（即由 MILP 解出的最优 SOC）的方均误差 (Mean Square Error, MSE) 最小，如下所示：

$$\min\left(\frac{1}{Z_t} \sum_{z=1}^{Z_t} (\hat{S}^z - S^z)^2 \right) \quad (6\text{-}47)$$

式中，Z_t 为训练样本中 SOC 值的总个数，$\hat{S}^z$ 为由 LSTM 生成的第 z 个优化 SOC 值；S^z 为训练样本中由 MILP 求解得到的最优 SOC 值。

对于每个网络，我们设置初始学习率为 0.01 使其在训练前期更快地收敛，每 120 个 Epoch 后学习率将会缩小为原来的十分之一，使其能够稳定在收敛点附近。

同时，为了防止网络出现过拟合，我们抽取部分训练集中的数据作为网络的验证集，在每 30 个 Epoch 后观察网络在验证集上的表现，用方均根误差 (Root Mean Square Error, RMSE) 来衡量，如下所示：

$$\sqrt{\frac{1}{Z_v} \sum_{z=1}^{Z_v} (\hat{S}^z - S^z)^2} \quad (6\text{-}48)$$

式中，z_v 为验证集中 SOC 值的总个数。

通过对比不同超参数结构的网络在验证集上的表现，最终，我们得到其最优结构为两层 LSTM 层，同时每个隐藏层单元数目都为 50。其中，全连接层为最终的网络输出层，考虑到 SOC 的取值范围在 $[0,1]$ 之间，我们选用 ReLU 函数作为这一输出层的激活函数。

4. LSTM 的实时优化调度过程

训练完成后的 LSTM 具备实时优化调度的能力。以某一充电桩为例，在实时优化调度阶段，充电桩在用户入网后获取用户选择的离网时间所处范围，将之匹配至所属类型，然后从聚合商中复制该类 LSTM 参数。同时，充电桩的 LSTM 获取所接入 EV 当前时间 t 的 SOC、充放电价格、松弛率系数的大小，并在输入向量中更新。如式（6-45）中所示，当所有输入均已成功更新后，LSTM 则能够输出下一个时段 $t+1$ 该辆 EV 的优化 SOC。输出的 SOC 经过式（6-41）的变换后转化成下一时段 $t+1$ 的优化充放电功率。LSTM 将不断重复上述"更新当前输入状态—输出下一时段优化结果"的单步的优化控制过程，直到该 EV 离开充电桩，实现对接入 EV 的实时优化调度。

5. 针对 LSTM 输出的策略增强

至此，训练好的网络具备了对该类电动汽车 SOC 优化的拟合能力。当第 t 时段对第 K 个网络输入具有第 K 类特征的 EV 数据，网络能够快速给出该 EV 在 $t+1$ 时段的 SOC 优化结果。然而，基于 LSTM 的 EV 优化模型属于数据驱动模型，缺乏严格的约束来保证其输出总是在物理限制范围内。考虑到 LSTM 的内部逻辑和物理概念尚不够清晰，难以从 LSTM 内部进行改进。因此，针对 LSTM 的输出结果进行策略增强（Policy Enhancement，PE），以保证 LSTM 的输出严格满足实际运行中的物理约束。

首先，针对 EV 入网约束对 LSTM 输出结果进行策略增强。这部分的基本约束包括：电动汽车 SOC 的上下限约束如式（6-36）所示，充放电功率的上下限约束如式（6-29）和式（6-30）所示，以及输配电容量约束如式（6-34）所示。与这些约束相对应的策略增强伪代码 PE1 见表 6-3。

表 6-3 策略增强伪代码 PE1

PE1：针对 EV 入网约束的策略增强
1：**for** $n = 1, \cdots, N$ **do**
2：　$\hat{S}^n(t+1) = \max(\hat{S}^n(t+1), \underline{S}^n)$
3：　$\hat{S}^n(t+1) = \min(\hat{S}^n(t+1), \overline{S}^n)$
4：　$\hat{P}^n_{EV}(t+1) = \max(\hat{P}^n_{EV}(t+1), -\overline{P}^n_{EVd})$
5：　$\hat{P}^n_{EV}(t+1) = \min(\hat{P}^n_{EV}(t+1), \overline{P}^n_{EVc})$
6：　**if** $\sum_{n=1}^{N} \hat{P}^n_{EV}(t+1) \geq C_{tc}$
7：　　$\hat{P}^n_{EVc}(t+1) = 0, \; n \in \{n: L^n(t+1) > \overline{L}(t+1)\}$
8：　**else if** $\sum_{n=1}^{N} \hat{P}^n_{EV}(t+1) \leq -C_{tc}$
9：　　$\hat{P}^n_{EVd}(t+1) = 0, \; n \in \{n: L^n(t+1) < \underline{L}(t+1)\}$
10：**end if**
11：**end for**

其中，第2~3行对应SOC上下限约束，第4~5行对应充放电功率上下限约束，上述第2~5行相当于对LSTM的单步输出进行了结果过滤，保证了SOC与充放电功率输出处于上下限范围内。第6~7行为当某一时段EV集中充电导致不满足输配电容量约束时，令充电紧急程度不高的EV充电功率为0。式中，$\hat{P}_{\mathrm{EVc}}^n(t+1)$表示由LSTM决策的第$n$辆EV的充电功率；$\overline{L}$用于划分充电紧急程度不高的EV，一般取值接近于1，经过划分后，剩余EV的功率总和应小于C_{tc}。第8~9行为当某一时段EV集中放电导致不满足输配电容量约束时，令充电紧急程度高的EV放电功率为0。式中，$\hat{P}_{\mathrm{EVd}}^n(t+1)$表示由LSTM决策的第$n$辆EV的放电功率；$\underline{L}$用于划分充电紧急程度高的EV，一般取值接近于0，经过划分后，剩余EV的功率总和应大于$-C_{\mathrm{tc}}$。

接下来，针对EV充电需求进行策略增强。EV用户的充电需求表现为，在EV离网时EV电量应不低于一定数值以满足下次行驶需求，如式（6-37）所示。为保证EV的充电需求严格满足，策略增强伪代码PE2见表6-4。

表6-4 策略增强伪代码PE2

PE2：针对EV充电需求的策略增强
1： **for** $n = 1, \cdots, N$ **do**
2： **if** $L^n(t) = 0$
3： **if** $\hat{S}^n(t) < S_{\mathrm{dep}}^n \& \hat{P}_{\mathrm{EVc}}^n(t+1) \geq \alpha \overline{P}_{\mathrm{EVc}}^n$
4： $\hat{P}_{\mathrm{EV}}^n(t+1) = \overline{P}_{\mathrm{EVc}}^n$
5： **end if**
6： **if** $\hat{S}^n(t) \geq S_{\mathrm{dep}}^n$
7： $\hat{S}^n(t+1) = \min(\hat{S}^n(t+1), \hat{S}^n(t))$
8： $\hat{S}^n(t+1) = \max(\hat{S}^n(t+1), S_{\mathrm{dep}}^n)$
9： **end if**
10： **end if**
11： **end for**

其中，当$L^n(t) = 0$且$\hat{S}^n(t) < S_{\mathrm{dep}}^n$时，即该电动汽车松弛率为0且尚未达到车主期望电量，那么如果此时网络所输出的充电功率指示大于最大充电功率的α倍，那么在经过第4行所示公式后，LSTM的控制策略将变为让该EV以额定充电功率充电，即实现了充电功率的增强，"催促"网络满足车主的需求。此处的α是一个经验参数，取0.4。当$L^n(t) = 0$且$\hat{S}^n(t) \geq S_{\mathrm{dep}}^n$时，即该电动汽车松弛率为0且达到或超过车主期望电量，此时只允许EV将"多余"的电量输送给电网，而不允许其他操作，如第7~8行所示。这是由于根据松弛率的定义，此时车主处于"随时"可能离开的状态，因此一旦电量已达需求，就"抑制"其他调度行

为以应对车主随时离开的可能性。

值得注意的是，PE 仅用于避免并不总是发生的 LSTM 的越限输出，优化结果仍然主要依赖于 LSTM 的泛化能力，具体的分析可见 6.2.5 节。

6.2.5 算例分析

为了验证所提出的基于 AI 技术的集群电动汽车实时自动优化调度方法的准确性和有效性，我们在配置为 Intel(R) Core(TM) i7-10750U CPU @ 2.60GHz 2.59GHz 和 NVIDIA RTX 20606G 显存的计算机上进行仿真，在 MATLAB R2020a 平台上实现了 K-means 聚类与 LSTM 算法，并利用 YALMIP 工具箱配合 Gurobi 求解器对 MILP 模型进行了求解。

1. 算例场景及仿真参数设置

以丹麦 2001—2003 年期间基于 GPS 的车辆跟踪数据（AKTA 数据）作为 EV 行驶行为的原始数据集[8]。AKTA 数据包含 GPS 跟踪的哥本哈根市 360 辆汽车的行驶行为，时间从 14~100 天，能够为本节所提方法提供较为完善的数据基础，这 360 辆汽车分别属于位于同一片区域的 360 户家庭，任何一辆车都不存在特殊性。我们将 AKTA 数据集中每一天车辆初次出发的时刻假设为 EV 离网时间，当天旅途中车辆最后一次行程结束的时间假设为 EV 入网时间，并以 15min 为 1 个时间步长将一天划分为 96 个时段，进而获得共 28200 组具有入网、离网时间编号的有效 EV 行驶数据。

我们将 AKTA 数据集划分为训练集与测试集，其中训练集为离线训练所采用的基础数据，测试集为对实际优化调度进行仿真采用的基础数据，用于测试本节方法在实际优化调度中的表现。我们遵循深度学习领域将测试集与训练集按近似 1:8 的比例进行划分的一般原则对 AKTA 数据进行划分。考虑到测试集中的数据应满足一定时间连续性以更好地验证本节方法在一段连续时间上运行的有效性与稳定性，以及应具有一定的规模以验证本节方法在集群电动汽车调度上的表现，我们从 AKTA 样本数据中时间连续性大于 30 天的 328 辆车里，用随机抽样的方法选取出 100 辆作为测试样本，并以抽样出的 100 辆车最后 30 天的连续数据（之所以选用最后 30 天的数据为测试数据，是因为这使仿真更符合本节方法在实际应用中的时间配合关系，最后 30 天的实时调度是基于对先前一段时间的历史数据的训练得到的），共 3000 组的行驶数据，作为 LSTM 的测试集。其余 25200 组数据作为 LSTM 的训练集，保证训练数据的充足性和多样性。由此得到测试集样本数目为 3000，训练集样本数目为 25200，符合1∶8的数据集划分一般原则。

需要注意的是,为了使本节所提方法能够应对实际优化调度情况,在训练集的构建上令所有EV都按照6.2.2节所述选择了一个离开时间范围,并据此生成对应的$L^n(t)$来进行训练。在测试集上,由于提供选择的离网时间范围宽泛,加之合约规定用户对离网时间上报不准确需承担违约风险,我们假设用户都能在其选择的离开时间范围内离开。

根据参考文献[9],对V2G模式下电动汽车充放电仿真参数设置见表6-5,其中N(均值,标准差^2)表示满足正态分布。对电动汽车充放电电价,本节采用国家电网北京市电力公司所属电动汽车公共充电设施峰谷分时电价[10]:峰时(10:00—15:00和18:00—21:00)1.0044元/kWh、平时(7:00—10:00,15:00—18:00和21:00—23:00)0.6950元/kWh、谷时(23:00—次日7:00)0.3946元/kWh。采用国家电网北京市电力公司所属电动汽车公共充电设施峰谷分时电价并参考文献[11]假设电网为奖励聚合商对区域负荷削峰填谷所带来的贡献,对EV放电给予一定补贴,放电电价按充电费用的45%定价。

表6-5 电动汽车充放电仿真参数设置

参　　数	取　　值	参　　数	取　　值
额定充/放电功率	7kW/-7kW	初始SOC分布	$N(0.6, 0.1^2)$
充/放电效率	0.95/0.92	SOC上/下限	0.9/0.1
电池容量	70kWh	SOC充电需求	0.85

为了验证所提出的基于AI技术的EV调度策略的准确性和求解效率,我们基于四种不同的方法分别求解了集群EV充放电问题:①用所提出的完整的基于AI技术的EV调度策略对EV集群进行日内实时优化调度,后简称完整策略;②用不含有6.2.2节描述的PE2的基于AI技术的EV调度策略对EV集群进行日内实时优化调度(考虑到不含6.2.2节描述的PE1的调度结果在物理上是不可行的,因此本节仅对不含PE2的情况进行模拟),后简称不含PE2;③用基于MILP的传统优化模型对EV集群优化调度,后简称MILP;④无序充电。即不考虑调度,一旦电动汽车连接到充电桩上就以额定充电功率充电直到充满,然后断开。在实时调度阶段,方法①、②、④均实时生成调度曲线,而方法③并非对实际调度情况的模拟,而是充当理论上的最优基准,衡量所提策略在实时调度中的表现,MILP调度曲线的生成是相当于在这一天结束,已知了所有信息后求解的"日后优化"。

2. 聚类结果及应用分析

聚类时需要预先指定聚类数目。为确定最佳聚类数目，我们比较了聚类数目为 2~14 时的三种聚类质量指标：轮廓系数、CH 指数以及戴维森堡丁指数（Davies-Bouldin Index，DBI），如图 6-12 所示。

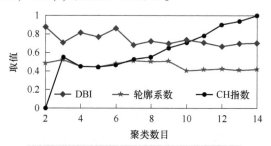

图 6-12　不同聚类数下的聚类质量指标

其中，轮廓系数越接近 1、CH 指数越大或 DBI 越接近 0 都可以代表聚类效果越好。由于 CH 指数的数量级一般远大于另外两个指标，为了更直观地展示三个指标的变化，我们利用 min-max 归一化将 CH 指数进行了放缩。从图中可以看出，当选取聚类数目 $N=3$ 和 $N=7$ 时，轮廓系数达到了极大值、CH 指数相对较高，同时 DBI 也达到了极小值，因此三个指标同时达到了相对较好的结果。然而聚类数目为 3 时分类过于粗略，因此选取最佳聚类数目为 7。

在本节调度策略下，首先在离线阶段采用 K-means 算法对 EV 入网、离网时间数据进行聚类，作为后续 LSTM 训练以及实时调度的基础。

之后，利用 K-means 对训练样本数据进行聚类，得到结果如图 6-13 所示。训练样本按 EV 入网、离网时间被较为均匀地分成了七类。

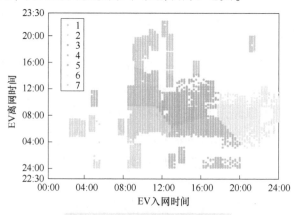

图 6-13　训练数据集聚类结果

由于本策略是一种数据驱动的技术,为了保证实际应用效果,在对 LSTM 训练时应尽量多地考虑到可能出现的情况,为避免偶然性,训练数据集中的数据应具有充足性与多样性,才能在面对不同实际情况时具有好的泛化能力,否则,训练后的 LSTM 所学到的内容可能不足以处理各种实际情况,也可能出现过拟合问题。由图 6-13 可以看出,训练数据具有充足性与多样性,能够满足训练要求。

接下来在实时阶段,当新的 EV 入网之后,聚合商就可以根据图 6-14 所示的 EV 入网、离网时段聚类结果给出几个离网时间范围供用户选择,并基于用户的选择结果分配用户相应的 LSTM 进行调度。表 6-6 给出了几组不同入网时间下的车主选择范围和对应被分到的类别示例。可以看出可供用户选择的时间范围宽泛,相比用户上报准确的离网时间,选择离网时间范围的方式更利于实际应用。

对实时调度数据的分类结果与 EV 实际入网、离网时间如图 6-14 所示。可以看出,实时调度数据在聚类特征分布上涵盖了所有 1~7 类的数据类型,后文将基于此对所提策略在不同类型 EV 的调度效果上进行全面的分析。

表 6-6 EV 用户的离网时段选择及其对应的分类

入 网 时 段	选 择 1	选 择 2	选 择 3	选 择 4
9:00—9:15	次日 4:00 前第 2 类	4:00—9:30 第 7 类	9:30—15:00 第 4 类	15:00 后第 1 类
15:00—15:15	次日 6:15 前第 5 类	6:15—14:15 第 3 类	14:15 后第 1 类	—
18:00—18:15	次日 7:30 前第 5 类	7:30—14:00 第 6 类	14:00 后第 1 类	—
21:00—21:15	次日 2:30 前第 5 类	2:30—17:30 第 6 类	17:30 后第 1 类	—

注:"选择 1"列的时间起点为以额定功率对该辆 EV 充电直到满足其电量需求的时间。若离网时间小于这一时间起点,则视为无需求弹性,不参与优化调度。

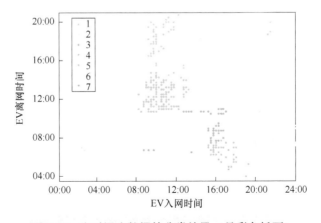

图 6-14 实时调度数据的分类结果(见彩色插页)

3. 一天的 EV 调度结果分析

首先，从单辆 EV 在一天内的调度情况分析所提策略的准确性与有效性。我们分别抽取了四辆具有不同特征的 EV（分别记作 EV1~EV4）的 SOC、充放电功率与松弛率系数，如图 6-15 所示。

从总体上看，所提策略在 SOC 与功率的决策结果上与基于 MILP 的优化求解结果接近且趋势相同，实现了在电价高峰时放电、电价低谷时充电以及当 EV 的充电需求紧迫时优先充电。不同点在于，所提策略下的 EV 优化功率更加平均地分布在相同电价信号的时间范围内，而 MILP 则倾向于短时间内以额定功率充放电的决策结果。

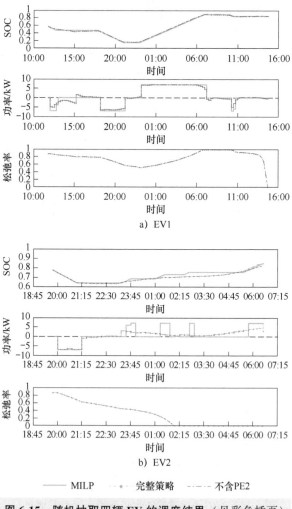

图 6-15 随机抽取四辆 EV 的调度结果（见彩色插页）

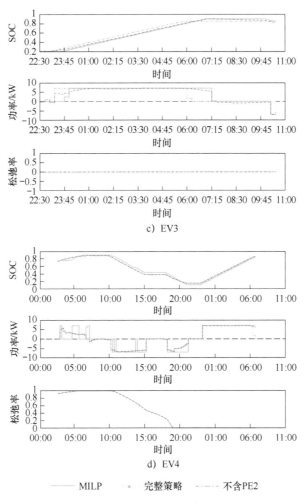

图 6-15 随机抽出四辆 EV 的调度结果（续）

具体来看，对于 EV1（位于第 1 类与第 4 类的交界处，被归为第 4 类），是否含有 PE2 的决策结果完全重合；而 EV2（位于第 5 类与第 6 类的交界处，被归为第 6 类）与 EV4（属于第 2 类）在大部分调度时段内，是否含有 PE2 的决策结果也完全重合，在即将离网时段，由于 PE2 的作用提高了充电功率，保障了 EV 的充电需求。可以得出，基于 LSTM 的决策模型具有一定的有效性，但配合策略增强环节后能达到更好的调度效果。

注意到，由于 EV3（属于第 6 类）在入网时 SOC 很低，致使其充电需求紧迫，表现为其松弛率系数在全调度阶段持续为 0，LSTM 基于此也积极调度该 EV 充电，而非响应分时电价。但由于 LSTM 学习到了 MILP 在该 EV 快要离网时向电网放电的决策，导致不含 PE2 时，EV3 的离网 SOC 仅为 0.8。在添加了 PE2 后，对 LSTM 的优化结果进行了增强，限制了 EV3 在即将离网时的放电，保证了其离网时的 SOC 能维持在车主需求的 0.85。EV3 的调度结果一方面反映出松弛率系数作为 LSTM 的输入，起到了平衡 LSTM 输出结果在响应分时电价用于满足用户需求的作用，另一方面也说明了在数据驱动模型中采用策略增强环节对输出结果进行过滤，为满足重要的 EV 约束提供保障是有一定必要的。

不同调度策略对一天内 100 辆 EV 集群的功率调度情况如图 6-16 所示。

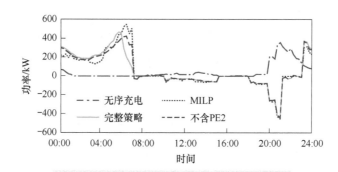

图 6-16 实时调度时集群 EV 的充放电功率

该日内，无序充电下集群 EV 将在电价高峰时段（20:00—21:00）形成充电高峰，本节所提完整调度策略、不含 PE2 的调度策略与 MILP 均实现了集群 EV 在电价高峰时段优先向电网放电，进而到电价低谷时段（23:00—次日 7:00）进行充电，实现了削峰填谷。相比于 MILP 的决策结果，本节所提策略下充放电功率的峰值更低，表现出更平缓的特征，在对充放电功率的决策上 LSTM 更倾向将充放电功率平均地分布在具有同一电价信号的时段内。由于 PE2 增强了 EV 即将离网时段的充电决策，限制了 EV 即将离网时段的放电决策，完整策略下的充电功率峰值略高于不含 PE2 的结果。

4. 连续 30 天的 EV 调度结果分析

为了综合考察所提策略基于不同数据的决策表现以及在一段时间内的决策稳定性，我们对这 100 辆 EV 集群连续 30 天优化调度进行了仿真。首先，连续运行 30 天的累计充电费用如图 6-17 所示。

以无序充电下的累计费用为基准，MILP 的求解结果为理论最优解，即最低可能实现的充电费用下限，占无序充电的 47.02%。对于不含 PE2 的所提策略，占无序充电费用的 50.63%。完整的所提策略下，充电费用为无序充电费用的 50.67%。可见所提策略能在实时调度时实现近似最优的费用优化结果，与理论最优值的误差在 5% 以内。考虑到由于实际的 EV 行为不确定性等因素，由 MILP 求得的理论最优值在实际应用中往往难以实现，因此可以认为所提策略在 EV 优化调度上是有效的。

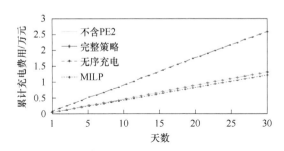

图 6-17 连续运行 30 天的累计充电费用（见彩色插页）

通过对比可以看出，在 30 天中完整策略和不含 PE2 的决策结果与理论最优值的累计差异稳步增加，由于完整策略与不含 PE2 的策略的决策结果均基于 LSTM，可以说明训练后的 LSTM 在决策上表现稳定，能够应对 30 天内不同类型 EV 的实时输入数据。

除了无序充电以外，完整策略、不含 PE2 的策略、MILP 的费用十分接近，说明 LSTM 能够取得近似最优的调度结果，其中不含 PE2 的所提策略在费用上略低于完整策略，这是由于 PE2 中增加了对车主充电需求的硬性约束导致的，但两者差距很小，30 天的累积值仅相差 0.04%，说明策略增强环节对费用的影响有限。

基于前文的分析，本节所提策略不依赖 EV 用户提供完整精确的出行计划，只需要在到达后提供一个大致的离开时段，但仍然能取得与理论最优值如此接近的优化调度结果，在实际应用中具有更大的可行性。

通过对连续 30 天这 100 辆 EV 调度进行仿真，统计了所提策略与传统 MILP 方法在实时应用上单个计算点的求解时间，见表 6-7。

表 6-7 求解时间对比

方　法	最　大　值	最　小　值	平　均　值
完整策略	0.0052s	0.0046s	0.0049s
MILP	55.4848s	8.8687s	32.2388s

所提策略一次计算的时间可以达到毫秒级，平均值不超过 0.005s，且求解时间稳定。考虑到基于所提策略的分布式调度结构，EV 的数量对求解时间的影响

是有限的。基于 MILP 模型的集中式调度方法在单个计算点平均求解时间为 30s 左右，且求解时间随此时入网 EV 数目的变化而呈现明显的变化，因为在这一模式下，一旦某一时段有新车接入，聚合商就会对所管辖的所有 EV 重新进行一次集中优化计算。

求解 MILP 问题涉及矩阵求逆问题，这是一个相对耗时的过程。在传统的 MILP 优化调度策略下，在实时阶段采用 MILP 优化算法，导致计算压力集中于实时调度过程，相比之下，所提策略将 MILP 优化计算的压力由离线模型训练阶段承担，在实时优化调度时则直接基于所训练的 LSTM，由输入映射到输出，大大节省了求解时间，缓解了聚合商在实时调度上的计算压力。且单次离线训练后可至少保证连续 30 天的稳定运行，即可以 30 天后再对离线训练进行更新，频率较低，有充足的时间来缓和离线计算的计算压力。考虑到本算例实时求解的时间尺度为 15min，所提策略更适合于大规模 EV 的实时优化调度。

6.3 思考题

1. 电动汽车聚合商如何对电动汽车进行调控，请简要表述调控过程？
2. 电动汽车控制目标是什么？在控制过程中面临哪些难题？
3. 常用的电动汽车控制技术有哪些？

参考文献

[1] FUJIMOTO S, HOOF H, MEGER D. Addressing function approximation error in actor-critic methods [C]//International Conference on Machine Learning. PMLR, 2018：1587-1596.

[2] THINGVAD A. Optimization, modeling and control of distributed electric vehicles for system frequency regulation [D]. Diss Master thesis, 2017.

[3] NG A Y, HARADA D, RUSSELL S J. Policy invariance under reward transformations：theory and application to reward shaping [C]//Proceedings of the Sixteenth International Conference on Machine Learning. San Francisco：Morgan Kaufmann Publishers Inc., 1999：278-287.

[4] 赵莉，侯兴哲，胡君，等. 基于改进 K-means 算法的海量智能用电数据分析 [J]. 电网技术，2014, 38（10）：2715-2720.

[5] BA Y, XIONG T, HU Z. Multi-step-ahead time series prediction using multiple-output support vector regression. Neurocomputing [J]. 2014, 129：482-93.

[6] 杨少波，刘道伟，安军，等. 基于长短期记忆网络的电网动态轨迹趋势预测方法 [J]. 中国电机工程学报，2020, 40（09）：2854-2866.

[7] DIEDERIK P K, JIMMY B. Adam：A Method for Stochastic Optimization［J］. 2014.

[8] WU Q W, NIELSEN A H, ØSTERGAARD J, et al. Driving pattern analysis for electric vehicle (EV) grid integration study［C］// 2010 IEEE PES Innovative Smart Grid Technologies Conference Europe (ISGT Europe). Gothenberg, Sweden：IEEE, 2010：2165-4816.

[9] 徐智威,胡泽春,宋永华,等. 基于动态分时电价的电动汽车充电站有序充电策略［J］. 中国电机工程学报, 2014, 34 (22)：3638-3646.

[10] 国网北京市电力公司. 国网北京市电力公司所属电动汽车公共充电设施执行峰谷分时电价［EB/OL］. (2016-06-15)［2023-11-12］. http：//www.bj.sgcc.com.cn/html/main/col1/column_1_1.html.

[11] 刘利兵,刘天琪,张涛,等. 计及电池动态损耗的电动汽车有序充放电策略优化［J］. 电力系统自动化, 2016, 40 (05)：83-90.

[12] 胡寰宇,艾欣,胡俊杰,等. 考虑电动汽车移动储能特性的智能楼宇群能量管理方法［J］. 电力自动化设备, 2022, 42 (10)：227-235.

[13] 赵星宇,胡俊杰. 集群电动汽车充电行为的深度强化学习优化方法［J］. 电网技术, 2021, 45 (06)：2319-2327.

[14] 周华嫣然,周羿宏,胡俊杰,等. 人工智能技术支撑的集群电动汽车实时优化调度策略［J］. 电网技术, 2021, 45 (04)：1446-1459.

第 7 章

电动汽车与配电网互动模式与方法

对于大部分电动汽车用户而言,居民小区是最主要也是最理想的充电场所,但是在实际生活中,电动汽车充电却面临着"入户难"的困境,尤其是在部分建成时间较长且配电容量有限的老旧小区中。制定合理的有序充电策略,对电动汽车的充电进程进行控制,是解决"入户难"问题的关键。此外,现有居民小区内电动汽车充电管理策略中用户设置离家时间的方式可能引发功率分配不均的问题。因此,本章将从电动汽车用户离家时间预测和有序充电运行策略制定两方面对居民小区内电动汽车有序充电策略进行研究。

7.1 小区配电设施发展与充电策略研究现状

目前大多数小区在设计配电容量时仅考虑居民的基本充电需求,未考虑电动汽车的大规模充电问题,变压器容量较小,且由于平时缺少管理和维护,线路老化严重,安全隐患较为突出。若电动汽车大规模集中充电,极易导致变压器过载,进而影响居民的日常生活。

电动汽车集群充电优化策略研究可分为三部分。第一部分针对电动汽车集群并网给配电网带来的影响,通过控制节点电压、推迟充电时段、限制充电功率以及建立电价引导机制等手段对电动汽车的充电进程进行调整。第二部分通过降低充电费用、减少电池损耗以及缩短排队时间等方式提升用户的使用体验。第三部分综合考虑电动汽车充电对配电网及用户体验的影响,以多目标优化的方式实现电动汽车有序并网。然而,上述研究忽略了电动汽车的充电不完全问题,且随着电动汽车渗透率的不断升高,该问题也将日益严重。

7.2 基于 LSTM 的用户离家时间预测模型

针对现有的电动汽车有序充电研究中由用户自主设置离家时间这一方式可能引发的功率浪费以及"恶性竞争"问题,本节提出对小区内电动汽车用户建立差异化预测模型,即对每一位用户的离家时间进行预测。

7.2.1 用户出行规律

相较于燃油车,目前电动汽车市场尚未达到较大的规模,因此还没有针对电动汽车用户出行特性的研究。一般来说可以认为汽车的类型不影响用户的出行习惯,2017 年全美家用车出行统计(National Household Travel Survey,NHTS)是自 1969 年以来美国第 8 次对居民出行数据进行统计,采访手段主要以有偿的跟随式电子问卷和随机选取电话采访为主,统计覆盖美国 13 个州市,数据收集历经 14 个月,有超过 10 万个家庭参与其中。同时,在我国,商业机构如高德会不定期发布居民出行报告,如《中国主要城市交通分析报告》或《2017 上半年度中国主要城市公共交通大数据分析报告》等。以前者为例,报告覆盖了全国 50 个城市,主要侧重于对各个城市交通健康指数的评价和计算、公共交通运行分析以及城市交通病的解决方案的提出。目前,我国暂无政府机构或非营利组织对此类数据进行研究,公开报告中缺乏对用户出行数据的规律研究(出行时间、行驶里程等)。故目前国内外研究通常会基于美国 NHTS 发布的出行报告开展研究工作。因此本书参考 2017 年 NHTS 中的统计结果。

用户的回家时间满足正态分布,其概率密度函数如下所示:

$$f_s(x) = \begin{cases} \dfrac{1}{\sqrt{2\pi}\sigma_s}\exp\left[-\dfrac{(x+24-\mu_s)^2}{2\sigma_s^2}\right], & 0 \leqslant x \leqslant \mu_s - 12 \\ \dfrac{1}{\sqrt{2\pi}\sigma_s}\exp\left[-\dfrac{(x-\mu_s)^2}{2\sigma_s^2}\right], & \mu_s - 12 \leqslant x \leqslant 24 \end{cases} \quad (7\text{-}1)$$

式中,$\sigma_s = 3.41$;$\mu_s = 17.47$。

用户的离家时间满足正态分布,其概率密度函数如下所示:

$$f_e(x) = \begin{cases} \dfrac{1}{\sqrt{2\pi}\sigma_e}\exp\left[-\dfrac{(x+24-\mu_e)^2}{2\sigma_e^2}\right], & 0 \leqslant x \leqslant \mu_e - 12 \\ \dfrac{1}{\sqrt{2\pi}\sigma_e}\exp\left[-\dfrac{(x-\mu_e)^2}{2\sigma_e^2}\right], & \mu_e - 12 \leqslant x \leqslant 24 \end{cases} \quad (7\text{-}2)$$

式中，$\sigma_e = 3.24$；$\mu_e = 8.92$。

车辆的剩余电量等于上一个充电周期内结束充电时的电量减去已消耗的电量，而消耗的电量主要取决于用户的行驶里程，行驶里程 d 满足对数正态分布，其概率密度函数如下所示：

$$f_D(d) = \frac{1}{\sqrt{2\pi}\sigma_D d} \exp\left[-\frac{(\ln d - \mu_D)^2}{2\sigma_D^2}\right] \tag{7-3}$$

式中，$\sigma_D = 1.14$；$\mu_D = 2.98$。

根据用户当日行驶里程 d 及其他基本信息，利用式（7-4）计算得到车辆的初始荷电状态（SOC）。

$$S_{i,s} = \left(S_{i,e} - \frac{d_i}{100}\frac{E_{100}}{c_i}\right) \times 100\% \tag{7-4}$$

式中，E_{100} 为该辆电动汽车的每百公里耗电量；c_i 为电池容量；$S_{i,e}$ 为电动汽车上一次离开时的 SOC；$S_{i,s}$ 为电动汽车回到小区后的 SOC。

考虑到中美在工作习惯和城市交通状况等方面有所不同，本节仅利用以上用户出行时间和离家时间规律对采集到的用户出行数据进行检验。虽然每个小区的用户群出行规律不尽相同，其标准差和期望值有所不同，但是应该基本符合正态分布。另外，本书主要参考式（7-3）和式（7-4）对小区内用户的初始电量进行仿真。

7.2.2 用户离家时间预测模型

LSTM 通过引入细胞状态这一变量实现了对长期信息的记忆，并利用遗忘门、输入门和输出门三个门控单元决定长期信息对下一次输出的影响比例，在解决时间序列预测问题上能取得更好的效果。考虑到预测方法的适用范围、结构缺陷以及研究对象的时间序列属性，本节基于 LSTM 建立用户离家时间预测模型，其框架如图 7-1 所示。具体步骤如下：

步骤 1：当电动汽车接入充电桩后，将用户的回家时间以及通过电动汽车的电池管理系统（Battery Management System，BMS）获取的初始 SOC 记录到该用户的历史出行数据中。

步骤 2：分别对用户历史回家时间和历史离家时间这两类数据进行归一化处理，历史初始 SOC 以及历史目标 SOC 由于取值处于 0~1 的区间，因此无需进行归一化处理。

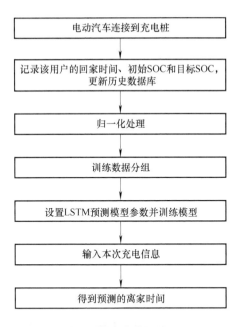

图 7-1 用户离家时间预测模型框架

$$x' = \frac{x - \min(x)}{\max(x) - \min(x)} \quad (7\text{-}5)$$

式中，x 为原始的历史数据；$\min(x)$ 为该类历史数据中最小的值；$\max(x)$ 为该类历史数据中最大的值；x' 为归一化后的历史数据。

步骤 3：对历史数据进行分组，按照表 7-1 对应选取输入量，即每组输入量应有 9 个输入元素。

步骤 4：对步骤 3 中产生的数据组按式（7-6）和式（7-7）进行分组：

$$I_i = [T_i^{\text{dep}}, T_{i+6}^{\text{dep}}, T_i^{\text{arr}}, T_{i+6}^{\text{arr}}, T_{i+7}^{\text{arr}}, S_i^{\text{ini}}, S_{i+6}^{\text{ini}}, S_{i+7}^{\text{ini}}, S^{\text{tar}}] \quad (7\text{-}6)$$

$$O_i = T_{i+7}^{\text{dep}} \quad (7\text{-}7)$$

式中，I_i 和 O_i 分别为第 i 组训练数据中的输入量和输出量；T_i^{dep} 为第 i 个充电周期内的用户离家时间；T_i^{arr} 为第 i 个充电周期内的用户回家时间；S_i^{ini} 为第 i 个充电周期内的用户初始 SOC；S^{tar} 为该用户的目标 SOC。

步骤 5：对 LSTM 进行参数设置并对预测网络进行训练。

步骤 6：按式（7-6）将预测日的回家时间、初始 SOC 和目标 SOC 以及部分历史数据输入预测模型中，得到用户离家时间的预测值。用户离家时间预测输出量见表 7-2。

表 7-1 用户离家时间预测输入量

序 号	输入量	含 义
1	T_{D-7}^{dep}	预测日一周前离家时间
2	T_{D-1}^{dep}	上一个出行日内离家时间
3	T_{D-7}^{arr}	预测日一周前回家时间
4	T_{D-1}^{arr}	上一个出行日内回家时间
5	T_{D}^{arr}	预测日回家时间
6	S_{D-7}^{ini}	预测日一周前初始 SOC
7	S_{D-1}^{ini}	上一个出行日初始 SOC
8	S_{D}^{ini}	预测日初始 SOC
9	S^{tar}	目标 SOC

表 7-2 用户离家时间预测输出量

序 号	输出量	含 义
1	T_{D}^{dep}	预测日离家时间

7.2.3 算例分析

1. 算例场景与参数设置

为验证本节所提基于 LSTM 的用户离家时间预测模型的有效性，基于北京市某小区汽车用户的出行数据进行仿真验证。结合小区现有电动汽车车型以及常见电动汽车车型，设置该小区内电动汽车类型及其参数见表 7-3。假设所有电动汽车均采用慢充方式进行充电，充电功率为 7kW。

本节采用的 BP 模型共 3 层，其中包含一个隐含层，各层的神经元个数为 9/14/1，初始学习率为 0.005 并且以每 125 步后乘以 0.2 的方式递减，最大迭代次数为 1000 次，而权值矩阵则是通过随机生成的方式完成初始化。采用的 LSTM 模型含有一个隐含层，其含有 200 个神经元，为了避免梯度爆炸，梯度阈值设置为 1，初始学习率为 0.005 并且以每 125 步后乘以 0.2 的方式递减。

表 7-3 电动汽车类型及其参数

品 牌	车 型	电池容量/kWh	每百公里耗电量/kWh	慢充功率/kW	比例（%）
比亚迪	秦 Pro	56.4	14.1	7	20
北汽	EU5	61.8	15.9	7	20
小鹏汽车	G3	57.5	12.5	7	20
蔚来汽车	ES8	70	19.72	7	20
特斯拉	Model S	100	17.27	7	20

2. 算例数据说明

用户出行数据包含了该小区汽车半年内（2019 年 7 月 1 日—2019 年 12 月 31 日）

有效的出行时间记录,为了更好地挖掘用户日常出行规律,避免异常出行数据对研究的影响,删去了用户在其非工作日的出行记录。鉴于北京市限行政策以及个人因素,每一位用户的可用数据长度不同,最多的有效出行日达到了 159 日,而最少的有效出行日仅为 60 日。将所有用户出行数据的前 80% 作为训练集,后 20% 作为测试集,分别用于训练网络模型和检验训练好的网络模型。

如图 7-2 和图 7-3 所示,分别展示了该居民小区内某一工作日(2019 年 12 月 18 日)一天内用户的回家时间和下一次出行的时间分布情况,可以看到,用户的回家时间分布呈现为一个非标准的正态分布,其期望值在 19:00 附近,不同于 NHTS 的统计规律。同样,用户的离家时间分布呈现为一个非标准的正态分布。虽然该小区用户的出行规律不同于 NHTS 所指出的出行规律,但是两者的分布趋势基本一致,因此可以认为采集到的该小区居民出行数据符合客观统计规律,具有可用性和一定的代表性。

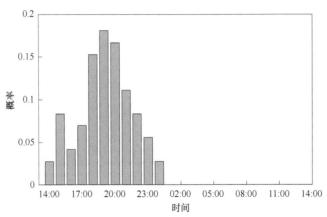

图 7-2　一天内用户回家时间分布情况

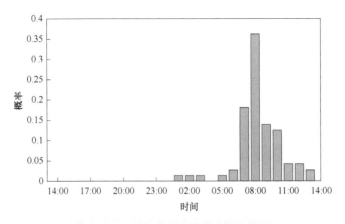

图 7-3　一天内用户离家时间分布情况

用户的初始 SOC 是根据式（7-3）和式（7-4）采用对数正态分布模拟其分布，如图 7-4 所示。用户的目标 SOC 则是采用服从 $U(0.8,1)$ 的均匀分布模拟其分布。

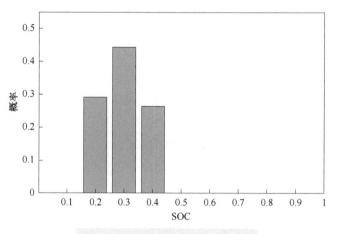

图 7-4　用户初始 SOC 分布情况

3. 一天的用户离家时间预测结果对比与误差分布

为验证本节所提基于 LSTM 的用户离家时间预测模型的有效性，本节将对所提 LSTM 预测方法与用户设定时间方法、MLR 预测方法、BP 预测方法进行对比。其中用户设置方法是基于用户设置的离家时间为整点，且与实际离家时间附近的整点时刻的差的绝对值从 0~2h 之间，以半小时为单位均匀分布的设置模拟产生的，图 7-5 展示了某一日小区内出行用户的实际离家时间与设置离家时间对比，图 7-6 展示了其误差情况。从用户角度出发，用户预设的离家时间是其可能的离家时间或是其期待的充电完成时间。考虑到电动汽车一直存在的"里程焦虑"问题，因此出于对自身出行时间的不确定或是使用习惯问题，部分用户的期待完成充电时间略早于其离家时间，同样，用户可能因一些个人原因会推迟其离家时间，如图 7-6 所示，用户设置的离家时间与其真实离家时间的误差绝对值在 0~3h 之间。

为了直观地将本章所提预测模型与其他三种模型进行对比，以 2019 年 12 月 18 日（周三）下午 14:00 至 19 日下午 14:00 这一充电周期为例，对比分析四种方法对用户离家时间的预测效果，结果如图 7-7 所示。图 7-8 展示了四种预测方法的预测误差绝对值的分布情况。由图 7-7 和图 7-8 可以看出，用户设置方法、MLR 预测方法和 BP 预测方法的预测效果均不如本节所提的 LSTM 预测方法，LSTM 预测方法有着较高的预测精度，超过 70% 的用户在 LSTM 预测方法下误差绝对值不超过计算周期长度——10min，而在其他三种方法下有超过50%的用户的误差绝对值超过1h，远远大于计算周期。

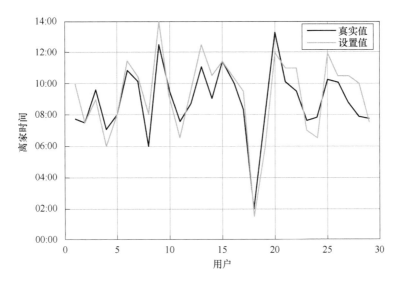

图7-5　一天内所有用户设置的离家时间

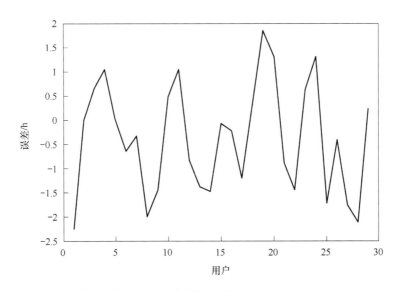

图7-6　一天内所有用户设置的离家时间的误差情况

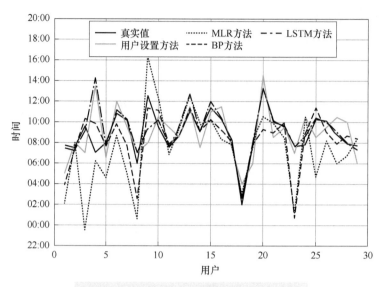

图 7-7 一天内所有用户离家时间的预测值

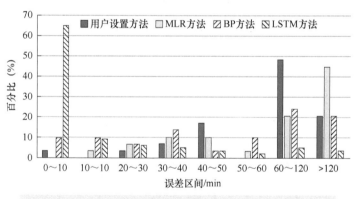

图 7-8 一天内所有用户离家时间的预测误差绝对值的分布

4. 全部预测日的用户离家时间预测误差对比

为了更全面地对四类方法进行对比,本节将所有用户在其预测日内的误差情况进行对比,图 7-9~图 7-12 所示为根据预测值与真实值之差的绝对值得到的用户设置方法、MLR 预测方法、BP 预测方法和 LSTM 预测方法的误差情况。

从整体趋势来看,用户设置方法的误差相对平均且大部分误差处于 1~2h 的区间内,MLR 预测方法和 BP 预测方法的误差相对较大,其中 MLR 方法出现了最大单次误差,BP 预测方法中误差绝对值小于 1h 的用户超过总数的 50%,误差绝对值落在 1~2h 之间的比例超过 20%,而超过 2h 的用户比例也略高于

20%，而 LSTM 方法中大部分误差在 1h 以内。将每种方法的误差以 10min 为间隔，分析四种方法的误差分布情况，结果如图 7-13 所示。MLR 方法产生的误差落在 1h 以上区间的比例在 60% 左右，落在 10min 以内区间的比例不足 10%。正如之前提到的，大部分用户将其期待完成充电时间设置为早于或晚于其离家时间 2h 以内，由图 7-12 可知，误差落在 10min 以内的比例最多的是本节所提的 LSTM 方法。以方均根误差为指标对四类预测方法的效果进行对比，结果见表 7-4。MLR 方法和 BP 方法的方均根误差较大，而用户设置方法和 LSTM 方法的方均根误差在 1h 左右，其中 LSTM 方法的方均根误差平均值最小。虽然用户设置方法和 LSTM 方法的方均根误差相差不大，且用户设置方法的误差区间较小，最大方均根误差仅为 1.8543h，同时，其最小方均根误差也达到了 1h 以上，但是用户设置方法的误差主要集中在 1~2h 的区间内，而 LSTM 方法的误差主要集中在 10min 以内。

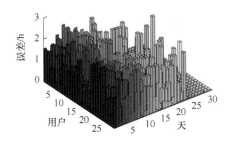

图 7-9 用户设置方法的误差

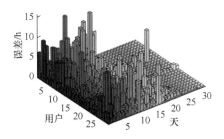

图 7-10 MLR 预测方法的误差

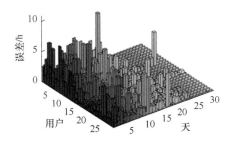

图 7-11 BP 预测方法的误差

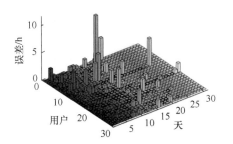

图 7-12 LSTM 预测方法的误差

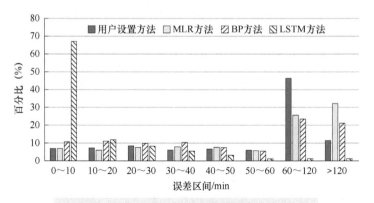

图 7-13　全部预测日用户离家时间预测误差分布

表 7-4　四种预测方法的误差对比

方法类型	最小方均根误差	最大方均根误差	方均根误差平均值
用户设置方法	1.0606	1.8543	1.2811
MLR 方法	0.5302	8.1093	2.5856
BP 方法	0.2408	4.2518	1.7431
LSTM 方法	0.0888	3.2098	0.7509

综上所述，相比于用户设置方法、MLR 方法和 BP 方法，本节所提基于 LSTM 的用户离家时间预测方法能够对用户离家时间进行更为准确的预测。而现有研究中通常采用用户设置方法，该方法并不能准确地反映用户真实的离家时间，因此，为了取得更好的充电管理效果，应该使用更为准确的方法对用户离家时间进行预测。

7.3　基于动态优先级机制的分散充电桩实时运行策略

针对小区内电动汽车因变压器输出功率上限较低而出现的充电不完全问题，提出了基于动态优先级机制的小区分散充电桩实时运行策略。根据用户的充电需求和预计停留时间提出了充电优先级参数，并结合时间监测机制形成了动态优先级序列，进而根据小区内基本负荷数据对电动汽车充电进程进行实时控制。考虑存在未能达到目标电量的车辆，提出了以充电完成度和整体用户满意度为指标的评价体系。对比实验结果表明了本节所提实时运行策略能够有效提升整体的用户满意度。

7.3.1 场景构建

本节假设小区内充电桩和停车位满足1:1的比例，即"一车一桩"。通常而言，小区的停车位是集中式，虽然充电桩之间相对分散，但考虑到对这些分散充电桩进行集中管理，因此可以将小区内分散充电桩的集合视为一个小型的充电站。居民小区充电站的典型结构如图7-14所示。

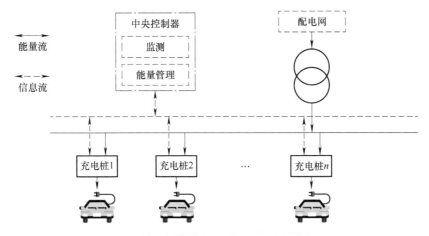

图7-14 居民小区充电站典型结构

在功率层面，配电网通过充电桩内为电动汽车提供功率。同时，在信息流层面，中央控制器通过充电桩对电动汽车的充电进程进行实时监测和信息获取，在对收集到的充电信息和小区功率信息集中处理后，基于充电控制策略实现对电动汽车充电进程的控制。

7.3.2 实时运行策略设计

本节所提实时运行策略包含动态充电优先级序列和实时功率分配机制两部分，分别从充电先后顺序和功率分配两方面对充电行为进行管理。

1. 动态充电优先级序列

为了最大限度满足所有用户的充电需求，本节提出充电优先级这一参数，根据用户的到达时间、初始SOC、目标SOC、离家时间的预测值、电池容量及充电功率决定在某一时段内需要充电的车辆的先后顺序。该参数为用户达到目标SOC所需的充电时长与实际的可充电时长之比，如下所示：

$$T_i^{\text{need}} = \frac{(S_i^{\text{tar}} - S_i^{\text{ini}})c_i}{p_i} \tag{7-8}$$

$$\gamma_i = \frac{T_i^{\text{need}}}{T_i^{\text{dep}} - T_i^{\text{arr}}} = \frac{(S_i^{\text{tar}} - S_i^{\text{ini}})c_i}{(T_i^{\text{dep}} - T_i^{\text{arr}})p_i} \tag{7-9}$$

式中，T_i^{need} 为第 i 辆车达到目标 SOC 所需要的时间；S_i^{tar} 为第 i 辆车的目标 SOC；S_i^{ini} 为第 i 辆车的初始 SOC；c_i 为第 i 辆车的电池容量；p_i 为第 i 辆车的充电功率；γ_i 为第 i 辆车的充电优先级；T_i^{dep} 为第 i 辆车离家时间的预测值；T_i^{arr} 为第 i 辆车的回家时间。

考虑到充电序列中新加入的电动汽车以及当前时刻之前的功率分配，部分电动汽车的 SOC 会有所增加，因此需要对各台车的充电优先级进行更新，如下所示：

$$\gamma_i^{t_n} = \frac{T_{i,t_n}^{\text{need}}}{T_i^{\text{dep}} - t_n} = \frac{(S_i^{\text{tar}} - S_{i,t_n}^{\text{now}}) \times c_i}{(T_i^{\text{dep}} - t_n) \times p_i} \tag{7-10}$$

式中，t_n 为第 n 个时间间隔的起点时刻；$\gamma_i^{t_n}$ 为第 i 辆车在 t_n 时间间隔内的充电优先级；T_{i,t_n}^{need} 为第 i 辆车自 t_n 时刻起其达到目标 SOC 需要的时间；S_{i,t_n}^{now} 为第 i 辆车在 t_n 时刻的 SOC。

优先级的大小表征着用户完成充电在时间维度上的紧迫程度，若 $\gamma_i^{t_n} \leq 1$，则表示该用户完成充电所需的时间小于其预计的停留时间，即在其停留时间内能够完成充电；相反，若 $\gamma_i^{t_n} > 1$，则表示该用户完成充电所需的时间大于其停留时间，即可能无法在其停留时间内完成充电。因此，优先级越大的用户其充电任务的完成越紧迫，应该优先为这些车辆分配充电功率，从而使得这类汽车离开时的 SOC 尽可能接近其目标 SOC。

2. 实时功率分配机制

目前电力系统实时负荷调度的时间尺度通常为 15min，计算周期过长则会导致电动汽车集群功率调度忽略了电网的实时调度，因此为了能在计算周期内有效响应电网的实时负荷调度，电动汽车集群的功率优化时间间隔应小于 15min。同时，考虑到电动汽车充电的启停过程需要经历中央控制器的计算、中央控制器与 APP 和充电桩之间的通信以及充电桩供电的启停等过程需要一定的时间，同时考虑到周期过短会使得通信量和计算量过大，故计算周期应在分钟级以上。因此合理的计算周期应该在 1~15min 之间，本节选择以 10min 作为计算周期，即每 10min 重新计算并生成动态优先级序列，并基于此进行功率分配。

以 t_n 时刻为例，首先需要获取此时小区内基础负荷的实时数据，根据变压器功率上限计算得到此时的可用功率，如下所示：

$$P_{t_n}^{\text{ava}} = P^{\max} - P_{t_n}^{\text{load}} \tag{7-11}$$

式中，$P_{t_n}^{\text{ava}}$ 为 t_n 时刻的可用功率；$P^{\max}$ 为变压器提供的功率上限；$P_{t_n}^{\text{load}}$ 为 t_n 时刻的小区基础负荷。

根据式（7-13）可以计算得到此时允许充电的电动汽车数量的最大值。

$$m_{t_n}^{\text{tempo}} = P_{t_n}^{\text{ava}} / p^{\text{charge}} \tag{7-12}$$

$$m_{t_n} = \left[m_{t_n}^{\text{tempo}} \right] \tag{7-13}$$

式中，$m_{t_n}^{\text{tempo}}$ 为 t_n 时刻允许充电的电动汽车的最大数量；p^{charge} 为电动汽车的充电功率；m_{t_n} 为对 $m_{t_n}^{\text{tempo}}$ 进行取整操作后得到的 t_n 时刻允许充电的电动汽车数量的最大整数值。

同时，需要获取在 t_n 时刻小区内需要充电的车辆数 m'，如果满足式（7-14），则表示在以 t_n 时刻为起点的时间段内，所有需要充电的车辆都可以获得功率分配。相反，如果满足式（7-15），则代表此时小区的可用功率不支持同时为 m' 辆车充电，至多只能为其中的 m_{t_n} 辆车进行充电。

$$m' \leqslant m_{t_n} \tag{7-14}$$

$$m' > m_{t_n} \tag{7-15}$$

若出现式（7-15）中的情况，则需要根据所有需要充电的车辆的优先级的大小，按照从大到小的顺序对前 m_{t_n} 辆电动汽车进行充电。

如图 7-15 所示，以上步骤在每一个计算周期内均需要重复一次，即每 10min 计算一次充电优先级，根据小区的负荷情况以及用户的充电需求进行功率分配。以 t_2 时刻为例，在时间点 t_1 与 t_2 之间，EV7 加入充电序列中来，但是在 t_2 时间段内只能允许四辆车进行充电，因此按照充电优先级的大小，优先级参数相对较大的 EV5、EV2、EV4 和 EV1 这四辆车获得了功率分配，而 EV3、EV6 和 EV7 则因为其充电需求相对容易满足，而在这一时段内未获得功率分配。

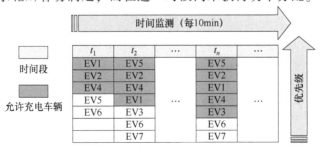

图 7-15 动态功率分配示意图

3. 实时运行策略

如图 7-16 所示，当电动汽车返回小区并连接上充电桩后，电动汽车内部的 BMS 将电池容量和初始 SOC 等信息发送到充电桩，用户可以通过人机交互界面设置目标 SOC，也可以选择沿用上一次的目标 SOC。再由充电桩将以上信息以及已连接充电桩的其他车辆的充电信息加上这一时段内回家的电动汽车回家时间发送到中央控制器，中央控制器接收当前小区基础负荷数据，并对接收到的数据进行处理，分别得到电动汽车离家时间的预测值以及功率分配方案。

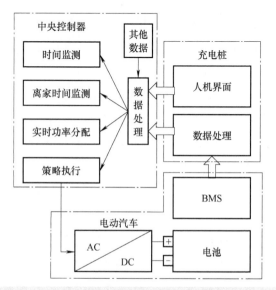

图 7-16 中央控制器、充电桩和电动汽车三者的信息交互

实时运行策略如图 7-17 所示，具体实施步骤如下：

步骤 1：每 10min 执行一次检测及运算，首先判断是否有需要充电的车辆，如果没有则不作任何操作，直到 10min 后重新检测，如果有则记为 m' 并转入步骤 2。

步骤 2：中央控制器获取此时小区基础负荷 $P_{t_n}^{load}$，根据式（7-12）和式（7-13）计算得到当前最大允许充电车辆数 m_{t_n}。

步骤 3：如果 $m' \leq m_{t_n}$ 成立，则表示下一时段内能满足现有的 m' 辆车的充电需求，则为这 m' 辆车进行功率分配，然后转到步骤 6。如果 $m' \leq m_{t_n}$ 不成立，则转到步骤 4。

步骤 4：如果 $m' \leq m_{t_n}$ 不成立，则表示下一时段内至多只能为 m_{t_n} 辆车进行功率分配。中央控制器经充电桩获取 m' 辆车的 SOC、目标 SOC、电池容量和充电功率等基础数据，基于 7.2 节所提离家时间预测模型对现有车辆的离家时间进行预测。

步骤5：根据用户离家时间的预测值以及式（7-10）生成充电优先级序列，按照从大到小的顺序进行排列，为前 m_{t_n} 辆车进行功率分配。

步骤6：将功率分配信息下发至充电桩，为指定的电动汽车以恒定功率进行充电，直到当前时间间隔结束，返回步骤1。

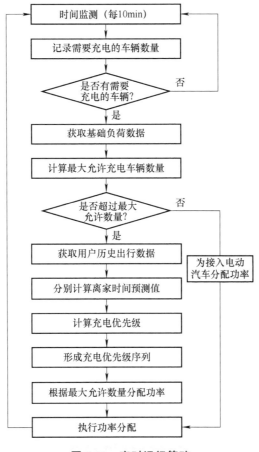

图 7-17　实时运行策略

7.3.3　充电完成度和用户满意度指标

本节将提出整体用户满意度指标以检验所提实时运行策略的有效性，并将其定义为日内实际充电量不低于其需求电量80%的用户占参与充电总用户的百分比。

首先计算每一辆电动汽车的充电完成度，如下所示：

$$F_i = \frac{Q_i^{\text{real}}}{Q_i^{\text{tar}}} = \frac{S_i^{\text{dep}} - S_i^{\text{ini}}}{S_i^{\text{tar}} - S_i^{\text{ini}}} \tag{7-16}$$

式中，F_i 为第 i 辆车的充电完成度；Q_i^{real} 为第 i 辆车实际获得的电量；Q_i^{tar} 为第 i 辆车计划获得的电量；S_i^{dep} 为第 i 辆车结束充电时的 SOC；S_i^{tar} 为第 i 辆车的目标 SOC；S_i^{ini} 为第 i 辆车的初始 SOC。

其次，根据式（7-17）和式（7-18）可计算得到日内的整体用户满意度。

$$S_i = \begin{cases} 1, & F_i \geq 80\% \\ 0, & F_i < 80\% \end{cases} \tag{7-17}$$

$$S^{\text{total}} = \sum_{i=1}^{N} \frac{S_i}{N} \tag{7-18}$$

式中，S_i 为表征第 i 辆车的充电完成度情况的标识，若第 i 辆车的充电完成度不低于80%，则记为1，否则记为0；S^{total} 为整体用户满意度；N 为一个充电周期中参与充电的车辆数。

7.3.4 算例分析

1. 算例场景与参数设置

为验证所提实时运行策略的有效性，本节采用北京市某小区电动汽车用户的出行数据建立仿真。该小区共有480户居民，变压器容量为1200kVA，功率因数为0.95，效率为0.9，因此其输出的有功功率上限为1026kW。考虑居民小区用户的停留时长较长以及小区基本负荷在夜间大部分处于谷时段，故仿真中所有电动汽车均以常规充电功率（慢充）进行充电，即充电功率为7kW。

为了对实时运行策略的有效性进行分析，本节采用2019年12月20日的小区负荷数据以及居民出行数据，对限制功率的无序充电（Uncontrolled Charging with Power Limitation，UCL）、含用户设置方法的实时运行策略（Real-time Charging Strategy with User Setup，RCS）以及基于 LSTM 预测的实时运行策略（Real-time Charging Strategy based on LSTM Prediction，RCP）的运行效果进行对比分析。

由图7-18可知，该小区基本负荷在17:00—20:00之间处于峰段，在18:00达到最大值，这也与7.2节提到的用户返家高峰时间吻合。电动汽车渗透率是指电动汽车充电负荷与线路最大负荷的比值，综合考虑北京市现有电动汽车数量及其发展趋势，将电动汽车渗透率设置为三个梯度，20%、30%和40%，对应的电动汽车数量为29辆、44辆和58辆。可以看到，对于有充电需求的用户而言，用户通常会在其回到小区后立即对电动汽车进行充电，如果不加以管理和限制，小区的总负荷会超过变压器能提供的功率上限，从而损坏变压器及线路，这一现象随着渗透率的升高越发严重。

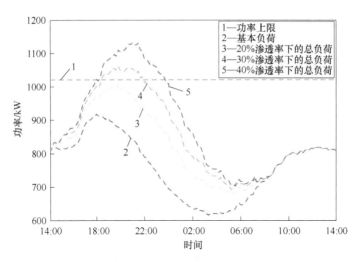

图 7-18 不同渗透率下的负荷情况

该小区充电负荷的峰段出现在 21:00—24:00 之间,这是因为随着时间的推移,大部分用户都在 21:00 前回到小区并对电动汽车进行充电,因此有充电需求的电动汽车数量不断累积,整体充电功率在 22:00 左右达到峰值,小区的总负荷则是在 18:00—24:00 间出现了功率越限的情况,而居民的大部分用电行为也发生在这一时间段内。因此如果不对电动汽车的充电行为加以管理,势必会影响到用户的正常生活用电。当电动汽车渗透率达到 30% 以上后,出现了超过最大功率上限的情况,如果从居民安全用电角度出发,在不影响居民正常用电的情况下,不允许功率越限的情况发生,则只能通过暂停部分电动汽车的充电进程来限制充电功率,在这一方式下,小区整体功率得到了控制,避免了变压器过载问题,但在这一方式下电动汽车的充电完成度势必会受到影响。

2. UCL 与实时运行策略下电动汽车的充电情况

在 UCL 方式下,充电队列严格按照回家时间进行排列,即在需要暂停部分电动汽车的充电进程时,会首先停止对回家时间相对靠后的电动汽车的充电,而保持回家时间相对早的车辆的充电状态。如图 7-19 和图 7-20 所示,此时的渗透率设置为 30%,在 UCL 方式下有 3 辆电动汽车未能达到其目标 SOC,其中第 18 辆车的充电完成度仅为 60%,通过观察这 3 辆车的出行数据可以发现第 8 辆车回家时间较晚(12:00),虽然其停留时间达到了 6h,但是因其离开时间为 06:00,早于整体用户的期望值(08:00),因此其未能在离开时达到目标 SOC;第 18 辆车的回家时间相对较晚,在 22:00—23:00 之间且停留时间仅为 3h,故其充电完成度较低；第37辆车虽然停留时间达到了8h，但其回家时间接近23:00且电量需求较大，故其充电完成度较低。因此，这一仿真表明了UCL方式难以满足停留时间短、电量需求大或回家时间晚这三类用户的充电需求。同时，变压器长时间满负荷运行一方面会产生较大的损耗，另一方面变压器运行稳定性差，一旦遇到较大的负荷波动，可能会导致变压器短时过载，因此需要适当降低最大允许运行功率，保留一定的功率裕度，以保证供电安全。这一做法将进一步压缩整体充电功率，将会有更多的车辆出现充电不完全的现象。考虑到不限制功率上限的无序充电这一方式其现实可能性较小，本节主要对无序充电中的UCL进行研究。

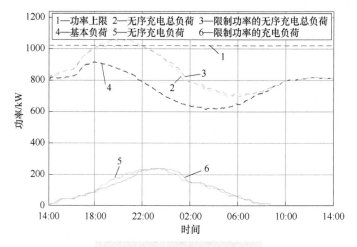

图7-19 无序充电的功率曲线

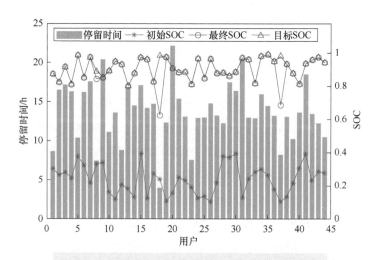

图7-20 限制功率的无序充电下电动汽车充电情况

为了研究所提策略在出现功率越限情况下的表现，对比仿真中渗透率设置为30%，即44辆电动汽车。如图7-21所示，可以发现UCL中充电负荷的峰值出现在01:00左右，RCP的充电负荷的峰值出现在00:00左右且峰值更大，这是因为前者是按照回家时间顺序对电动汽车进行有选择的充电，等到某一位用户充电完成后才允许对新的用户进行充电，而后者则是根据式（7-10）对车辆充电优先级进行实时计算并更新，即RCP是将电量分配给需求更急迫的车辆，而非先回家的车辆，因此才会出现实时运行策略峰值出现时间较长且更高的现象。并且24:00左右是小区基本负荷的谷时段，相较于UCL，RCP更多地利用了变压器在谷时段（夜间）的调度潜力。

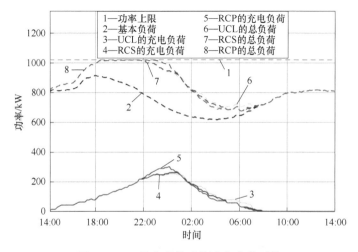

图7-21 三种充电策略的功率曲线对比

为了验证基于LSTM的用户离家时间预测方法对实时运行策略的影响，本节将RCP与RCS进行对比仿真，结果如图7-22所示。可以看到，相较于RCS，RCP获得分配的总体电量更多，一方面是电动汽车会因为用户预设的离开时间过早而提前结束充电，从而导致获得的电量未达到期待获得的电量，另一方面是因为部分用户预设的离家时间过早导致未超前设置离家时间却有紧迫充电需求的用户因优先级靠后而未能接近目标SOC。相较于RCP，RCS中有更多的电动汽车未充电完全且充电完成度更低，以第38辆车为例，其在RCP中达到了目标SOC，而在RCS中未能达到目标SOC，这是因为该用户设置的离家时间为9:00，通过分析其历史出行时间可以看到，其离家时间主要分布在7:00—11:00之间，分布区间较广，因此可能因为用户的个人因素或是天气因素等致使其提前出发，当天的真实离开时间为7:56，而在RCP中对其离家时间的预测值为7:55，误差仅为1min。因此，高精度的用户离家时间预测对于电动汽车有序充电管理是有重要影响的。

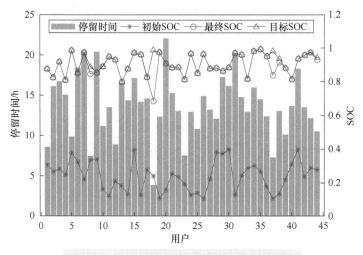

图 7-22 用户设置方法下电动汽车充电情况

3. 不同策略下的用户充电满意度对比结果

图 7-23 和表 7-5 展示的是三种方法在三类渗透率下完全充电用户比例以及整体用户满意度，可以看到在这三类渗透率下，RCP 的完全充电比例和整体用户满意度均为三个方法中最高的。在这三类渗透率下，RCP 的整体用户满意度一直保持在 96%，这是因为是根据各辆电动汽车对电量需求的紧迫程度进行能量分配，从而使得更多电动汽车的最终 SOC 更接近目标 SOC。通过对比这三类方法的整体用户满意度，也可以看出精确的用户离家时间预测能有效提高整体用户满意度。

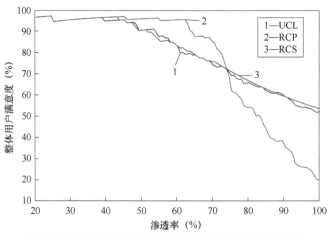

图 7-23 不同渗透率下三种方法的整体用户满意度

表 7-5 不同渗透率下三种策略的用户满意度

策略	渗透率（%）	完全充电用户比例（%）	整体用户满意度（%）
UCL	20	93	97
	30	90	97
	40	90	93
RCS	20	93	97
	30	90	97
	40	83	93
RCP	20	93	97
	30	93	97
	40	97	97

由表 7-5 可知，当渗透率处于 20%~40% 的区间内时，虽然在每一种渗透率下，RCP 的完全充电用户比例和整体用户满意度均为最高，但是整体而言三种策略的这两项指标基本相当，为了对比三种策略在渗透率逐步升高的情况下的表现，以 10% 为梯度，将渗透率设置为 20%~100% 进行对比仿真，结果如图 7-23 所示。

由图 7-23 可知，当渗透率处于 20%~40% 之间时，三种方法的整体用户满意度接近，但是当渗透率处于 40%~75% 之间时，RCP 的整体用户满意度明显高于另外两种方法，而当渗透率达到 75% 及以上时，RCP 的整体用户满意度迅速下降，这是因为随着渗透率的升高，RCP 基于动态排序机制将电量平均分配给电动汽车，致使其完全充电用户比例以及充电完成度大于 80% 的用户比例不断减少，从而使其整体用户满意度降低。

7.4 思考题

1. 电动汽车接入配电网带来的影响有哪些？
2. 电动汽车与配电网互动的模式和方法有哪些？
3. 用户离家时间预测模型是基于什么原理？该原理的逻辑是什么？
4. 考虑用户满意度下，如何基于动态优先级实时控制充电桩？请简要概述其步骤。

参考文献

[1] 陈丽丹，张尧，FIGUEIREDO A. 电动汽车充放电负荷预测研究综述 [J]. 电力系统自动化，

2019, 43（10）：177-197.

[2] 张书桥. 电动汽车发展现状及前景分析［J］. 电气时代, 2019（09）：12-15.

[3] 吴春阳, 黎灿兵, 杜力, 等. 电动汽车充电设施规划方法［J］. 电力系统自动化, 2010, 34（24）：36-39+45.

[4] 新建小区停车位须100%具有安装充电桩条件——解读北京市《关于加强停车场内充电设施建设和管理的实施意见》［J］. 城市开发, 2018（15）：26-27.

[5] ZHAO H SH, YAN X H, REN H. Quantifying flexibility of residential electric vehicle charging loads using non-intrusive load extracting algorithm in demand response［J］. Sustainable Cities and Society, 2019, 50.

[6] LI Y J, LI K N, XIE Y, et al. Optimized charging of lithium-ion battery for electric vehicles：Adaptive multistage constant current-constant voltage charging strategy［J］. Renewable Energy, 2020, 146：2688-2699.

[7] FERMÍN B G, MARÍA I M M, EVA G R, et al. Control Strategy for Electric Vehicle Charging Station Power Converters with Active Functions［J］. Energies, 2019, 12（20）.

[8] MO W Y, YANG C H, CHEN X, et al. Optimal Charging Navigation Strategy Design for Rapid Charging Electric Vehicles［J］. Energies, 2019, 12（06）：1-18.

[9] SUN B, SU Z, WEI D, et al. Research on optimal control of electric vehicle charging in residential area［C］. Chinese Control Conference. IEEE, 2016.

[10] GENG B, MILLS J K, SUN D. Two-Stage Charging Strategy for Plug-In Electric Vehicles at the Residential Transformer Level［J］. IEEE Transactions on Smart Grid, 2013, 4（03）：1442-1452.

[11] 齐先军, 李冬伟, 纪姝彦. 采用功率限制的住宅区电动汽车有序充电控制策略［J］. 电网技术, 2016（12）：105-111.

[12] 陈奎, 马子龙, 周思宇, 等. 电动汽车两阶段多目标有序充电策略研究［J］. 电力系统保护与控制, 2020, 48（01）：65-72.

第 8 章

电动汽车参与需求响应市场和绿电交易

随着电动汽车规模激增,电力市场机制的不断成熟完善,电动汽车逐渐成为需求响应市场和绿电交易中的重要参与者。其灵活的充电特性使其能够在电力系统平衡负荷需求时提供良好支撑,而与可再生能源的结合更使其在推动绿色能源的可持续发展中发挥关键作用。本章将深入探讨电动汽车如何在需求响应市场和绿电交易中发挥作用,为未来能源系统的智能化、绿色化提供新的思路和解决方案。

8.1 各省份需求响应市场政策

为促进电力供需平衡、新能源消纳,同时缓解电网运行压力,各省份相继出台需求响应规则。现行需求响应补偿主要以国家补贴的形式发放,具有较大的激励效果。截至 2022 年年底,已有广西、安徽、山东、浙江、河北等 14 省区发布电力需求响应政策,部分省区规定响应时长按响应功率计价,部分地区则按响应电量计价。部分省区具体政策情况如下:

(1) 宁夏《宁夏回族自治区电力需求响应管理办法》[1]

在国网宁夏电力单独立户、单独计量的直供终端电力用户,且满足市场化交易准入条件,可直接或由负荷聚合商代理参与需求响应,响应持续时间不低于 60min。响应能力大于或等于 1000kW 的电力用户可单独参与,也可由负荷聚合商代理参与。鼓励电能替代、储能(热)、电动汽车充电设施等具有可调节能力的用户、聚合商参与需求响应。

削峰响应按照 2 元/kWh 的标准发放补贴,补偿费用计算方法为:补偿费用=有效响应量（kW）×补贴系数×补偿价格（元/kWh）×响应时长（h）。填谷需求按照 0.35 元/kWh 的标准发放补贴，补偿费用按照有效响应量、补贴系数、补偿价格、响应时长计算得出，填谷响应由辅助服务市场承担填谷补贴费用。

（2）山东《2022 年全省电力可中断负荷需求响应工作方案》[2]

电动汽车充电桩、用户侧储能、虚拟电厂运营商，以及储能运营商可作为市场主体参与需求响应并获得收益。其中储能运营商可代理多个储能项目，包括用户侧储能和电网侧储能，电源侧储能项目暂不参与需求响应。聚合的储能资源总规模不低于 5MW/10MWh。参与需求响应可按 3 档分别获得不同的容量补偿和能量补偿。容量补偿费用，第 1 档原则上不超过 2 元/(kW·月)，第 2 档、第 3 档分别为第 1 档的 1.5 倍、2 倍；电能量补偿费用，可根据实际响应量和现货市场价格确定。

（3）福建《福建省电力需求响应实施方案（试行）》[3]

响应负荷能力在 200kW 及以上的电力用户可作为直接需求用户参与需求响应，也可通过负荷聚合商代理参与。响应负荷能力在 200kW 以下的电力用户由负荷聚合商代理参与。鼓励有储能资源的用户、充电桩运营用户及当年列入有序用电方案的用户参与响应。根据用户实际响应量占申报响应量的比例，设置补贴价格系数，补偿费用计算方法为：补偿费用=该用户实际响应负荷×响应时长×补贴价格系数×补贴单价。

（4）广东《广东省市场化需求响应实施细则（试行）》[4]

响应资源指大用户直属或负荷聚合商代理的具备负荷调节能力的资源，包括传统高载能工业负荷、工商业可中断负荷、用户侧储能、电动汽车充电设施、分布式发电等。非直控虚拟电厂的调节能力为所聚合响应资源的响应能力之和且不低于 0.3MW，单次响应持续时间不低于 2h；直控虚拟电厂上下调节能力应分别不低于 10MW，调节速率不低于（出力上限×2%）/min，对调度指令的响应时间不大于 1min，单次响应持续时间不低于 2h。现阶段可响应时段默认为所发布的需求响应时段。现阶段响应价格为 9 单段报价，具备条件后可启用多段报价。日前邀约申报价格上限为 3500 元/MWh；日前邀约虚拟电厂申报可响应容量下限为 0.3MW，可中断负荷申报价格上限为 5000 元/MWh；可中断负荷虚拟电厂申报可响应容量下限为 0.3MW。

（5）河北《河北省电力需求响应市场运营规则》[5]

电力需求响应市场参与主体为通过供电企业需求响应准入资格审查，完成响应协议签订与平台账号注册的电力用户、负荷聚合商。申报响应负荷最小单位为 1kW，响应补贴价格最小单位为 0.1 元/kWh。成交响应负荷最后 1kW 的响应补贴价格（边际价格）为市场统一出清价格。《规则》提出，采用"基于响应负荷的阶梯式"补贴方案，根据用户响应负荷与应约负荷的比值（负荷响应率），按照出清价格和有效响应电量进行核算。当负荷响应率低于80%时，响应无效，不予补贴；当负荷响应率在80%~120%之间时，按有效响应电量乘以出清价格进行补贴；当负荷响应率高于120%时，120%~150%部分按有效响应电量乘以出清价格的0.5倍进行补贴；150%以上部分，不予补贴。

（6）安徽《安徽省电力需求响应实施方案（试行）》[6]

需求响应参与主体为电力用户和负荷聚合商，负荷聚合商具备工业领域电力需求侧管理服务机构或安徽电力市场售电公司资质，自建电力能效监测相关系统，响应能力原则上不低于5000kW。对通过需求响应临时减少（增加）的用电负荷执行响应补偿价格。响应补偿金额=有效响应负荷×响应补偿价格×调控时间系数×负荷响应率系数。对纳入需求响应资源库，可供随时调用的约时和实时备用容量，按月执行容量补偿价格，并根据需求淡旺季进行差异化调整，其中，每年1、2、7、8、9、12月为旺季，其他月份为淡季。容量补偿金额=协议约定备用容量×容量补偿价格。

（7）天津《天津市2021年夏季电力需求响应实施细则》[7]

需求响应参与主体为电力用户、负荷集成商、虚拟电厂运营企业。本次实施削峰需求响应总规模上限为50万kW，分为邀约型需求响应、紧急型需求响应，紧急型需求响应为固定补偿模式，价格为5.0元/kW；邀约型需求响应分为固定式补偿和竞价两种模式，固定式补偿价格模式的补偿价格为2.0元/kW，竞价模式的补偿价格上限为3.0元/kW。

（8）湖北《湖北省电力需求响应实施方案（试行）》[8]

单个工业电力用户的约定响应能力原则上不低于500kW，其他用户的约定响应能力原则上不低于200kW。响应持续时间不低于60min。鼓励有储能资源的用户、当年列入《湖北有序用电方案》的用户参与响应。日前响应原则上1天不多于2次，每次持续时间不低于1h，每日累计时间不超过4h。响应补贴标准最高为20元/kW。日内响应原则上1天不多于2次，每次持续时间不低于1h，每日累计时间不超过4h。响应补贴标准最高为25元/kW。

（9）陕西《2021年陕西省电力需求响应工作方案》[9]

响应能力大于或等于200kW的电力用户可单独参与，小于200kW的电力用户由负荷聚合商代理参与，每个负荷聚集商约定的响应能力原则上不小于2000kW。单次响应量在申报响应量的80%~120%之间，按照实际响应量给予补偿，单次实际响应量超过申报响应量的120%，按照申报响应量的120%给予补偿，单次实际响应量低于申报响应量80%的不享受补偿。其中紧急性削峰需求响应补贴最高为35元/(kW·次)，经济性非居民需求响应补贴最高为15元/(kW·次)。

8.2　电动汽车参与需求响应市场方法

8.2.1　电动汽车用户直接参与需求响应

目前所研究的电动汽车参与需求响应方式主要包括实时电价引导、分时电价引导、峰谷电价引导以及直接控制电动汽车负荷[10-11]。

通过电价政策对用户用电行为进行科学的引导是一种易行、高效的调控方法，目前普遍应用于需求响应。实时电价是反映电力市场1h或小于1h的费率结构，能够精确体现出发电的成本及变化状况；分时电价是在不同时间段设置不同的单位价格的费率结构；峰谷电价是一种分时电价，根据负荷特性将1天分为峰、平、谷三个时段，也属于分时电价类别。利用不同的电价策略对电动汽车进行充电引导，可有效实现电动汽车负荷的避峰就谷。

负荷量较大时，在不影响供电质量和用户用电的情况下，直接管控用户的电力设备属于直接控制负荷。以时段峰谷差最小为目标函数，结合用户用电负荷量的起伏模式，根据电价与负荷量的变化在不同阶段中产生的关系，得出在实时电价情况下的电动汽车集中充电的管控措施。

8.2.2　通过电动汽车聚合商参与需求响应

电动汽车聚合商是一种独立组织，通过整合用户需求响应的资源，提供给市场购买者。对于中小负荷，可以提供市场调节的机会，通过运用技术手段，充分挖掘出可以为负荷响应的辅助负荷资源。聚合商负责整合分散电动汽车用户充电和放电情况的过程，然后由电网运营商与聚合商进行交易工作。在聚合商和电网进行交易时，可以签订相关内容的合同，主要内容包括充放电量、时间和价格等，通过售卖电价差的方式，提高双方的经济效益。在每个聚合商中，都会拥有一定数量的用户服务对象，也是运用与用户签订合同的方式，根据系统的需求，让用户主动对充放电进行合理调整。在签订的合同内容中，主要包括充放电量、激励值和违约赔偿等。

智能互联技术和控制技术的进步为需求侧资源整合、信息传递和设备控制提供了技术条件。聚合商通过聚合大量的需求侧资源,响应容量得到极大提升;由于其设备控制能力强、预测技术高、设备条件足,其在响应能力上也具有明显提升,响应方式往往按照最大效益原则设计。因此,需求侧聚合商参与需求响应交易具有足够的先天条件。聚合商首先统计负荷曲线,预测负荷基线走向;然后考虑灵活性负荷、储能资源的响应能力,确定聚合可调节范围;进而在需求响应市场上报容量和价格;最后通过智能运行管控平台或者信息传递-用户响应等方式进行需求响应。该过程中主要的技术问题为需求响应的控制方式和效益分配方法。

在单个用户中,对电力的贡献能力具有一定的局限性,因此补偿结算的周期可以适当延长,时间为一个月或者两个月。聚合商需要降低惩罚值,在一定程度上缩小约定提供功率和实际提供功率之间的差距值;同时通过合理制定售卖电价,为供电公司获取更高的经济效益,但是用户希望可以运用策略性充放电的方式,降低用电成本,或使其得到更高的经济利益。

在联网过程中,电动汽车的充电功率和SOC都应该保持在一定范围之内,否则会对电池寿命产生不利影响。离网时,电池的SOC必须达到一定水平,不能影响车主的正常出行,这是保证和提高电动汽车用户参与车网互动积极性的重要前提。因目标函数之间存在矛盾性,可以用人工神经网络算法、粒子群算法等智能算法进行求解。

聚合商领域有着很大的开发潜力,相应的技术开发和实际应用较少。我国电力行业、电动汽车产业和智能电网的快速发展对聚合商技术的实施水平提出了新的要求,可以通过加强理论研究、推进基础设施和示范工程建设、颁布相关政策法规等手段推动聚合商在我国的发展,从而大幅提高需求响应资源的利用率。电动汽车通过电动汽车聚合商参与需求响应将是未来车网互动的重要形式。

8.3 各省份绿电市场政策

8.3.1 绿证交易市场政策

绿证交易是指基于可再生能源(如太阳能、风能、水能等)发电的电力产生和消费之间的交易过程。它的目的是将可再生能源的电力供应与能源消费者需求进行连接,鼓励和促进可再生能源的使用,减少对传统化石燃料发电的需求。在绿证交易中,可再生能源发电厂通过发电设施产生电能,并将其注入电力网络中。国家会为每单位的可再生能源发电量颁发一个绿证(也称为可再生能源证书、绿色电力证书等），作为其电力的凭证。这些绿证证明该电力来自可再生能源发电，符合绿色发展标准。能源消费者，如企业、家庭、电动汽车等，可以选择购买绿证来证明其使用的电力来自可再生能源。购买绿证的消费者可以根据自己的需求和意愿，选择购买特定数量或特定类型的绿证。通过绿证交易，能源消费者可以实现绿色电力消费，减少对非可再生能源的依赖，并支持可再生能源的发展。绿证交易的发展有助于推动绿色能源市场的壮大，增加可再生能源的普及，并促进减少碳排放、应对气候变化等环境和可持续发展议程的实施。

绿证交易的基本流程如图 8-1 所示，通常包括以下几个环节：

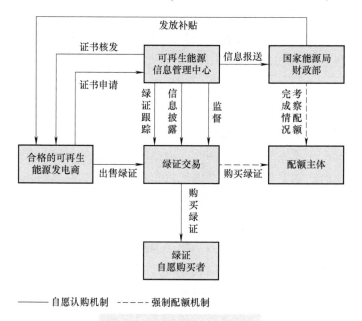

图 8-1　绿证交易的基本流程

1）发电与认证：电力企业通过使用可再生能源发电，产生绿色电力，并申请绿色电力认证。

2）绿色电力交易平台注册：电力企业可以在绿色电力交易平台上注册账户并提交相关信息，以便参与后续的绿色电力交易。

3）绿证或绿标发放：绿色电力认证机构根据电力企业提交的证明材料，对其所产生的绿色电力进行鉴定和认证，并发放相应的绿证或绿标。

4）绿证或绿标上市：绿色电力企业可以将获得的绿证或绿标挂牌上市，等待其他企业的购买和交易。

5）绿证或绿标交易：其他需求绿色电力的企业可以通过绿色电力交易平台

购买已上市的绿证或绿标,并使用这些凭证来证明自己所消耗的电力是绿色电力,达到环保的目的。

6)绿证或绿标抵扣:企业可以在用电成本计算时抵扣购买并使用的绿证或绿标,还可以在环保限额设置方面享受政府税收优惠政策。

绿证交易市场成员按照市场角色分为以下几种:

1)售电主体:主要是符合绿证发放条件的风电、光伏等可再生能源发电企业,现阶段主要是集中式陆上风电、光伏。根据市场建设发展需要,售电主体可逐步扩大至符合条件的水电企业以及其他可再生能源发电企业。

2)购电主体及配额主体:是电力用户或售电公司,其中,售电公司参与绿色电力交易,应与有绿色电力需求的零售用户建立明确的代理关系。电网企业落实国家保障性收购或代理购电政策的,可以作为购售电主体参与绿色电力交易。适时引入分布式电源、电动汽车、储能等市场主体参与绿色电力交易。

3)输电主体:为各省区省级电网企业,跨区跨省开展绿色电力交易,输电主体还包括南方电网超高压输电公司。电网企业应为绿色电力交易提供公平的报装、计量、抄表、结算和收费等服务。

4)电力交易机构:各省份电力交易中心负责绿色电力交易组织和管理,负责绿证的划转、注销和交易等工作,负责组织为市场主体提供绿色电力查证服务。各电力交易机构依据规则开展绿色电力交易。

5)电力调度机构:在确保电网安全的前提下,提供安全约束条件,开展安全校核,合理安排运行方式,优先执行绿色电力交易合同。

6)国家可再生能源信息管理中心:根据绿色电力交易需要,会同国家电网、南方电网电力交易中心向发电企业核发绿证。

近年来各省份发布了相关绿电(绿证)交易政策:

2021年1月《关于印发京津冀绿色电力市场化交易规则及配套优先调度实施细则的通知》指出保障性收购年利用小时数以内的电量按价格主管部门核定的标杆上网电价全额结算,保障性收购年利用小时数以外的电量应参与绿色电力交易并以市场交易价格结算。可再生能源发电企业的市场化电量按照对应的合同电价优先结算,交易价格不低于标杆上网电价的市场交易电量部分,同时也计入保障性收购年利用小时数以内的电量[12]。

2021年4月《浙江省绿色电力市场化交易试点实施方案》指出健全绿电交易体制机制进一步丰富绿电交易组织形式、拓展交易主体和领域,配套完善电力交易合同灵活调整机制、市场风险防控机制,探索《浙江绿色电力交易凭证》发放管理，保障绿电产品所有权的清晰和唯一性。推动交易凭证纳入绿色电力证书管理体系[13]。

2021年4月《关于进一步做好电力现货市场建设试点工作的通知》明确了电力现货试点范围扩大，拟选择上海、江苏、安徽、辽宁、河南、湖北6省市为第二批电力现货试点。鼓励新能源项目与电网企业、用户、售电公司通过签订长周期（如20年及以上）差价合约参与电力市场。提出尽快建立绿色电力交易市场，并推动绿色电力交易；引导新能源项目10%的预计当期电量通过市场化交易竞争上网，市场化交易部分可不计入全生命周期保障收购小时数[14]。

2021年8月《关于绿色电力交易试点工作方案的复函》指出系统阐述国家层面对于绿色电力交易的要求。国家电网、南方电网组织北京电力交易中心、广州电力交易中心编制绿色电力交易实施细则，完善技术平台功能组织开展市场主体注册。绿色电力交易要优先安排完全市场化绿色电力，如果部分省份在市场初期完全市场化绿色电力规模有限，可考虑组织用户向电网企业购买享有政府补贴及其保障收购的绿色电力[15]。

2021年11月《省间电力现货交易规则（试行）》指出优先鼓励有绿色电力需求的用户与新能源发电企业参与省间电力现货交易[16]。

2022年1月《促进绿色消费实施方案》指出开展绿色电力交易试点，以市场化方式发现绿色电力的环境价值，体现绿色电力在交易组织、电网调度等方面的优先地位。引导有需求的用户直接购买绿色电力，推动电网企业优先执行绿色电力的直接交易结果。做好绿色电力交易与绿证交易、碳排放权交易的有效衔接。

2022年2月《南方区域绿色电力交易规则（试行）》指出符合绿证发放条件的风电、光伏等可再生能源发电企业，现阶段主要是集中式陆风、集中式光伏，后续放开，可能逐步范围扩大至水电[17]。电力用户和售电公司，电网企业落实国家保障性收购或代理购电政策可以作为购售电主体参与绿电交易，后续引入分布式电源、电动汽车、储能等市场主体参与绿色电力交易；交易方式为协商交易、挂牌交易、竞价交易。

8.3.2 碳交易市场政策

碳交易指的是碳排放权的交易，它实质上是由政府确定碳排放总量目标，再给排放主体限定一个碳排放配额（即碳排放权），排放主体因实际经营情况的调整导致碳排放配额的余缺，需要到市场上对碳配额进行自由买卖交易即为碳交易。因此，碳排放权的实质就成了有价值的资产，它可以作为商品在市场上进行交换。

目前而言，需要交易配额的单位主要为重点排放单位，这些单位拥有政府分配的碳配额且需要在规定时间内完成配额清缴（碳排放履约）。通常情况下，重点排放企业的配额往往与实际碳排放量是不匹配的，这就产生了交易的需求。在全国碳市场中，重点排放单位是指年度温室气体排放量达到2.6万吨二氧化碳当量及以上的单位。

碳交易市场成员按照市场角色分为重点排放单位、监管机构、注册登记机构、交易机构和核查机构。

1）重点排放单位：国务院生态环境主管部门根据国家确定的温室气体排放控制目标，制定纳入全国碳排放权交易市场的温室气体重点排放单位的确定条件，并向社会公布。省级生态环境主管部门按照重点排放单位的确定条件，制定本行政区域重点排放单位名录，向国务院生态环境主管部门报告，并向社会公开。

2）监管机构：国务院生态环境主管部门负责制定全国碳排放权交易及相关活动的技术规范，会同国务院其他有关部门对全国碳排放权交易及相关活动进行监督管理和指导。省级生态环境主管部门负责在本行政区域内组织开展碳排放配额分配和清缴、温室气体排放报告的核查等相关活动，并进行监督管理。

3）注册登记机构：全国碳排放权注册登记机构成立前，由湖北碳排放权交易中心有限公司承担全国碳排放权注册登记系统账户开立和运行维护等具体工作。

4）交易机构：全国碳排放权交易机构成立前，由上海环境能源交易所股份有限公司承担全国碳排放权交易系统账户开立和运行维护等具体工作。

5）核查机构：省级生态环境主管部门可以通过政府购买服务的方式，委托技术服务机构开展核查。核查技术服务机构应当对核查结果的真实性、完整性和准确性负责。

此外，参与碳交易的主体还包括符合国家有关交易规则的机构，如券商等投资机构、碳资产管理公司，以及个人。

近年来国家发布了相关碳交易政策：

2021年2月《碳排放权交易管理办法（试行）》指出全国碳排放权注册登记机构和全国碳排放权交易机构应当定期向生态环境部报告全国碳排放权登记、交易、结算等活动和机构运行有关情况，以及应当报告的其他重大事项，并保证全国碳排放权注册登记系统和全国碳排放权交易系统安全稳定可靠运行[18]。

2023年11月《关于加快建立产品碳足迹管理体系的意见》指出到2025年，国家层面出台50个左右重点产品碳足迹核算规则和标准，一批重点行业碳足迹背景数据库初步建成，碳足迹核算和标识在生产、消费、贸易、金融领域的应用场景显著拓展，若干重点产品碳足迹核算规则、标准和碳标识实现国际互认。到2030年，国家层面出台200个左右重点产品碳足迹核算规则和标准，一批覆盖范围广、数据质量高、国际影响力强的重点行业碳足迹背景数据库基本建成，国家产品碳标识认证制度全面建立，碳标识得到企业和消费者的普遍认同，主要产品碳足迹核算规则、标准和碳标识得到国际广泛认可，产品碳足迹管理体系为经济社会发展全面绿色转型提供有力保障[19]。

2023年10月《关于统筹运用质量认证服务碳达峰碳中和工作的实施意见》指出，主要目标到2025年，基本建成直接涉碳类和间接涉碳类相结合、国家统一推行与机构自主开展相结合的碳达峰碳中和认证制度体系。分步建立产品碳标识认证、碳相关管理体系和服务认证等直接涉碳类认证制度体系，完善绿色产品认证、能源管理体系认证、环境管理体系认证等间接涉碳类认证制度体系，初步形成各类制度协同促进、认证市场规范有序、应用采信范围广泛、国际合作互认互信的发展格局，为碳达峰碳中和提供科学公正、准确高效的质量认证技术服务[20]。

2023年10月《温室气体自愿减排交易管理办法（试行）》指出生态环境部按照国家有关规定，组织建立统一的全国温室气体自愿减排注册登记机构。注册登记机构负责注册登记系统的运行和管理，通过该系统受理温室气体自愿减排项目和减排量的登记、注销申请，记录温室气体自愿减排项目相关信息和核证自愿减排量的登记、持有、变更、注销等信息。注册登记系统记录的信息是判断核证自愿减排量归属和状态的最终依据。注册登记机构可以按照国家有关规定，制定温室气体自愿减排项目和减排量登记的具体业务规则，并报生态环境部备案[21]。

8.4 电动汽车参与绿电交易方法

在现阶段，电动汽车可以通过参与碳排放交易市场和绿证交易市场实现绿电交易。碳排放交易市场是指将二氧化碳排放权作为商品进行买卖的市场。电动汽车的排放量较低，不会产生二氧化碳的排放，可以将其未使用的排放额度出售给其他企业，从而获得经济回报。这种方式旨在鼓励减少二氧化碳排放，促进绿色发展。绿证交易市场是指将可再生能源发电的相关证书进行交易的市场。一些国家或地区为了推动可再生能源发展，会对可再生能源发电厂颁发绿色证书，证明其所产生的电力是通过可再生能源发电的。电动汽车可以购买这些绿证，以证明其使用的电能来自可再生能源，从而实现参与绿电交易。通过参与碳排放交易市场和绿证交易市场，电动汽车可以为自身所消耗的电能来源进行认证，以促进可再生能源的使用和减少碳排放。这也是实现可持续交通和环保目标的一种途径[22-23]。

两种交易机制既有相似之处，又有各自的侧重，绿色证书交易机制侧重于引导绿色消费，完善补贴机制，而碳排放交易机制侧重于加强温室气体排放控制，调整化石能源发电结构。电动汽车参与绿电交易的示意图如图8-2所示，根据绿色证书购买量所对应的可再生能源电力直接扣减电力间接排放，即在计算电力间接碳排放时，直接在履约主体的购入电力中扣减购入绿色电力部分，两种交易机制形成优势互补，促进可再生能源消纳，降低碳排放。

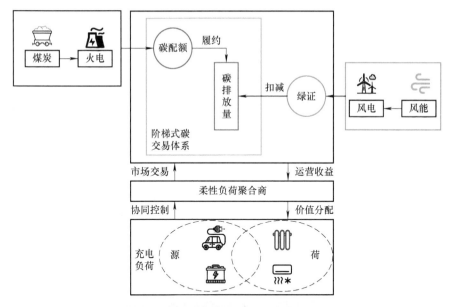

图 8-2　电动汽车参与绿电交易的示意图

8.4.1　电动汽车参与碳交易市场

在碳交易制度中，拥有多余碳配额的一方可以出售多余的碳配额来获取利益。但当实际碳排放超过拥有的碳配额时，需要支付额外的费用作为惩罚。当碳交易机制引入时，参与交易的主体可以通过革新技术降低碳排放水平来获取利益。研究表明，当电力系统引入碳交易机制时，整体的碳排放水平会得到降低，尤其是火电机组。但在现有的研究中，碳交易机制的引入主要作用于燃煤机组，电动汽车参与到电力系统调度中来时，尽管电动汽车有着碳减排效益却不能有效地参与到碳交易市场中。如何提高电动汽车参与度，引导电动汽车发挥自身的碳减排效益，参与到电力市场中，需要更多的关注。

碳交易机制作为一种市场化的机制，在碳排放量较高的电力行业发挥着重要的作用，政府预先给碳交易的参与者一定的碳排放配额，即该参与者可以拥有的碳排放量，或者说是排放权利，而碳交易机制允许参与者们互相交易碳排放配额，来刺激参与者实施减排行为。目前，根据专家学者们的研究，将初始碳配额根据一定条件免费分配给碳交易市场的参与者们是国内在现阶段最理想的分配方式。而根据分配额度的不同，具体的分配方式又可以分为历史分配法和基准线分配法。

在电动汽车方面，电动汽车用户参与调度的意愿取决于对自身利益的考量，为了提高电动汽车的碳减排水平，让电动汽车用户拥有充分参与到碳减排调度中的意愿，考虑让电动汽车用户参与到碳交易市场中。电动汽车在行驶相同路程的过程中，相比传统燃油汽车可以减少的二氧化碳排放量即为电动汽车的碳减排量，将这部分碳减排量作为电动汽车获取的免费碳配额，可以在电力市场上将其交易，来提升电动汽车用户侧的利益。

电动汽车碳配额机制如图8-3所示，主要有以下几点考虑[24-25]：

1）电动汽车碳配额的赋予是在电力系统引入碳交易机制的延伸，可以作为推动电动汽车进一步发展的手段，电动汽车获取免费的碳排放权，可以在市场上出售获得利益。相比于传统的电动汽车补贴政策，碳配额机制需要电动汽车真正行驶起来，通过在行驶过程中相比传统燃油汽车节省的碳排放量来获取收益，同时能够发挥电动汽车减排性。

2）电动汽车带来的碳排放主要来自于电动汽车充电过程中的电量来源，当电动汽车充电来源全部来自于火电的时候，其带来的二氧化碳排放量会高达0.211kg/km，而查阅资料可知传统燃油汽车碳排放水平约为0.192kg/km，在这种情况下，电动汽车的节能减排优势不能得到充分体现。因此为了让电动汽车用户主动去发挥电动汽车节能减排性能，在碳配额中加入清洁能源，不失一般性，主要考虑风电[26-27]。

3）新能源并网后，若文中假设电动汽车在充电过程中的电量来源均来自于风力发电，缺乏实际性与合理性。假设常规负荷用电和电动汽车充电过程中均会消纳新能源，而每个时段内电动汽车电量来源中的新能源占比，根据该区域内该时段新能源占上网总电量的比例来计算,从宏观角度来定义电动汽车的碳配额。

4)假设电动汽车用户受电动汽车聚合商统一管理,所获得的碳配额由电动汽车聚合商统一在市场上进行交易,以偏宏观为主。

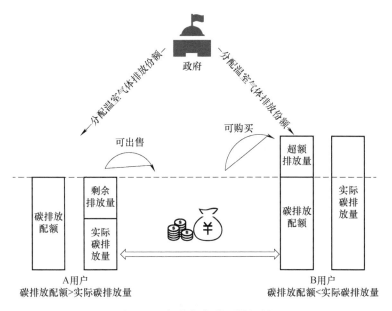

图 8-3　电动汽车碳配额机制

根据以上考虑,设定电动汽车在 t 时段拥有的碳配额为

$$M_{\mathrm{ev},t} = P_{\mathrm{ev},t} \Delta t L_{\mathrm{ev}} E_{\mathrm{gas}} - P_{\mathrm{ev},t} \frac{P_{\mathrm{th},t}}{P_{\mathrm{w},t} + P_{\mathrm{th},t}} E_{\mathrm{th}} \quad (8-1)$$

$$P_{\mathrm{th},t} = \sum_{i=1}^{G} P_{i,t} \quad (8-2)$$

式中,$M_{\mathrm{ev},t}$ 为 t 时段电动汽车聚合商所拥有的碳排放总配额;L_{ev} 为电动汽车消耗每度电可以行驶的里程数;E_{gas} 为传统燃油汽车单位里程的二氧化碳排放量。式(8-1)等号右侧的第一部分表示电动汽车当前时段充电量可以行驶的里程数,燃油汽车行驶相同里程将会产生的二氧化碳排放量,即电动汽车可以节省的碳排放量。$P_{\mathrm{th},t}$ 为 t 时段传统火电总出力;$P_{\mathrm{w},t}$ 为 t 时段新能源总出力。式(8-1)等号右侧的第二部分表示电动汽车 t 时刻充电量中火电带来的二氧化碳排放量。两者相减可以得到电动汽车相比燃油汽车的减排量,以此作为电动汽车获得的免费碳排放权。

电动汽车在 t 时段通过交易碳配额可以获得的收益为

$$C_{ev,t} = q_{ev}M_{ev,t} \tag{8-3}$$

式中，q_{ev} 为电动汽车碳配额的单位售价，单位为元/kg。

8.4.2 电动汽车参与绿色证书市场

绿色证书是一种电子证书，由国家颁发给发电企业，用于确认和属性证明每兆瓦时非水可再生能源上网电量，并且作为消费绿色电力的唯一凭证。该证书代表企业发电的每兆瓦时电量是从非水可再生能源中获得的，对应二氧化碳减排和环境效益。电动汽车可以通过以下方式参与绿证交易市场：

1）购买绿证：电动汽车车主可以主动购买可再生能源的绿证，以证明其使用的电能来自可再生能源。购买绿证可以通过能源交易平台、能源公司或相关机构进行，具体方式可能因国家或地区而异。购买绿证的费用可能会被用于支持可再生能源的发展和建设。

2）参与能源供应计划：一些国家或地区为电动汽车推出了绿色能源供应计划，这些计划将为电动汽车提供来自可再生能源的电能，并提供相关的绿证。电动汽车车主可以选择加入这些计划，确保其所使用的电能符合可再生能源要求，并获得相应的绿证。

3）电能交易：电动汽车也可以直接将其剩余的电能卖给能源市场，通过这种方式参与绿证交易市场。当电动汽车充满电，但目前没有需求时，可以将其电池储能释放出来，将其电能卖给能源市场。这样可以确保所出售的电能来自可再生能源，并获得相应的绿证。绿色证书交易机制流程如图8-4所示。

图 8-4 绿色证书交易机制流程

在电力市场中，允许标志着一定的可再生能源发电量的绿色证书进行交易。以配电网为例，当配电网系统持有的绿色证书大于系统的绿证配额指标时，系统可以出售多余的绿证获得收益。反之，系统需要购买绿证来满足系统的绿证配额指标。配电网系统绿色交易成本为

$$C_{\text{GCT}} = \lambda_{\text{green}}(Q_{\text{s}} - Q_{\text{d}}) \tag{8-4}$$

$$\begin{cases} Q_{\text{s}} = \alpha_{\text{green}} \sum_{t=1}^{\text{NT}} \sum_{j=1}^{\text{NB}} P_{j,t}^{\text{load}} \\ Q_{\text{d}} = \kappa_{\text{green}} \sum_{t=1}^{\text{NT}} \sum_{j=1}^{\text{NB}} P_{j,t}^{\text{clear}} \end{cases} \tag{8-5}$$

式中，C_{GCT} 为系统绿色证书交易成本；λ_{green} 为绿证交易价格；Q_{s} 为系统需要持有的绿证数量配额指标；α_{green} 为系统绿证数量配额系数；$\sum_{t=1}^{\text{NT}} \sum_{j=1}^{\text{NB}} P_{j,t}^{\text{load}}$ 为调度周期内系统的电能需求总量；Q_{d} 为系统新能源发电获得的绿证数量；κ_{green} 为新能源电量转换为绿证数量的量化系数；$\sum_{t=1}^{\text{NT}} \sum_{j=1}^{\text{NB}} P_{j,t}^{\text{clear}}$ 为系统新能源出力；NT 为调度时段数；NB 为配电网节点数。

8.5 思考题

1. 电动汽车参与需求响应有什么方式？
2. 电动汽车聚合商如何参与需求响应？
3. 电动汽车如何参与绿电交易？

参考文献

[1] 宁夏回族自治区发展和改革委员会．自治区发展改革委关于印发《宁夏回族自治区电力需求响应管理办法》的通知：宁发改运行〔2022〕408 号［EB/OL］．（2022-06-13）［2023-07-14］．https：//fzggw.nx.gov.cn/tzgg/202206/t20220614_3559903.html．

[2] 山东省发展改革委，国家山东省能源局．关于印发《2022 年全省迎峰度夏有序用电方案》《2022 年全省迎峰度夏有序用电用户轮停方案》《2022 年全省电力可中断负荷需求响应工作方案》的通知：鲁发改能源〔2022〕481 号［EB/OL］．（2022-06-06）［2023-07-07］．http：//nyj.shandong.gov.cn/art/2022/6/7/art_59960_10292617.html．

[3] 福建省发展和改革委员会．福建省发展和改革委员会关于印发《福建省电力需求响应实施方案（试行）》的通知：闽发改规〔2022〕5 号［EB/OL］．（2022-05-23）［2023-07-23］．http：//nyj.shandong.gov.cn/art/2022/6/7/art_59960_10292617.html．

［4］广东电力交易中心．《广东省市场化需求响应实施细则（试行）》：广东交易〔2022〕54号［EB/OL］．（2023-06-16）［2023-06-16］．https：//guangdongsd.chnenergy.com.cn/dlyxww/zcfga/202303/ef890f0072234f24a3144329a34f8e97/files/aa4a553aa4c54c7f849c4aaf854ba491.pdf.

［5］河北省发展和改革委员会．河北省发展和改革委员会关于印发《河北省电力需求响应市场运营规则》的通知：冀发改电力〔2022〕471号［EB/OL］．（2023-06-07）［2023-06-07］．http：//hbdrc.hebei.gov.cn/zcfg_1238/szcfg/202309/t20230906_86150.html.

［6］安徽省能源局．安徽省能源局关于印发安徽省电力需求响应实施方案（试行）的通知：皖能源电调〔2022〕3号［EB/OL］．（2023-03-18）［2023-03-18］．https：//www.guizhou.gov.cn/zwgk/zdlygk/jjgzlfz/nyzy/dlgl/202307/t20230711_80838290.html.

［7］天津市工业和信息化局．市工业和信息化局关于印发2021年夏季电力需求响应实施细则的通知：津工信电力〔2021〕17号［EB/OL］．（2021-07-02）［2023-07-05］．https：//gyxxh.tj.gov.cn/ZWGK4147/ZCWJ6355/wjwj/202107/t20210705_5495772.html.

［8］湖北省发展和改革委员会．省发改委关于印发2021年湖北省电力市场化交易实施方案的通知：鄂发改能源〔2020〕429号［EB/OL］．（2020-11-12）［2022-12-13］．https：//fgw.hubei.gov.cn/fbjd/zc/gfwj/gf/202011/t20201118_3036255.shtml.

［9］陕西省发展和改革委员会．陕西省发展和改革委员会关于印发《2021年陕西省电力需求响应工作方案》的通知：陕发改运行〔2021〕663号［EB/OL］．（2021-05-21）［2023-07-21］．https：//sndrc.shaanxi.gov.cn/fgwj/2021nwj/MVFvEj.htm.

［10］于娜，刘甲利，孙莉，等．电动汽车作为主动负荷参与需求响应的研究［J］．东北电力大学学报，2017，37（04）：20-26.

［11］任核权，王洪亮，莫俊雄，等．电动汽车作为主动负荷参与需求响应研究［J］．电工技术，2020（18）：34-35.

［12］国家能源局华北监管局．关于印发京津冀绿色电力市场化交易规则及配套优先调度实施细则的通知［EB/OL］．（2020-12-30）［2022-08-20］．https：//hbj.nea.gov.cn/adminContent/initViewContent.do?pk=0000000076b2fca3017748b92fc2012c.

［13］浙江省发展改革委．关于印发《2023年浙江省电力市场化交易方案》的通知［EB/OL］．（2022-12-05）［2023-11-12］．https：//fzggw.zj.gov.cn/art/2022/12/7/art_1229123366_2450545.html.

［14］国家发展改革委．关于进一步加快电力现货市场建设工作的通知［EB/OL］．（2023-10-12）［2024-02-10］．https：//www.ndrc.gov.cn/xxgk/zcfb/tz/202311/t20231101_1361704.html.

［15］国家发展改革委．关于绿色电力交易试点工作方案的复函（发改体改〔2021〕1260号）［EB/OL］．（2021-09-12）［2023-11-10］．https：//www.pvmeng.com/2021/08/28/21253/.

［16］国家发展改革委和国家能源局．省间电力现货交易规则（试行）［EB/OL］．（2021-11-22）［2022-10-03］．http：//www.js.sgcc.com.cn/html/files/2021-11/29/20211129181313046296053.pdf.

[17] 广州电力交易中心.南方区域绿色电力交易规则（试行）发布［EB/OL］.（2022-01-15）［2023-03-07］.http：//www.cnenergynews.cn/hangye/2022/02/25/detail_20220225118229.html.

[18] 生态环境部.碳排放权交易管理办法（试行）［EB/OL］.（2020-12-25）［2022-11-12］.https：//www.gov.cn/zhengce/zhengceku/2021-01/06/content_5577360.htm.

[19] 国家发展改革委.国家发展改革委等部门关于加快建立产品碳足迹管理体系的意见［EB/OL］.（2023-11-24）［2024-02-11］.https：//www.gov.cn/zhengce/zhengceku/202311/content_6917087.htm.

[20] 市场监管总局.关于统筹运用质量认证服务碳达峰碳中和工作的实施意见［EB/OL］.（2023-10-17）［2024-02-17］.https：//www.gov.cn/zhengce/zhengceku/202310/content_6909637.htm.

[21] 生态环境部.温室气体自愿减排交易管理办法（试行）［EB/OL］.（2023-07-07）［2024-02-14］.https：//www.mee.gov.cn/zcwj/zcjd/202310/t20231024_1043851.shtml.

[22] 唐一帆，乐菡.完善绿证制度推进绿色发展［J］.中国财政，2018，（09）：52-54.

[23] 李吉峰，邹楠，李卫东，等.计及需求灵活性的地区绿色证书、碳排放权及电力联合交易分析［J］.电网技术，2023，47（08）：3164-3176.

[24] 于大洋，黄海丽，雷鸣，等.电动汽车充电与风电协同调度的碳减排效益分析［J］.电力系统自动化，2012，36（10）：14-18.

[25] 蒋玮，单沫文，邓一帆，等.虚拟电厂聚合电动汽车参与碳市场的优化调度策略［J］.电力工程技术，2023，42（04）：13-22+240.

[26] 陈中，陆舆，邢强，等.考虑电动汽车碳配额的电力系统调度分析［J］.电力系统自动化，2019，43（16）：44-51.

[27] 檀勤良，代美，梅书凡.考虑电动汽车碳配额及需求响应的电力系统调度研究［J］.电网与清洁能源，2021，37（07）：79-86.

Chapter 9 第 9 章

电动汽车与电网互动国内外示范应用

近年来,随着全球电力低碳转型加速推进,高比例可再生能源带来的电力平衡与系统经济性问题日益突出,电动汽车作为高度灵活的移动储能装置,在调节电力负荷、消纳可再生能源、改善电能质量等方面应用潜力巨大,得到各国政府以及国际机构的高度关注。

我国是全球最大的电动汽车市场,在电动汽车与电网互动领域具有得天独厚的条件。自 2018 年以来,多个省(市)陆续推出车网互动市场政策,推动规模化电动汽车参与源网荷储协同调度。本章对国内外车网互动实践进行了总结,列举了车网互动的典型案例。

9.1 国内车网互动项目

在智能有序充电方面,国网公司自 2017 年开始,逐步在上海、江苏等地开展智能有序充电试点工作。2021 年上海发布国内首个"电动汽车智能充电桩智能充电及互动响应"技术标准,明确智能充电桩具体功能要求的技术标准。2022 年,全国居民小区已布局超过 20 万个智能充电桩。

9.1.1 京津唐电力调峰辅助服务

为充分挖掘包括分布式储能、电动汽车(充电桩、充换电站)、电采暖、虚拟电厂(可控负荷)等负荷侧调节资源的调峰潜力,国家能源局华北监管局陆续发布《华北电力调峰辅助服务市场运营规则》(华北监能市场〔2019〕257号)、《关于开展第三方独立主体参与华北电力调峰辅助服务市场试点工作的通知》

(华北监能市场〔2019〕315号)、《第三方独立主体参与华北电力调峰辅助服务市场规则（试行，2020版）》(华北监能市场〔2020〕208号)，以激励第三方独立主体提供调峰资源，提升可再生能源消纳空间[1]。

截至2021年底，国网电动汽车公司共组织36761个充电站点、68496个充电桩参与京津唐电力调峰市场，聚合容量1934.55MW，贡献调峰电量1.99亿kWh，减少弃风弃光电量0.54亿kWh，传导市场红利126.93万元，参与车网互动518万人次。某充电站调控前后负荷对比如图9-1所示。

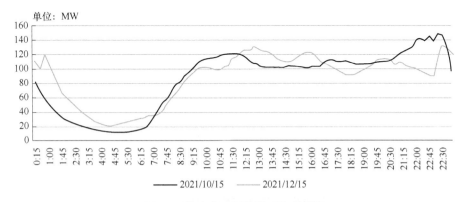

图9-1 某充电站调控前后负荷对比

9.1.2 上海需求响应

为积极构建"城市电仓"，进一步建设虚拟电厂，深化双向负荷调控能力规模，2020年9月16日上海市经济和信息化委员会发布《关于同意进一步开展上海市电力需求响应和虚拟电厂工作的批复》(沪经信运〔2020〕727号)，同意国网上海市电力公司开展常态化需求响应，以优化资源配置，促进清洁能源消纳，提升上海市电力运行安全和保障水平[2-3]。

2021年端午节日期间，上海电力公司组织两次需求响应（6月11日19:00—20:00削峰响应、6月12日1:00—3:00填谷响应），国网电动汽车服务有限公司与签订需求响应代理合同的充电设施运营商约定参与规模、响应方式，结合场站充电负荷特征选择上海市内30个具有响应潜力的充电站点、2926个充电桩参与需求响应。

以6月6日—10日平均充电数据作为基准负荷，6月11日总功率下调800kW，响应电量约1000kWh，平均响应准确度为97.47%；6月12日填谷实时功率超7000kW，响应电量约1.3万kWh，平均响应准确度为89.55%。单桩调控平均响应准确率为76%，最优为99.64%。

6月11日19:00开始，浦东区成山公交充电站启动削峰响应，通过远程调控方式调控充电桩输出功率下降10%，一直保持至20:00，通过负荷聚合运营系统下发功率调控解除指令，充电桩恢复以实际需求功率进行充电，调控对比如图9-2所示。

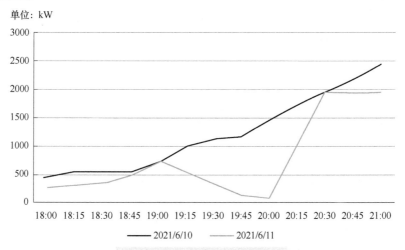

图9-2　削峰调控前后负荷对比

6月12日1:00开始，浦东区成山公交充电站启动填谷响应，依据车辆往日用车约束（充电结束时间在凌晨2:30左右，用车时间在5:00以后），确定响应结束时间为4:00，在22:30通过远程实时调控方式按照充电桩额定功率的75%输出，0:55集中释放至正常充电。填谷调控前后负荷对比如图9-3所示。

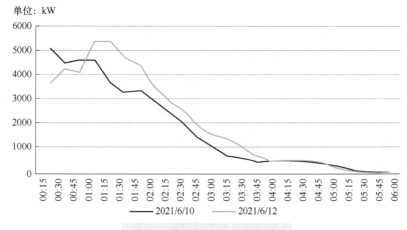

图9-3　填谷调控前后负荷对比

9.1.3 湖南省内绿电交易

为促进新能源汽车发展和清洁能源消纳,2021年2月3日,湖南省发展改革委发布了《2021年湖南电动汽车绿电交易试行方案》(湘发改运行〔2021〕85号),有效降低新能源汽车用电成本,推动电力负荷移峰填谷[4]。

2021年,车联网-负荷聚合运营系统聚合电动汽车充电设施运营商28家,累计接入1059座充电站,11652个充电桩,完成绿电交易电量960万kWh,传导市场红利714.02万元。依据电动汽车实际消纳绿电情况,完成绿电溯源电量255万kWh,生成绿电通证14万份。

绿电溯源的实现方法是将绿电交易结果分解为带时间维度的特征曲线,特征曲线反映了每个时间段内的绿色电力供应情况,电动汽车充电量根据这些时间数据进行匹配,从而实现为电动汽车消纳可再生能源提供可靠的追踪手段。2019年在北京、重庆、浙江绿电交易的基础上开展绿电溯源应用,后推广至湖南、陕西、天津等省市。至2021年底,累计生成绿电通证389万份。

9.1.4 江苏绿电交易

为深入贯彻落实"双碳"目标,加快建立有利于促进绿色能源生产消费的市场体系和长效机制,推动构建以新能源为主体的新型电力系统,2021年,国家发展改革委批准试点开展绿电交易,该政策中的绿电交易特指以绿色电力产品为标的物的电力中长期交易(以下简称"绿电交易"),用以满足电力用户购买、消费绿色电力需求,并提供相应的绿色电力消费认证。2021年9月,北京电力交易中心组织开展第一批试点交易。

北京电力交易中心对交易结果进行校核后,发布市场结算信息,售电公司、新能源企业完成电子购售电合同签订;省级电力交易中心每月向新能源发电企业、售电公司、电力客户进行交易结算。国家能源主管部门组织国家可再生能源信息管理中心,根据绿色电力交易试点需要批量核发绿色电力证书(简称"绿证"),并划转至电力交易中心,电力交易中心依据绿色电力交易结算结果将绿证分配至电力用户。绿电交易流程如图9-4所示。

国网江苏电动汽车服务有限公司购买绿电20万kWh,5个充电站获得绿电消费认证200份,交易价格为0.411元/kWh,高于江苏省燃煤标杆电价0.01元/kWh,高于年度长协价格约0.03元/kWh,增加充电站电费成本约1万元,增加成本由江苏电动承担。

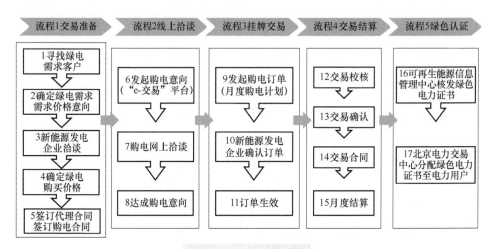

图 9-4　绿电交易流程

9.1.5　深圳虚拟电厂管理中心

2022年8月26日,深圳虚拟电厂管理中心举行揭牌仪式[5]。该中心虚拟电厂管理平台采用"互联网+5G+智能网关"的先进通信技术,打通了电网调度系统与聚合商平台接口,实现电网调度系统与用户侧可调节资源的双向通信,可满足电网调度对聚合商平台实时调节指令、在线实时监控等技术要求,为用户侧可调节资源参与市场交易、负荷侧响应,实现电网削峰填谷提供坚强的技术保障。

特来电作为首批接入深圳虚拟电厂的负荷聚合商之一,其在8年时间构建了支撑大规模电动汽车发展的充电网,建成了10万kW级的虚拟电厂运营平台,支持充放电和光伏、储能等分布式资源的高效聚合优化。现已完成和多个网、省、地级调控中心的对接互通,基于有序充电、低谷充电、高峰卖电、微网光伏、梯次储能、车网互动等丰富的应用场景构建多类型虚拟电厂,实现能源增值业务。

深圳特来电新能源有限公司在深圳有10个专变站(34.55MW)和25个公变站(1.878MW),可调容量约为36.5MW。通过特来电平台,可以把接入的电动汽车进行聚合管理,从而形成规模化的负荷侧可调资源,实现电动汽车高精度充放电控制,在参与电力需求侧响应、辅助服务等方面具有巨大潜力。

星星能源已在深圳虚拟电厂中心接入10万kW级可调负荷,未来将逐步接入深圳地区其余自营与联营的充电场站,达到132万kW级可调负荷。同时,其自研的V2G智慧充电桩、工商业与家庭储能系统等也在陆续投建中。依托星星能源通信技术与云控技术,在聚合、响应、调控、控制方面,也已建成了成熟的可观、可测、可调、可控能力,能够快速响应电网各类需求。

9.1.6 移动储能(V2G)工商业应用

为进一步发挥电动汽车充换电响应速度快、调节能力强的"电力海绵"特性,推动车网互动的规模化应用,国网智慧车联网技术有限公司建立了"国家电网智慧车联网平台",在北京中再中心建成了商业化运营 V2G 智能充放电站——国网电动汽车中再中心车网互动示范站。

示范站于 2020 年 7 月份建成投运,建成 9 个 15kW V2G 双向充放电桩,具有让电动汽车对电网进行反向放电功能,可以实现该站点下职工用车、公务用车与电网的双向有序互动,一方面满足削峰填谷的电网需求,另一方面可实现一般工商业峰谷价差政策下的电动汽车放电收益。

场站投运以来,根据电网需求进行双向智能充放电调度,积极开展以工商业场景"1+N"模式(削峰填谷+多种电网辅助服务)对 V2G 业务进行商业验证,已接入 V2G 用户数 100 余个,订单数 1020 单,完成电网削峰调控电量超过 2.5 万 kWh,V2G 车主年放电收入可超过 4000 元,放电收入完全覆盖充电成本,意味着 V2G 车主通过 V2G 桩和车网平台远程调控,实现了日常行驶免费用能。目前,V2G 工商业应用业务已面向 18 个省市积极推广,累计建成 77 座 V2G 充放电场站。

2021 年,为深化 V2G 技术应用,提升配网管理质效,将电动汽车拓展为能源互联网的移动式分布储能资源,参与和配网台区互动应用,国网电动汽车服务有限公司累计建成了 10 个 V2G 试点验证项目,实现车联网平台与省市配网主站系统数据交互,完成基于"车-网-云-边-端"的电动汽车充放电参与台区治理技术验证。电动汽车与配网台区互动应用技术架构如图 9-5 所示。

2024 年 1 月 9 日,蔚来首批 10 座 V2G 目充站正式于上海投入运营。除了在园区、办公楼宇、商场等典型场景探索有序充电放电模式外,此次蔚来与上海电网携手在奉贤地区试点了居民社区的有序充放电。

从试点成效看,电动汽车充换电智能化、低碳化、车网互动商业化已成为发展方向,行业对智能有序充电、聚合运营已经基本达成共识。在智能有序充电方面,北京、上海、江苏等地方政府明确新增居住区自用充电桩应具备智能有序充电功能;在聚合运营方面,天津、山东、上海等十余个省市网明确允许电动汽车负荷资源参与辅助服务市场或需求响应市场,但是 V2G 双向充放电受限于标准、商业模式的缺失,基本处于技术验证和试点示范阶段,还不具备规模化商业应用的条件。这一方面为车网互动标准的制修订积累了丰富的经验,打下了坚实的基础,另一方面也促使汽车和能源行业在设备、通信、运营、建设、规划等方面加快标准制修订,促进行业良性发展。

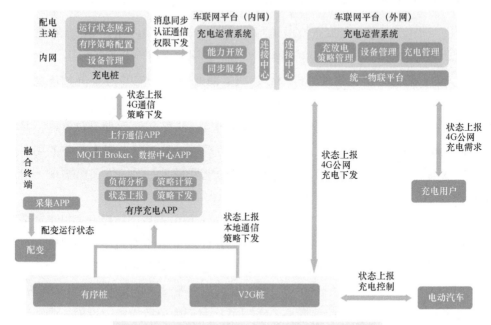

图 9-5　电动汽车与配网台区互动应用技术架构图

9.2　国外车网互动项目

目前国外车网互动以智能有序充电控制为主(V1G 或称 Smart Charging),通过智能有序充电桩,电动汽车用户可根据充电价格与用车需求自由设定充电功率和充电时间,以达到减少充电费用、为电力系统削峰填谷的目标。2012 年美国特拉华大学通过试点项目评估在 V2G 技术条件下,电动汽车向 PJM 公司的电网提供调频服务,以减轻可再生能源固有间断性的潜力。2016 年,欧盟启动 SEEV4-City 长期试点计划,拨款 500 万欧元支持英国、荷兰、挪威、比利时等国,探索通过 V2G 技术帮助电网容纳更多新能源与新能源汽车,国外 V2G 项目约 50 个,但是依然停留在现场试验与试点工程阶段。接下来对几个项目进行详细介绍。

9.2.1　丹麦 Parker 项目

丹麦 Parker 项目是 V2G 示范项目的典范。Parker 项目建立在 EDISON 和

Nikola 两个项目的基础上,为了解电动汽车在支持电力系统方面的潜力奠定了基础,如图 9-6 所示。

图 9-6　Parker 项目

项目目标:为验证电动汽车可以通过垂直整合资源来支持电网,从而为本地和系统范围内的电网提供无缝支持。确保应对有关市场、技术和用户的障碍,为进一步的商业化铺平道路,并对电动汽车满足电网需求的能力进行评估。

项目成果:该项目研究了电动汽车向电力系统提供电力的能力,重点示范了频率调节服务,该服务不仅需求大(响应时间和 V2G 需求),也是丹麦目前可获得的最具商业意义的服务。经过验证,Parker 项目使用的电动汽车产品(PSA、三菱和日产)与 DC V2G 充电器(Enel X)在技术上能够提供丹麦目前使用的所有频率调节服务,并准备为电网提供高级服务。

该项目的第二个目标是开发针对电动汽车及其充电基础设施的技术能力测试协议,以支持 V2G 服务。此外,该项目开发了一种测试模式,用于评估该项目中包含的车辆的性能。根据测试,评估了七种不同的性能指标,包括激活时间、设定点粒度、准确性和精度等。测试表明,所测试的车辆(日产聆风、日产 Evalia、标致 iOn、三菱欧蓝德 PHEV)具有良好的性能,可以作为汽车模型和标准的基准。该项目同时研究配网层面车网互动的可行性,主要包括堵塞管理、负载转移、调峰和电压控制,案例发现提供配备高效充电器的无功功率可以最大限度地减少电网损耗。

9.2.2　荷兰智能太阳能充电项目

智能太阳能充电是区域、城市或区域级别的可持续能源系统。利用 V2G 技术将本地产生的太阳能存储在汽车中,形成智能、动态的快速充电和存储系统,创建灵活的存储容量,从而减少电网上的峰值负载。当能源价格高或存在网络拥塞风险时,可以将存储的电量释放到区域中。荷兰太阳能与电动汽车双向充电站示范项目是由光伏板整合电动汽车充电桩的 V2G 示范项目,如图 9-7 所示。22 个充电桩安装在 Lombok 附近的城市汽车共享计划和太阳能项目中。该项目的重点是开发 V2G 的交流标准,开发了一套智能系统以促进充电设施和太阳能的推广。

图 9-7　荷兰智能太阳能充电项目

项目目标:实现电动汽车可由充电桩直接获取太阳能进行直流充电,不需要转换为交流电,并且充电器为双向标准,电动汽车的剩余电能可以通过车辆端反馈到电网。充电器可以实现四种电能流向,分别为电动汽车到光伏板、电动汽车到电网、电网到电动汽车,以及光伏板到电网。

项目成果:该 V2G 系统采用 10kW 功率模块,可进行联合快速充电。太阳能光伏板和电动汽车双向充电系统有两个用于电网和电动汽车的双向端口,一个用于 PV 的单向端口。光伏变流器、栅极逆变器和隔离式电动汽车充电器集成在中央直连系统上。电动汽车和光伏在直流上的直接接口比交流接口更有利,因为减少了转换步骤,提高了效率。充电器采用碳化硅与准谐振技术,充放电效率高,功率密度高。与分别单独使用的电动汽车充电器和光伏发电逆变器相比,电动汽车与光伏发电整合充电站具有更少的应用组件数,更小的体积,高可靠性并且节约了设备成本。

9.2.3　日本中部电力公司与丰田通商合作 V2G 项目

2018 年,日本中部电力公司与丰田株式会社合作开发了 V2G 控制系统,在东京通过两座具备双向互动能力的充电站,验证了电动汽车互动在电网频率调节、负荷转移方面的作用,如图 9-8 所示。2019 年,该项目展示了 V2G 服务如何平衡电网的供需,将模拟更接近真实生活环境的测试条件,同时根据 2018 年研发的 V2G 控制系统的基础上增加供需测试服务器,用于模拟测试中部电力公司的电能供需控制。

图 9-8　具备双向互动能力的充电站

项目目标:通过为双向插电式混合动力汽车/电动汽车(PHEV/EV)提供新的价值流,加快引入 PHEV/EV,有助于实现低碳社会和稳定的电力供应。通过购买新型分布式能源来降低电力需求和供应调整的成本,从而进一步实现多元化。

车网互动服务范围包括双向充电、频率调节和削峰填谷。

9.2.4　英国 e4Future 项目

英国 e4Future 项目参与主体涉及 50 多个来自能源和汽车行业的工业合作伙伴和研究机构,包括英国电网、日产公司、伦敦帝国理工学院、德国意昂公司等多元化主体,提供电力频率调节服务、分布式能源服务、能源安全应急事件处理等。

项目结果显示,通过实施 V2G,每辆电动汽车年节省多达 1.2 万英镑的电力系统运营成本,每辆电动汽车年减少约 60t 的二氧化碳排放量,显著减少当地的碳排放,每个电动汽车供应商年度充电收益在 700~1250 英镑之间。

9.3　国内外车网互动项目经验

9.3.1　国内车网互动项目经验

车网互动不再仅仅是单一领域的技术应用,而是在多个领域中得到综合应用。智能充电、调峰服务、需求响应、绿电交易、虚拟电厂管理以及 V2G 工商业应用等不同方面形成一个有机整体。这种整合性发展趋势有助于提高能源利用效率，促进清洁能源的大规模应用。

我国发布的一系列政策文件和方案，表明政府对车网互动的支持和引导。尤其是在电力调峰、需求响应、绿电交易等方面，政策的出台为车网互动提供了市场机会，推动了相关产业链的发展。这也预示着未来可能会有更多的政策出台，促使车网互动在更多领域得到推广。

通过以上案例可见，不同地区在车网互动方面进行了各种试点和实践。上海、江苏、湖南等地的需求响应、绿电交易试点，以及深圳虚拟电厂管理中心的建立，都是具有一定代表性的试点。这些试点不仅为本地区的清洁能源发展提供了有效路径，也为其他地区提供了可复制的经验。

V2G 的推广应用面临标准、商业模式等方面的挑战。V2G 双向充放电技术虽然在很多地区仍处于技术验证和试点示范阶段，但已有部分项目成功落地并进行小规模商业化应用。然而，V2G 技术的大规模推广仍面临标准不统一和商业模式未成熟等挑战。这表明在 V2G 技术应用的推广中，需要更多的标准化工作和商业模式的完善。

车网互动的发展反映了电力系统智能化的趋势，通过聚合运营系统、虚拟电厂管理中心等技术手段，实现了对分布式能源的灵活调度和管理。与此同时，通过绿电交易等手段，清洁能源得以更好地纳入电力系统，促进了电力系统的清洁化发展。

9.3.2　国外车网互动项目经验

国外车网互动项目主要以 V2G 技术为核心，为电力系统削峰填谷，提高能源利用效率。美国、欧洲等地的试点项目和长期计划表明 V2G 技术在全球范围内受到关注，并在能源系统调节和可再生能源消纳方面发挥着潜在作用。此外，V2G 技术为电力系统提供了额外的服务，如频率调节。电动汽车可以响应电网需求，通过有序充放电过程，协助电力系统应对可再生能源波动和峰值负荷。在商业层面，V2G 技术的应用为电动汽车产业创造了新的商业机会，提升了整个产业链的商业化水平。

丹麦的 Parker 项目通过整合多个车队、车辆和区域，验证了电动汽车 V2G 在支持电力系统方面的潜力。荷兰的智能太阳能充电项目探索了通过 V2G 技术将本地产生的太阳能存储在汽车中，实现智能充电和存储系统的可能性。这些项目在不同领域中进行了实验，为电动汽车的可持续发展提供了创新性的解决方案。

这些国外车网互动项目的实施表明 V2G 技术在全球范围内得到了积极的研究和实践，各国都在探索其在提高能源利用效率、推动清洁能源应用等方面的潜力。这些国外项目的经验和成果，对于中国的车网互动发展和政策制定都具有一定的借鉴意义。

中国在 V2G 技术的推广具有显著优势，与欧美和日本相比，中国拥有世界领先的新能源装机容量，尤其在风能和太阳能领域，为 V2G 技术提供了巨大的市场潜力。同时，国家电网公司等大型电网企业在 V2G 推广中具有更强的主导能力，而欧美和日本的电网公司由于市场化程度高，通常由汽车制造商（如雷诺、福特、三菱和日产等）牵头推动。结合中国本土市场的特点，电网的牵头将有助于 V2G 技术的加速落地，这使得中国在车网互动领域具备全球难以比拟的独特优势。

9.4 思考题

1. 根据国内外车网互动的案例，你觉得有哪些可以改进的空间？
2. 车网互动的商业化瓶颈是什么？

参考文献

[1] 国家能源局华北监督局. 华北能源监管局关于印发《华北电力调峰辅助服务市场运营规则》(2019 年修订版) 的通知 [EB/OL]. (2019-09-29) [2022-11-14]. http://hbj.nea.gov.cn/adminContent/initViewContent.do?pk=e9bf9900-d3eb-4b72-88fb-49e829f891c8.

[2] 上海市人民政府. 上海市经济和信息化委员会关于同意进一步开展上海市电力需求响应和虚拟电厂工作的批复 [EB/OL]. (2020-09-18) [2023-10-12]. https://www.shanghai.gov.cn/nw49248/20200920/15f042adfcdc48e29124235a8e6f7dc2_65719.html.

[3] 上海市市场监督管理局. 上海发布国内首个"电动智能充电桩智能充电及互动响应"技术标准 [EB/OL]. (2021-03-31) [2022-10-23]. https://scjgj.sh.gov.cn/602/20210331/2c9bf2f67882977e017886f8059f37e1.html.

[4] 湖南省工业和信息化厅. 湖南将首次推出电动汽车充电绿电交易 [EB/OL]. (2021-02-05) https://gxt.hunan.gov.cn/gxt/xxgk_71033/gzdt/rdjj/202102/t20210205_14402697.html.

[5] 深圳特区报. 国内首家虚拟电厂管理中心在深揭牌 [EB/OL]. (2022-08-29) [2023-12-24]. https://www.sz.gov.cn/cn/ydmh/zwdt/content/post_10057120.html.

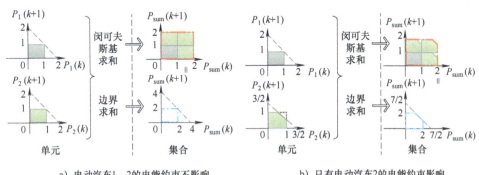

a) 电动汽车1、2的电能约束不影响可调节功率可行域

b) 只有电动汽车2的电能约束影响可调节功率可行域

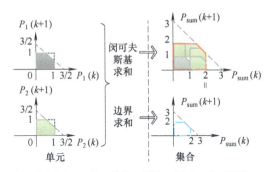

c) 电动汽车1、2的电能约束都影响可调节功率可行域

图 3-10 基于松弛的闵可夫斯基求和过程示意图

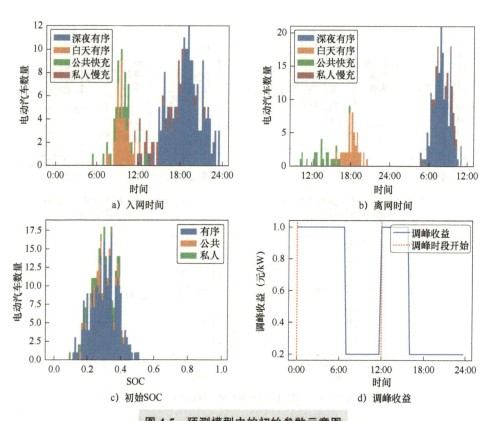

图 4-5 预测模型中的初始参数示意图

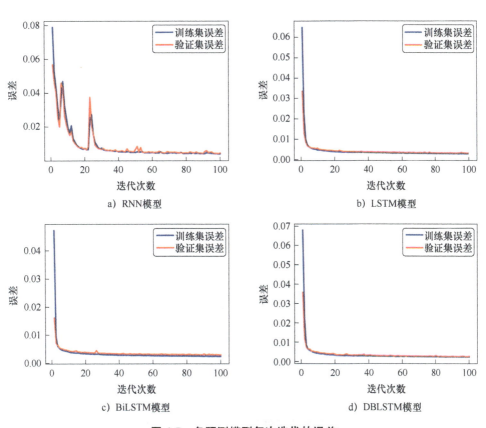

图 4-7 各预测模型每次迭代的误差

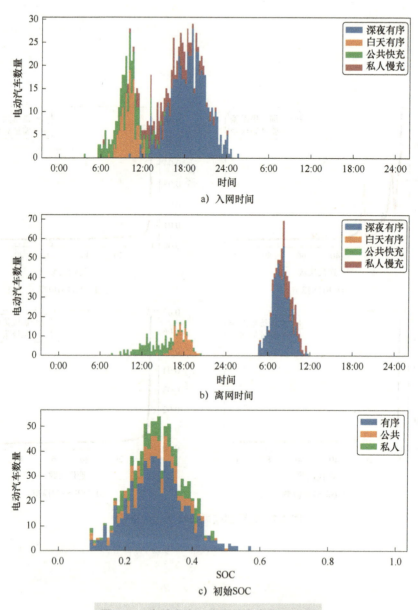

图 4-13 电动汽车入离网信息参数示意图

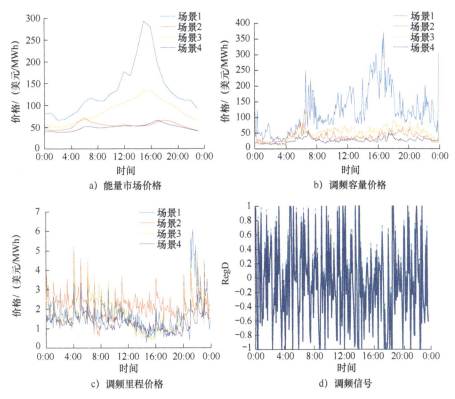

图 5-3 聚类削减后的场景

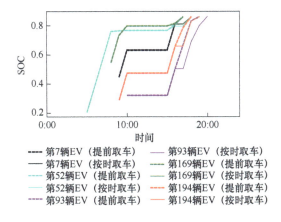

图 6-6 SOC 优化结果展示

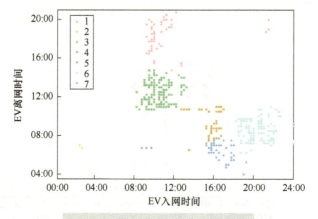

图 6-14 实时调度数据的分类结果

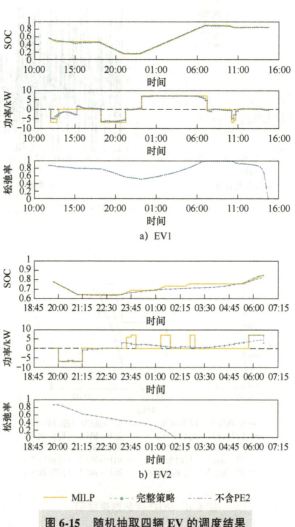

图 6-15 随机抽取四辆 EV 的调度结果

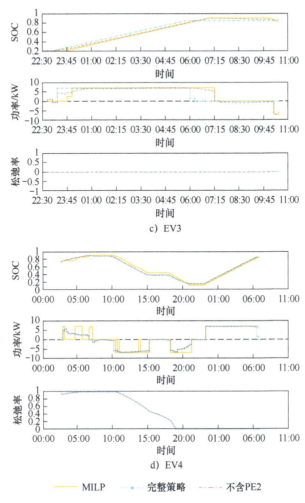

图 6-15 随机抽出四辆 EV 的调度结果(续)

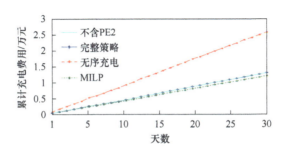

图 6-17 连续运行 30 天的累计充电费用